Jean Raci

Jules Lemaître

Alpha Editions

This edition published in 2024

ISBN : 9789357969758

Design and Setting By
Alpha Editions
www.alphaedis.com
Email - info@alphaedis.com

Contents

PREMIÈRE CONFÉRENCE[1]..- 1 -

DEUXIÈME CONFÉRENCE ....- 17 -

TROISIÈME CONFÉRENCE ....- 34 -

QUATRIÈME CONFÉRENCE...............................- 52 -

CINQUIÈME CONFÉRENCE ....- 70 -

SIXIÈME CONFÉRENCE ....- 86 -

SEPTIÈME CONFÉRENCE ....- 103 -

HUITIÈME CONFÉRENCE ....- 120 -

NEUVIÈME CONFÉRENCE ....- 137 -

DIXIÈME CONFÉRENCE ....- 156 -

NOTES...- 173 -

PREMIÈRE CONFÉRENCE[1]

SON ENFANCE.—SON ÉDUCATION

Pourquoi vous parlé-je cette année de Racine? Tout simplement parce que c'est Racine qu'on m'a le plus «demandé», et que, d'ailleurs, cela ne me déplaisait point.

Je pourrais vous dire aussi qu'ayant étudié Jean-Jacques Rousseau l'an dernier, j'ai cherché un effet de contraste: Racine, traditionaliste; Rousseau, révolutionnaire; Racine, catholique français, monarchiste; Rousseau, protestant genevois, républicain; Racine, artiste pur; Rousseau, philosophe et promoteur d'idées... Mais ce parallèle, suggéré par un hasard, serait fort artificiel, et j'aime mieux vous avouer qu'il y a peu de rapports, sinon antithétiques, et encore pas sur tous les points, entre les deux personnages (quoiqu'il y en ait peut-être entre *la Nouvelle Héloïse* et le théâtre de Racine, père indirect du roman passionnel).

Ce qui est sûr, c'est que je suis content de n'avoir plus à examiner et à juger les idées. Dans l'art pur et dans la connaissance des âmes et des mœurs,—qui fut une des occupations du XVIIe siècle,—on peut arriver à quelque chose de solide et de définitif: dans la philosophie ou la critique ou les sciences politiques et sociales, je ne sais pas. Il y a tel écrivain du XIXe siècle qui vous paraît peut-être plus intelligent que Racine, ou qui, du moins, a su plus de choses que lui, et qui, en outre, s'est donné des libertés sur des points où Racine s'est contenu et abstenu. Mais, au bout du compte, si les philosophes et les critiques nous retiennent, c'est moins par la somme assez petite de vérité qu'ils ont atteinte que par les jeux—quelquefois ignorés d'eux-mêmes—de leur sensibilité et de leur imagination et par le caractère de beauté de leurs ouvrages. Oh! que je suis heureux que Racine n'ait pas été un «esprit fort», ce qu'on appelle vaniteusement un «penseur», qu'il n'ait été savant qu'en grec, et qu'il n'ait cherché qu'à faire de belles représentations de la vie humaine!

À cause de cela nous l'aimons aujourd'hui, je pense, plus qu'on n'a jamais fait.

Et cependant on l'a beaucoup aimé déjà au XVIIe siècle (aimé autant que haï). Il a eu pour lui, tout de suite, le roi, la jeune cour, et la plus grande partie de sa génération. Boileau et ses amis le préfèrent, secrètement d'abord, puis publiquement, à Corneille. La Bruyère écrit en 1693: «Quelques-uns ne souffrent pas que Corneille lui soit préféré, quelques autres qu'il lui soit égalé.» Au XVIIIe siècle, tout le monde, à la suite de Voltaire, adore Racine, le juge parfait. Vauvenargues l'appelle: «de plus beau génie que la France ait eu». Cela dure longtemps, jusqu'aux romantiques. Ceux-ci exaltent fort justement Corneille: mais ils jugent Racine à travers l'insupportable tragédie pseudo-classique du XVIIIe siècle et de l'Empire,—qui, d'ailleurs, est plutôt cornélienne et dont Racine n'est pas responsable.

Aujourd'hui, je le répète, Racine est extrêmement en faveur. On l'aime plus que jamais, un peu par réaction contre le mensonge et l'illusion romantiques. Et en même temps, on peut dire que le romantisme, qui méconnaissait si niaisement Racine, nous a cependant aidés à le mieux comprendre et nous a incités à découvrir chez notre poète—fût-ce un peu par malice et esprit de contradiction—les choses même dont le romantisme se piquait le plus: pittoresque, vérité hardie, poésie, lyrisme.

Racine est, en effet, de ceux que l'on «découvre» toujours davantage. C'est pour cela que beaucoup ont commencé par ne le goûter que modérément, et ont fini par le chérir. Tel Sainte-Beuve, qui le traite fort strictement dans ses premiers articles, mais généreusement et magnifiquement dans son *Port-Royal*. Tel encore notre Francisque Sarcey. À ses débuts, Sarcey ne voyait en Racine qu'un orateur harmonieux, assez peu «homme de théâtre». À la fin, il le trouve aussi malin que d'Ennery.

Nous apportons aussi à aimer Racine un sentiment qui est une sorte de nationalisme littéraire. Après Corneille, Normand impressionné par les Romains et les Espagnols, très grand inventeur, mais artiste inégal, Racine, homme de l'Île-de-France, principalement ému par la beauté grecque, a vraiment «achevé» et porté à son point suprême de perfection la *tragédie*, cette étonnante forme d'art, et qui est bien de chez nous: car on la trouve peu chez les Anglais, pas du tout chez les Espagnols, tardivement chez les Italiens. Il a eu d'ailleurs la chance de venir au plus beau moment politique, quand la France était la nation à la fois la plus nombreuse et la plus puissante d'Europe,—et au meilleur moment littéraire, après les premiers essais, mais quand la matière de son art était encore presque intacte et qu'il y avait encore beaucoup de choses qu'il pouvait dire parfaitement pour la première fois. Racine est le «classique» par excellence, si cette expression de «classique» emporte ensemble l'idée de la perfection et celle d'une fusion intime du génie français avec le génie de l'antiquité grecque et de la romaine, nos deux saintes nourrices.

Et voilà pourquoi je vous parlerai de Racine, quoique d'innombrables critiques—et, parmi les morts, Boileau, La Bruyère, Voltaire, Vauvenargues, La Harpe même, Chateaubriand, Geoffroy, Sainte-Beuve, Nisard, Vinet, Veuillot, Weiss, Brunetière—en aient excellemment parlé. Évidemment, je leur emprunterai beaucoup, et aussi aux critiques vivants. Quand je m'en apercevrai, je vous le dirai; mais sans doute je ne m'en apercevrai pas toujours. Sachez bien que, sur pareil sujet, je ne prétends pas à l'originalité. Mais, par cela même que j'«éprouverai», pour ainsi dire, l'œuvre de Racine deux cent huit ans après sa mort, et avec une âme de cette année-ci, j'aurai chance d'en recevoir quelques impressions intéressantes et pas encore trop ressassées.

Je ne pourrai pas faire exactement pour lui ce que j'ai fait pour Rousseau, car il est clair que le rapport est moins direct, chez Racine, entre la vie de l'écrivain et son œuvre. Néanmoins, l'homme et l'auteur communiquent chez lui par beaucoup de points, et par plus de points encore qu'il ne semble à première vue. Et sa vie, sans être aussi étrangement dramatique que celle de Rousseau, est si émouvante encore! Elle soutient avec son théâtre des relations si harmonieuses et quelquefois si délicates et imprévues! En somme, la vie de Racine rapproche et finalement concilie les mêmes traditions que ses tragédies elles-mêmes.

Et là-dessus, ayant relu Racine pour la centième fois (à coup sûr je n'exagère pas) et m'étant pénétré de toutes les notes et notices de l'admirable édition de Paul Mesnard, profitant aussi, à l'occasion, de la documentation si riche et en même temps si scrupuleuse de M. Augustin Gazier, je commence cette dix millième étude sur Racine.

C'est à la Ferté-Milon, gros bourg de l'Île-de-France, dans le Valois. Par les belles soirées de l'été de 1639, les habitants de la ville, assis devant leurs portes, regardaient passer quatre bourgeois fort simplement vêtus, qui, revenant de la promenade, marchaient l'un derrière l'autre en disant leur chapelet. Les bonnes gens de la Ferté-Milon se levaient par respect et faisaient grand silence pendant que passaient ces messieurs.

Car ces messieurs, jeunes encore (l'un d'eux avait vingt-quatre ans, et les autres à peu près la trentaine), étaient quatre messieurs de Port-Royal qui, chassés de leur retraite l'année précédente, s'étaient alors réfugiés à la Ferté-Milon chez une famille amie, les Vitart, alliés des Racine. Ces messieurs s'appelaient Lancelot, Singlin, Antoine Lemaître et Lemaître de Séricourt. Le mystérieux séjour de ces quatre saints à la Ferté-Milon fut évidemment un objet d'édification et une occasion de bons efforts pour les Racine et les Vitart et les chrétiens sérieux de la petite ville. La vie religieuse du père et de la mère de Jean Racine était donc particulièrement fervente et ils subissaient directement l'influence de Port-Royal dans le temps où Jean Racine fut conçu. Port-Royal le façonna dès avant sa naissance.

Mais la Ferté aussi le façonna. Dans une étude sur Racine, Larroumet—docilement, et parce que ces choses-là se disent—signalait un accord entre le génie de Racine et le paysage harmonieux et doux de la Ferté-Milon. Or, M. Masson-Forestier (qui descend de la sœur de Racine, Marie) m'assure que ce paysage, au XVIIe siècle était austère et rude. La «vallée boisée» d'aujourd'hui était une tourbière; le cours d'eau limpide et lent, une rivière rapide et dangereuse; forêts immenses, peu de cultures, une vie étroite et bloquée, une population énergique, dévote et un peu sombre. Qu'à cela ne tienne! Nous dirons donc qu'il y a un accord entre l'âpreté de ce pays et de cette race, et l'âpreté voilée du théâtre de Racine. Mais tout cela n'est peut-être pas bien sérieux. Ce que nous retiendrons, c'est que Racine appartient à une famille dont beaucoup de membres, avant et après lui, furent des personnes très passionnées et chez qui le sentiment religieux était très profond.

Jean Racine naquit le 20 ou le 21 décembre 1639, de petite mais ancienne bourgeoisie. Les quatre solitaires avaient quitté la Ferté-Milon quelques mois auparavant: mais ils laissaient derrière eux un souvenir profond, et ne tardèrent point à attirer à eux une grande partie des familles Racine et Vitart. La grand'mère de Jean Racine, Marie Desmoulins, se retira en 1649 au monastère des Champs. Elle y avait eu une sœur religieuse; elle y avait une fille religieuse également. Vitart, l'oncle de Jean Racine, rejoignit aussi ces messieurs, dès 1639, et prit soin de la ferme du monastère des Champs jusqu'à sa mort (en 1641 ou 1642). Sa veuve vient demeurer à Paris, dans le quartier de Port-Royal. C'est elle qui cache, durant les persécutions, M. Singlin, M. de Sacy et d'autres messieurs dans une petite maison du faubourg Saint-Marceau. Et cætera… De tous côtés, Port-Royal enveloppe Jean Racine.

Port-Royal l'enserre d'autant plus étroitement que l'enfant perd sa mère en janvier 1641, son père (remarié) en février 1643, et se trouve donc orphelin à trois ans.

Il est élevé chez sa grand'mère (qu'il a toujours appelée «ma mère») jusqu'à l'âge de dix ans. Puis il est mis au collège de la ville de Beauvais, maison amie de Port-Royal. Enfin, à quinze ans, après sa rhétorique, on le prend à Port-Royal à la maison des Granges. Notez qu'on l'y prend par une exception unique, car la règle était de ne recevoir à Port-Royal les élèves que tout jeunes (de neuf à dix ans au plus). Notez encore qu'à ce moment, l'école des Granges va être dispersée (1656). Le petit Racine est donc, pendant trois ans (d'après Sainte-Beuve) le seul élève de ces messieurs, tout seul avec ces saints, plus libre, par conséquent, en même temps que suivi de plus près, et vivant sans doute plus familièrement avec eux. Il a pour lui tout seul des maîtres tels que Lancelot, Nicole, Antoine Lemaître, Hamon. Jamais, je crois, enfant n'a reçu une éducation pareille. Comme instruction, c'est unique, c'est magnifique et plus que princier. Comme enseignement religieux, c'est intense.

Port-Royal est, littéralement, la famille du petit Racine.

Or, qu'est-ce que Port-Royal? qu'est-ce que le jansénisme?

Je n'ai pas à vous faire son histoire: je ne puis que vous renvoyer au *Port-Royal* de Sainte-Beuve, qui est un des plus beaux livres d'histoire et de psychologie de toute notre littérature. Je voudrais seulement, en vous rappelant ce que c'est qu'un janséniste, vous faire pressentir quelle put être l'influence de Port-Royal sur l'âme et sur l'art de Jean Racine.

Le jansénisme, c'est la restauration, par deux théologiens passionnés, Jansénius et Saint-Cyran, de la doctrine de saint Augustin, le plus subtil des dialecticiens et le plus tourmenté des hommes.

C'est, je ne dirai pas un christianisme outré, mais le christianisme comme ramassé autour de ce qu'il a de plus surnaturel. Il se résume en ceci, que la nature de l'homme après la chute est foncièrement mauvaise; que l'homme ne peut donc rien faire de bon sans la grâce, et que la grâce, et même le désir de la grâce, est un présent gratuit.

D'où cette conception est-elle venue à des hommes? De la préoccupation de ne pas amoindrir Dieu; du besoin de sentir son action partout; de la pensée toujours présente du mystère de la Rédemption.

Si l'on accorde, en effet, que la nature humaine corrompue peut, par elle-même, quelque bien, la Rédemption devient inutile.—Oui, mais si l'on dit que la nature humaine ne peut rien de bon par elle-même, plus de libre arbitre et, par conséquent, plus de mérite.—Oui, mais si l'homme, abandonné à ses seules forces, pouvait mériter, c'est donc qu'il pourrait se passer de la grâce… Et le raisonnement peut tourner ainsi indéfiniment.

Cercle vertigineux! À peine, dans cette conception qui donne tout à Dieu, le jansénisme peut-il sauver verbalement une ombre de liberté humaine. Car toujours, au moment où il va accorder quelque chose à l'homme, il craint d'en faire tort à Dieu.

Et de là tant de formules singulières et contradictoires, et belles pourtant, comme celle-ci, de M. Hamon, qui «n'explique pas, mais qui exprime la doctrine de la grâce et la rend dans tout son complexe, d'autres diraient dans toute son inintelligibilité» (Sainte-Beuve):

> C'est la volonté de Dieu qui nous fait vivre… Notre vie ne consiste point dans toutes les choses qui peuvent dépendre de la puissance des hommes et qu'ils peuvent nous ôter, mais seulement dans la volonté de Dieu, et *dans la nôtre, dont nous sommes toujours les maîtres, lorsque, par un effet de sa miséricorde, nous l'avons soumise à celle de Dieu.*

Ainsi, si nous soumettons notre volonté à celle de Dieu, c'est par un effet de la miséricorde de Dieu, c'est-à-dire encore par la volonté de Dieu. Et cependant, nous restons, paraît-il, maîtres de notre volonté. On ne voit pas bien comment: mais cette énigme, c'est le jansénisme même. Accorder tant à la volonté et à l'action de Dieu que l'homme paraît irresponsable, étant, par nature, incapable de mériter; et toutefois trembler devant Dieu comme si l'on était responsable devant lui, voilà, je crois bien, en quoi consiste, au fond, l'état d'esprit janséniste.

À le considérer, non point théologiquement, mais psychologiquement, le janséniste est l'homme qui entretient avec Dieu les relations les plus dramatiques. Le janséniste est l'homme qui pense le plus de mal de la nature humaine et qui a le moins d'illusions sur elle. Par suite, le janséniste est l'homme qui a le plus besoin de croire à Jésus rédempteur pour ne pas sombrer dans la négation et dans le désespoir. Non seulement Pascal paraît avoir connu ces tentations, mais de saintes religieuses, comme la mère Angélique de Saint-Jean:

> J'appris, écrit-elle dans le récit de son séjour au couvent des Annonciades, ce que c'est que le désespoir et par où l'on y va... J'étais au hasard de laisser éteindre ma lampe... C'était comme une espèce de doute de toutes les choses de la foi et de la Providence.

Le janséniste est l'homme qui a le plus besoin de voir et de sentir partout, et dans les moindres choses, l'action de Dieu et qui a pour lui l'amour le plus inquiet. Le janséniste est l'homme qui aime Dieu avec le plus de désintéressement, puisqu'il craint toujours que Dieu ne le lui rende pas, et qu'il vit dans la terreur de n'avoir pas la grâce. Et, conséquemment, le janséniste est, de tous les chrétiens, celui qui s'examine avec le plus de diligence et d'angoisse.

Mais, d'autre part, le janséniste, si humble devant Dieu, nourrit, et peut-être à son insu, un secret orgueil, comme un homme qui ne ressemble pas aux autres, qui ne veut pas leur ressembler, et qui a des «opinions particulières».

Dans l'*Oraison funèbre de Nicolas Cornet*, Bossuet parle ainsi des jansénistes:

... Ils accablent la faiblesse humaine en ajoutant au joug que Dieu nous impose... Qui ne voit que cette rigueur enfle la présomption, nourrit le dédain, entretient un chagrin superbe et un esprit de fastueuse singularité, fait paraître la vertu trop pesante, l'évangile excessif, le christianisme impossible?

Le janséniste renchérit sur le surnaturel; et, devant le mystère de la rédemption et de la grâce, il abdique sa raison plus totalement que les autres chrétiens. Mais il la retrouve, et il en revendique âprement les droits, lorsqu'il s'agit de savoir si les «cinq propositions» sont dans Jansénius; et, contre le pape, contre la Sorbonne, contre les évêques de France, contre le roi, il soutient qu'elles n'y sont pas. Tandis qu'il paraît douter de la liberté humaine, le janséniste n'en montre pas moins une volonté indomptable. S'il s'anéantit devant Dieu, il est fier avec les hommes, et difficile avec les puissances. Son humilité ne l'empêche pas d'opposer les résistances les plus obstinées aux entreprises injustes des pouvoirs publics, des «grandeurs de chair». Le janséniste est homme de protestation et d'opposition; et c'est pourquoi Port-Royal a été si fort à la mode dans une partie de la noblesse et de la haute bourgeoisie.

Le jeune Racine ne sera point un homme d'opposition; sans renier ses maîtres persécutés, il sera un chrétien soumis et un sujet amoureux de son roi. Mais l'opinion de Port-Royal sur la nature humaine se retrouvera dans ses tragédies; elle le fera véridique et hardi dans ses peintures de l'homme. Et, à cause de Port-Royal, je le crois, jamais (sauf dans l'*Alexandre*) il ne donnera dans l'optimisme romanesque des deux Corneille et de Quinault.

En attendant, Jean Racine est un enfant très bien doué et très sensible, un enfant privilégié, élevé dans le sanctuaire de la piété, et qui reçoit l'empreinte chrétienne à une profondeur dont il ne s'apercevra lui-même que plus tard.

Ses professeurs sont Nicole, Lancelot, Antoine Lemaître, Hamon; et, comme je l'ai dit, il les a pour lui tout seul.

Louis Veuillot dit de Nicole: «Nicole, ce moraliste de Port-Royal, le plus froid, le plus gris, le plus *plomb*, le plus insupportable des ennuyeux de cette grande maison ennuyée.» Veuillot est bien sévère. Ce qui est vrai, c'est que Nicole semble un peu effacé parce qu'il nous apparaît toujours comme le reflet d'Arnault. Il reste toute sa vie clerc tonsuré. Cette nuance lui convient. C'est un second rôle. C'est l'esprit modéré de Port-Royal. Il atténue le jansénisme. C'est lui qui inventa la fameuse distinction «du droit et du fait» et qui imagina de dire: «Nous condamnons les cinq propositions qu'on dit extraites de Jansénius; mais nous nions qu'elles y soient: qu'on nous les y montre.» (Et en effet elles n'y étaient pas littéralement.) Nicole était un écrivain lent, mais un moraliste très fin. C'est lui dont madame de Sévigné aurait voulu boire en bouillon les *Essais de morale*. Ajoutez qu'il était de visage agréable, d'excellente société, qu'il avait tout lu, même les romans, et qu'il racontait très bien l'anecdote.

Je ne vois pas en quoi cet aimable homme a mis sa marque sur Racine. Mais je crois qu'il lui apprit très bien le latin[2].

Le second maître de Racine, Lancelot, était un homme qui avait la rare manie de l'effacement, de la subordination, de l'humilité. Il demeura sous-diacre, parce qu'il ne se sentait pas digne d'être prêtre. Il se complaisait dans les offices inférieurs. Type de vieil enfant de chœur, d'acolyte, de sacristain volontaire. Avant la dispersion des «petites écoles», il était le professeur des tout jeunes enfants.

Mais cet homme effacé avait l'âme la plus ardente. Pendant dix ans, il avait vécu d'un désir: celui de rencontrer M. de Saint-Cyran. Il avait le don des larmes. Et, quand il fut entré à Port-Royal, il eut aussi le don du rire,—d'un rire qui n'avait rien du tout de profane.

> L'abondance des grâces dont il plaisait à Dieu de me
> combler, écrit-il, et la paix dont il me remplissait étaient si

grandes, que je ne pouvais presque m'empêcher de rire en toutes rencontres.

C'est le rire des jeunes filles très pures et des religieuses innocentes.

Cet humble passionné fut, par obéissance, un éminent grammairien. C'est lui qui écrivit les excellentes *Méthodes* de Port-Royal, grecque, latine, italienne et espagnole; et c'est lui qui assembla les *Racines grecques*, versifiées ensuite par M. de Sacy (1657):

(Entre en ce jardin, non de fleurs
Qui n'ont que de vaines couleurs,
Mais de racines nourrissantes
Qui rendent les âmes savantes…)

C'est à Lancelot, sacristain et helléniste, que Jean Racine dut de savoir le grec à fond, dans un temps où la plupart des lettrés ne savaient que le latin (aujourd'hui, ils ne savent ni l'un ni l'autre); et par suite, si Racine, tout imprégné des Grecs, choisit chez eux la moitié des sujets de ses tragédies profanes, et s'il écrivit *Andromaque*, *Iphigénie* et *Phèdre*, c'est un peu au sacristain de Port-Royal que nous le devons.

Le troisième professeur de Jean Racine, Antoine Lemaître, avait été un avocat célèbre et un «homme du monde» assez dissipé (du moins parle-t-il lui-même de ses «égarements»). Il s'était converti au lit de mort de sa mère, brusquement, avec explosion et larmes, et avait renoncé à la plus belle situation dans le siècle pour s'ensevelir à Port-Royal. Tandis que Nicole et Lancelot étaient des hommes «gris», Antoine Lemaître était un homme brillant, un pénitent plein de verve et d'éclat, le chef des solitaires. Il avait de la véhémence, de la chaleur, de l'imagination et du geste. Il gardait, dans son renoncement, l'amour de la littérature. Du fond de sa solitude, il avait publié lui-même ses plaidoyers[3], monuments de sa gloire profane, en ayant seulement soin d'y rajouter des passages édifiants. Il avait traduit, en les expurgeant pour les élèves de Port-Royal, les comédies de Térence.

Antoine Lemaître prit très fort en amitié Racine adolescent. Il voulait faire de lui un avocat. On connaît la lettre charmante où il recommande au «petit Racine» de bien soigner pendant son absence ses onze volumes de saint Chrysostome et de les défendre contre les rats, et où il l'appelle son fils et lui dit: «Aimez toujours votre papa comme il vous aime.»

Il fut spécialement le professeur de rhétorique de Jean Racine. Ce fut sûrement lui qui communiqua à l'enfant la flamme littéraire. Et ce n'est pas tout: Antoine Lemaître avait une belle voix et un débit savant. Il donna à Racine d'excellentes leçons de diction,—que Racine répéta plus tard à mademoiselle du Parc et à mademoiselle Champmeslé.

Le quatrième professeur de Racine fut M. Hamon, médecin de Port-Royal. Et même, à partir de mars 1656, les autres solitaires dispersés, Racine n'eut plus d'autre professeur que M. Hamon.

M. Hamon paraît avoir été le plus singulier, le plus pittoresque des messieurs de Port-Royal et aussi le plus poète. Après avoir été précepteur de M. de Harlai,—dont il refusa un petit «bénéfice»,—il vendit et distribua aux pauvres son patrimoine et entra à Port-Royal en 1650. Il fut le médecin des religieuses. Il s'en allait visiter les pauvres des environs, monté sur un âne et un livre à la main. C'était un mystique au cœur tendre et à l'imagination fleurie. Il lisait en espagnol les ouvrages de sainte Thérèse, «de la grande sainte Thérèse qui fut tellement blessée de la charité de l'Époux que son cœur fut transpercé d'un glaive de joie et de douleur».

Ainsi s'exprime-t-il. Il écrivit des petits traités de piété pour les religieuses et quatre volumes de très subtils commentaires sur le *Cantique des cantiques*. «Il avait, dit Sainte-Beuve, le don de la spiritualité morale, le sens des emblèmes,» et il marchait dans le monde «comme dans une forêt enchantée, où chaque objet qu'on rencontre en recèle un autre plus vrai et cache une merveille». Il pensait que l'univers visible n'est qu'un système de symboles et qu'il n'y a de vrai que ce qu'on ne voie pas. Il ne mangeait que du pain de chien (fait de son et d'un peu de farine). On lui en donnait un grand par semaine. Il mangeait toujours debout, dans un couloir, sans serviette et sur une planche. Sainte-Beuve dit qu'il y avait de l'oriental et du brahme dans M. Hamon. Cette impression me parait très juste. Je tiens de la munificence de M. Gazier un petit livre intitulé: *Relation de plusieurs circonstances de la vie de M. Hamon, faite par lui-même, selon le modèle des Confessions de saint Augustin* (124 pages, imprimées en 1734). Il y parle surtout du séjour qu'il fit seul, comme médecin, auprès des religieuses de Port-Royal-des-Champs, en 1665, après l'expulsion des «messieurs». C'est très curieux. M. Hamon est humble, oui, il se rabaisse tant qu'il peut et conserve ses vêtements de pauvre qui le font moquer des gardes. Il dira:

> J'aimais fort les sentences, ce qui est le caractère des moindres esprits.

Il dira:

> J'étais plus lâche qu'une femme, et qu'une femme des plus lâches, car il y en a de courageuses.

Et cætera. Mais on sent avec lui quel secret délice est l'humilité. Car, dans le chrétien qui se ravale lui-même, il y a deux «moi»: le «moi» qui est humilié, et le «moi» qui humilie l'autre et le méprise et le maltraite; et ce second moi, juge implacable du premier, peut parfaitement goûter un plaisir d'orgueil détourné et comme s'enivrer de son rôle d'ange flagellateur. Puis, l'humilité supprime presque toutes les causes de trouble:

> J'éprouvais, dit M. Hamon, que, quand on se met sur son fumier, on est délivré de bien des tentations... Je résolus, dit-il encore, de ne plus juger personne.

Bientôt vient le détachement de la vie et l'amour de la mort:

> Je regardais la mort avec assez de douceur. Je pensais fortement qu'il fallait me disposer à quitter les vivants, qui sont morts, afin d'aller trouver les morts, qui sont vivants.

Vient enfin la totale «ataraxie».

> Il y a des temps où je crois que Dieu demande une chose de moi; il y en a d'autres où je ne le crois plus; quelquefois, je n'en sais rien. *Et tout cela m'est la même chose*, étant résolu de ne faire non plus d'état de mes prétendues assurances que de mon incertitude même.

Un autre point très intéressant. La communion était interdite aux religieuses du chœur, mais permise aux sœurs converses. On demande à Hamon si les religieuses du chœur peuvent sans péché mettre le manteau gris des converses pour se présenter à la Sainte Table et communier ainsi par fraude. Hamon pense qu'elles le peuvent. Pourquoi? C'est que, en rendant *possible* aux religieuses, par cette ruse, la communion dont il leur commande et inspire le désir, Jésus-Christ signifie ainsi clairement qu'il la leur permet en effet, et cela, malgré l'autorité ecclésiastique. C'est une révélation qu'il fait à ses servantes, par-dessus la tête de leur archevêque. Il me semble que nous touchons le fond de l'âme de Port-Royal dans cette volonté de communiquer directement avec Dieu. Toute cette discussion de M. Hamon, à la fois très subtile et enflammée d'amour, est une des choses les plus singulières qu'on puisse lire.

Voilà les quatre professeurs de Racine. Celui qu'il semble avoir aimé et vénéré le plus est justement ce bizarre et délicieux bonhomme, M. Hamon. Quarante ans plus tard, il écrira dans son testament (10 octobre 1698):

> Je désire qu'après ma mort, mon corps soit porté à Port-Royal-des-Champs, qu'il soit inhumé dans le cimetière, au pied de la fosse de M. Hamon. Je supplie très humblement la mère abbesse et les religieuses de vouloir bien m'accorder cet honneur, quoique je m'en reconnaisse très indigne, etc.

Et maintenant, représentez-vous cet enfant tout seul au milieu de ces saints, d'ailleurs tous occupés de leurs dévotions et de leurs travaux. Je ne dis pas qu'il dut s'y ennuyer: mais l'absence d'enfants de son âge, le silence de ce grand cloître dépeuplé et de cette vallée solitaire, tout cela était évidemment fort propre à le jeter dans la rêverie. Il dut rêver beaucoup, ces trois années-là, le long de l'étang, dans les jardins et dans les bois. Et sa sensibilité, repliée sur soi, secrète, sans confident, dut se faire par là plus profonde et plus délicate.

On connaît l'anecdote racontée par Louis Racine dans ses *Mémoires*: anecdote que Louis tenait de son frère aîné Jean-Baptiste, lequel ne pouvait la tenir que de son père ou de quelqu'un de Port-Royal:

> Son plus grand plaisir était de s'aller enfoncer dans les bois de l'abbaye avec Sophocle et Euripide qu'il savait presque par cœur. Il avait une mémoire surprenante. Il trouva par hasard le roman grec des amours de Théagène et de Chariclée. Il le dévorait, lorsque le sacristain Claude Lancelot, qui le surprit dans cette lecture, lui arracha le livre et le jeta au feu. Il trouva moyen d'en avoir un autre exemplaire, qui eut le même sort, ce qui l'engagea à en acheter un troisième, et, pour n'en plus craindre la proscription, il l'apprit par cœur et le porta au sacristain en lui disant: «Vous pouvez brûler encore celui-ci comme les autres.»

Comment Racine avait-il pu se procurer jusqu'à deux exemplaires du roman d'Héliodore,—texte grec, comme semble l'indiquer la phrase de Louis Racine? Sans doute par son cousin Antoine Vitart, qui était alors à Paris, au collège d'Harcourt. Maintenant, que le petit Racine ait appris *Théagène et Chariclée* «par cœur», c'est probablement une façon de parler, car le roman a plus de six cents pages.

Je l'ai parcouru, moi, dans la traduction d'Amyot, et une seule fois, et en passant beaucoup de pages. Que Racine à seize ans l'ait lu, lui, dans le texte, et au moins trois fois, cela prouve qu'il était déjà très fort en grec, et qu'il avait une grande fraîcheur de sensibilité et d'imagination.

L'*Histoire éthiopique traitant des loyales et pudiques amours de Théagène Thessalien et Chariclée Éthiopienne*, écrite entre le IIe et le Ve siècle par un Héliodore qui aurait été évêque de Tricca en Thessalie, raconte en dix livres, très lentement, les aventures de la princesse Chariclée, qui fut exposée par sa mère, qui rencontra à Delphes le beau Théagène, qui fut longtemps séparée de lui et qui, après mille vicissitudes, telles que naufrages et enlèvements, et méprises et malentendus de toutes sortes, finit par le retrouver et par l'épouser, la noble naissance de Chariclée ayant été reconnue au moment où on allait la mettre à mort avec son amant. La forme du livre, c'est, si vous voulez, celle des parties un peu ennuyeuses de *Daphnis et Chloé*. Elle nous paraît assez insipide, encore qu'extrêmement fleurie. Mais il y est question d'amour; Racine avait seize ans; et il créait lui-même l'enchantement de cette histoire.

Et, somme toute, je comprends que le bon sacristain Lancelot ait cru devoir, par deux fois, lui confisquer son exemplaire. Car enfin, dès les premières pages du roman, l'écolier de seize ans y pouvait lire (en grec) cette description d'une belle personne dont l'ami vient d'être à moitié égorgé par des pirates:

> C'était une jeune pucelle assise dessus un rocher... Elle avait le chef couronné d'un chapeau de laurier, et des épaules lui pendait, par derrière, un carquois qu'elle portait en écharpe. Son bras gauche était appuyé sur son arc... Sur sa cuisse droite reposait le coude de son autre bras; et avait la joue dedans la paume de sa main dont elle soutenait sa tête, tenant les yeux fichés en terre à regarder un jeune damoiseau étendu tout de son long, lequel était tout meurtri de coups, etc.

Et deux pages plus loin:

> Cette belle jeune fille se prit à embrasser le jouvenceau et commença à pleurer, à le baiser, à essuyer ses plaies, et à soupirer...

Et un peu plus loin encore:

> Apollon! dit la belle captive, les maux que nous avons par ci-devant endurés ne te sont-ils point satisfaction suffisante? Être privés de nos parents et amis, être pris par des pirates, avoir été deux fois prisonniers entre les mains des brigands sur terre, et l'attente de l'avenir pire que ce que nous avons jusqu'ici essuyé!... Où donc arrêteras-tu le cours de tant de misères? Si c'est en mort, mais que ce soit sans vilenie, douce me sera telle issue. Mais si aucun d'aventure se met en effort de me violer et connaître honteusement, moi que Théagène même n'a encore point connue, je préviendrai cette injure en me défaisant moi-même, et me maintiendrai pure et entière jusques à la mort, emportant avec moi pour honneur funéral ma virginité incontaminée.

Lire ces choses-là,—dans un grec mignard,—au fond des bois,—à seize ans, et quand on n'a encore connu d'autres femmes que sa grand'mère et sa tante—pourquoi cela ne serait-il pas délicieux et émouvant?...

Et dans ce même premier livre de *Théagène et Chariclée*, l'enfant Racine lisait l'histoire—assez brutale—d'un jeune homme trop aimé de sa belle-mère, c'est-à-dire, sous d'autres noms, l'histoire même de Phèdre et d'Hippolyte; si bien qu'écrivant vingt ans plus tard sa tragédie de *Phèdre*, il put se ressouvenir des pages d'Héliodore, alors troublantes pour lui, qu'il avait lues le long de l'étang et dans les bois de Port-Royal.

C'est aussi dans ces bois et le long de cet étang qu'il composa les sept Odes de la *Promenade de Port-Royal: Louanges de Port-Royal en général; le Paysage en gros; Description des bois; De l'étang; Des prairies; Des troupeaux et d'un combat de taureaux; Des jardins.*

Ce sont des vers d'enfant, et c'est très bien ainsi. Certes le petit Racine jouit vivement du charme des eaux, des arbres, des prairies. Quelques années plus tard, La Fontaine, dans sa Psyché, dira de lui: «Il aimait extrêmement les jardins, les fleurs, les ombrages.» Mais, n'étant encore qu'un enfant, Racine, comme il est tout naturel, imite dans sa forme les poètes descriptifs à la mode, et notamment Théophile de Viau et Tristan l'Ermite.

Ce Théophile et ce Tristan ont d'ailleurs de bien jolis endroits. Il faut lire, du premier, le *Matin*, la *Solitude*, la *Maison de Silvie*, et, du second, le *Promenoir des deux amants.*

Que dites-vous de ces deux strophes de la *Maison de Sylvie?*

> Un soir que les flots mariniers
> Apprêtaient leur molle litière
> Aux quatre rouges timoniers
> Qui sont au joug de la lumière,
> Je penchais mes yeux sur le bord
> D'un lit où la Naïade dort,
> Et regardant pêcher Silvie,
> Je voyais battre les poissons
> À qui plus tôt perdrait la vie
> En l'honneur de ses hameçons.
>
> D'une main défendant le bruit,
> Et de l'autre jetant la ligne,
> Elle fait qu'abordant la nuit,
> Le jour plus bellement décline;
> Le soleil craignait d'éclairer,
> Et craignait de se retirer;
> Les étoiles n'osaient paraître;
> Les flots n'osaient s'entre-pousser.
> Le zéphire n'osait passer,
> L'herbe se retenait de croître.

Et que dites-vous de ces quatrains du *Promenoir des deux amants?*

> Auprès de cette grotte sombre
> Où l'on respire un air si doux,

L'onde lutte avec les cailloux
Et la lumière avecque l'ombre.

Ces flots, lassés de l'exercice
Qu'ils ont fait dessus ce gravier
Se reposent dans ce vivier
Où mourut autrefois Narcisse.

C'est un des miroirs où le Faune
Vient voir si son teint cramoisi,
Depuis que l'amour l'a saisi,
Ne serait point devenu jaune.

L'ombre de cette fleur vermeille
Et celle de ces joncs pendants
Paraissent être là-dedans
Les songes de l'eau qui sommeille.

Ce Tristan et ce Théophile sont des poètes ingénieux—et qui aiment la nature, oh! mon Dieu, peut-être autant que nous l'aimons. Seulement, c'est plus fort qu'eux, ils ne peuvent la peindre sans mêler à leurs peintures, trop menues, trop sèchement détaillées, de l'esprit et des pointes, et une trop piquante mythologie.

Racine, à seize ans, les copie de son mieux dans ses odes enfantines. Il emploie la strophe préférée de Théophile (en abrégeant seulement, et d'une façon qui n'est peut-être pas très heureuse,—car elle la rend trop sautillante—le septième et le neuvième vers de la strophe). Son imitation est, en général, assez faible; il a vraiment trop d'épithètes insignifiantes, telles qu'*agréable et admirable*. Mais il a pourtant des strophes assez réussies dans leur genre, et pas trop éloignées de leur modèle; celle-ci, par exemple:

Là, l'hirondelle voltigeante,
Rasant les flots clairs et polis,
Y vient avec cent petits cris
Baiser son image naissante.
Là, mille autres petits oiseaux
Peignent encore dans les eaux
Leur éclatant plumage:
L'œil ne peut juger au dehors
Qui vole ou bien qui nage
De leurs ombres et de leurs corps.

Puis, il nous parle des poissons «aux dos argentés»:

... Ici, je les vois s'assembler,
Se mêler et se démêler

Dans leur couche profonde;
Là je les vois (Dieu, quels attraits!)
Se promenant dans l'onde,
Se promener dans les forêts.

À cause, vous entendez bien, des feuillages qui se reflètent dans l'eau. Cela est beaucoup plus imaginé et concerté que vu: c'est tout à fait du Théophile.

Je suis sûr que ces petits vers, si l'enfant les lui montra, ne déplurent point au bon M. Hamon, qui, comme j'ai dit, avait l'imagination riante, et qui mettait dans ses méditations spirituelles, pour en tirer de subtiles comparaisons à la manière de saint François de Sales, beaucoup de fleurs, d'arbres et d'animaux. Mais surtout M. Hamon dut goûter ces strophes de l'ode deuxième:

Je vois ce cloître vénérable,
Ces beaux lieux du ciel bien aimés,
Qui de cent temples animés
Cachent la richesse adorable.

(Vous avez compris que ces «temples animés», ce sont les religieuses de *Port-Royal*.)

C'est dans ce chaste paradis
Que règne, en un trône de lis,
La virginité sainte;
C'est là que mille anges mortels

(Ils n'étaient que «cent» tout à l'heure: «mille» est pour l'euphonie.)

D'une éternelle plainte
Gémissent au pied des autels.

Sacrés palais de l'innocence,
Astres vivants, chœurs glorieux
Qui faites voir de nouveaux cieux
Dans ces demeures du silence,
Non, ma plume n'entreprend pas
De tracer ici vos combats,
Vos jeûnes et vos veilles;
Il faut, pour en bien révérer
Les augustes merveilles,
Et les taire, et les adorer.

(Pas mal, ce dernier vers.)

Je ne vous donne pas ces strophes pour merveilleuses. Mais elles ont de la piété, de l'onction et, si je puis dire, de la blancheur. Et si l'on veut, de loin, de très loin, elles font présager l'accent suave des chœurs d'*Esther.*

Dans le même temps, l'enfant traduisait les *Hymnes* du bréviaire romain en vers français, que, plus tard, il retoucha notablement ou que, même, je pense, il refit tout entiers.—Il fait aussi beaucoup de vers latins, élégants et faciles. Il se nourrit d'Homère, de Sophocle et d'Euripide. Il les lit en «s'enfonçant dans les bois», ce qui est, si je puis ainsi parler, une façon plus sensuelle de les lire. Il traduit beaucoup, beaucoup de grec, et même des auteurs simplement curieux, tels que Diogène Laërce, Eusèbe et Philon. Et il commence un prodigieux travail d'annotations, souvent page par page, sur la presque totalité de la littérature grecque et sur une bonne partie de la latine.

Lorsqu'il sort de Port-Royal au mois d'octobre 1658, Jean Racine est à la fois un adolescent très pieux,—et un adolescent fou de littérature.

Fou de littérature, il le serait peut-être devenu de lui-même. Mais il est certain qu'il l'était aussi par la faute de ses vénérables maîtres.

Ses vénérables maîtres estimaient peu la littérature en elle-même. Pour leur compte, ils ne visaient pas au talent. Ils jugeaient que ce qu'il convient d'étudier chez les anciens et de leur emprunter, c'est simplement l'art d'exprimer clairement et exactement sa pensée, afin qu'elle soit plus efficace. Mais comment pouvaient-ils croire qu'un enfant tendre, intelligent et passionné ne chercherait que cela dans Homère, Sophocle, Euripide, Térence, Virgile? Est-ce par ces lectures qu'ils pensaient le détourner de la poésie, ou le munir d'avance contre les passions? Ces saints hommes goûtaient trop les belles-lettres. Ils n'étaient pas parfaitement conséquents avec eux-mêmes, et je les en aime davantage.—Il est bien probable, d'ailleurs, que les religieuses, et sa tante la mère Agnès de Saint-Thècle, et sa grand'mère Marie Desmoulins, avaient été touchées des strophes où l'enfant les comparait à des «temples animés» et les appelait «astres vivants» (dame! mettez-vous à leur place); qu'il leur avait montré sa traduction des *Hymnes* et qu'elles en avaient été émerveillées; et il est bien probable aussi que ces «messieurs» n'avaient pu se tenir de louer les vers latins que Racine avait adressés au Christ (*ad Christum*) pour le supplier de défendre Port-Royal contre ses ennemis.

Ainsi, sans le savoir, Port-Royal poussait l'écolier vers la littérature et la poésie,—et vers le théâtre, qui en était alors la forme la plus éclatante. Port-Royal poussait Jean Racine à la damnation, jusqu'à l'heure où il devait le ressaisir pour le salut; et il en résultera une vie des plus tourmentées, des plus passionnées, des plus humaines par ses contradictions intérieures. Sa vie même fut certainement, aux yeux de Dieu, la plus belle de ses tragédies.

DEUXIÈME CONFÉRENCE

SES DÉBUTS.—SON SÉJOUR À UZÈS.—LES DEUX TRADITIONS.

En octobre 1658, Racine, âgé de dix-huit ans et neuf mois, est mis au collège d'Harcourt, à Paris, pour y faire une année de philosophie. Le proviseur du collège, Pierre Baudet, et le principal, Fortin, étaient amis des «solitaires.» Toutefois, dès cette année-là, le jeune homme commence d'échapper à Port-Royal, et s'émancipe assez vivement.

Nous savons, par une de ses lettres, que, dans les premiers mois de 1660, il habite «à l'Image Saint-Louis, près de Sainte-Geneviève» (sans doute quelque hôtel meublé) et qu'il est déjà lié avec le futile abbé Le Vasseur, et avec son compatriote et un peu son parent (au 17e degré), le doux bohème Jean de La Fontaine.

Puis, une lettre de septembre 1660 nous le montre établi à l'hôtel de Luynes, quai des Grands-Augustins, chez son oncle à la mode de Bretagne, Nicolas Vitart, intendant du duc de Luynes.

Ce Vitart, de quinze ans plus âgé que Racine, était, lui aussi, un ancien élève de Port-Royal et, en particulier, du bon Lancelot. Mais il ne semble pas avoir grandement profité d'une si sainte éducation. C'était un galant homme, et assez mondain, un «honnête homme», au sens de ce temps-là, nullement un chrétien austère. Il était sur un bon pied et traité avec distinction chez les Luynes. D'ailleurs assez riche. Cet intendant d'un grand seigneur était lui-même un petit seigneur, ayant acheté de ses deniers divers fiefs et seigneuries.

Vitart s'occupait de littérature, surtout de vers galants et de théâtre. Il fut, pour Racine, un tuteur fort peu gênant. Il lui ouvrait sa bourse au besoin. Racine lui écrira d'Uzès en 1662: Je vous puis protester que je ne suis pas ardent pour les bénéfices. (Il en attendait un de son oncle le chanoine.) Je n'en souhaite que pour payer au moins quelque méchante partie de tout ce que je vous dois.

Et la femme de Vitart aussi était charmante pour son jeune cousin. Elle semble avoir été enjouée et fort peu prude. De quelques années plus âgée que Jean Racine, elle le traitait avec une familiarité gentille, une familiarité de jeune «marraine». Racine lui écrira d'Uzès, en 1661 et 1662, des lettres d'une galanterie respectueuse et tendre, semées de petits vers. Il se plaint sans cesse qu'elle ne lui écrive pas assez:

J'irai, parmi les oliviers,
Les chênes verts et les figuiers,
Chercher quelque remède à mon inquiétude.

Je chercherai la solitude
Et, ne pouvant être avec vous,
Les lieux les plus affreux me seront les plus doux.

Une fois il lui écrit (26 décembre 1661):

> Et quand mes lettres seraient assez heureuses pour vous
> plaire, que me sert cela? J'aimerais mieux *recevoir un soufflet ou*
> *un coup de poing de vous, comme cela m'était assez ordinaire*, qu'un
> grand merci de si loin.

Un coup de poing, un soufflet... Elle le traitait tout à fait en petit cousin.
Une autre fois (31 janvier 1662), il lui écrit, à propos de l'abbé Le Vasseur,
trop possédé de l'idée d'une certaine mademoiselle Lucrèce: «... J'ai même de
la peine à croire que vous ayez assez de puissance pour rompre ce charme,
vous qui aviez accoutumé de le charmer lui-même autrefois, *aussi bien que*
beaucoup d'autres.» Je vous donne mademoiselle Vitart pour une femme qui dut
être délicieuse, et qui inspira à Jean Racine son premier amour,—oh! un
amour timide et irréprochable, mais encore assez vif et tendre.

Je crois qu'on ne s'ennuyait pas chez monsieur l'intendant. Il y venait des
jeunes femmes et des jeunes filles: mademoiselle de la Croix, Lucrèce,
Madelon, Tiennon (l'énumération est de Racine lui-même, 27 mai 1661), à
qui l'on faisait la cour, et pour qui l'on rimait des madrigaux. Là, fréquentaient
La Fontaine (que nous retrouverons bientôt), M. d'Houy, un peu ivrogne,
Antoine Poignant, qui passait la plus grande partie de son temps au cabaret,
et l'abbé Le Vasseur, gentil garçon, bel esprit très futile, qui semble avoir
connu toutes les actrices et qui, notamment, mit Racine en rapport avec
mademoiselle Roste, comédienne du théâtre du Marais, et mademoiselle de
Beauchâteau, comédienne de l'hôtel de Bourgogne; l'abbé Le Vasseur,
toujours amoureux, tantôt de mademoiselle Lucrèce, tantôt d'«une toute
jeune mignonne» dont le nom ne nous est pas parvenu, tantôt de quelque
chambrière que nos compères appelaient Cypassis en souvenir d'une belle
esclave chantée par Ovide au deuxième livre des *Amours*.

Tels furent, en attendant Boileau et Molière, les amis de jeunesse de Jean
Racine. Non, il ne s'ennuyait pas à Paris. Quand il était obligé d'aller au
château de Chevreuse surveiller, pour son cousin Vitart, des menuisiers et
des maçons, il datait ses lettres de «Babylone», pour marquer qu'il se
considérait comme exilé, et il se vantait d'aller trois fois par jour au cabaret.
Évidemment, après ses années de Port-Royal, il était un peu grisé de sa liberté
nouvelle.

Ne croyez pas, du reste, à de grands désordres, ni même à aucune sérieuse
débauche. Sans doute, en novembre 1661, il écrira d'Uzès, à La Fontaine: «...
Il faut être régulier avec les réguliers, comme j'ai été loup avec vous et avec

les autres loups, vos compères.» Mais, dans une lettre de lui, de février ou mars 1661, je trouve un passage à mon avis bien curieux en ce qu'il nous montre un Racine de vingt et un ans, éveillé et excité, mais, je crois bien, innocent encore malgré ses airs gaillards.

Dans cette lettre, il dit à son ami Le Vasseur qu'il vient de lire toute la *Callipédie*, et qu'il l'a admirée tout entière. La *Callipédie*? qu'est cela? C'est un poème latin—fort élégant—du médecin Claude Quillet, publié en 1655, sur les moyens d'avoir de beaux enfants: *Callipedia, sive de pulchræ prolis habendæ ratione.* Cette lecture était convenable à l'âge de Racine, et le devait intéresser par tout le scabreux d'un docte badinage et par l'ingéniosité des périphrases exprimant les détails physiologiques les plus osés. Les adolescents lisent volontiers les traités médicaux sur des sujets délicats.

Et donc, après avoir loué le latin de Quillet, Racine continue ainsi:

> Vous vous fâcherez peut-être de voir tant de ratures (dans sa lettre), mais vous les devez pardonner â un homme qui sort de table. Vous savez que ce n'est pas le temps le plus propre pour concevoir les choses bien nettement, et je puis dire, avec autant de raison que M. Quillet, qu'il ne se faut pas mettre à travailler sitôt après le repas:

> Nimirum crudam si ad lœta cubilia portas
> Perdicem, incoctaque agitas genitalia cœna,
> Heu! tenue effundes semen…

Je ne puis vous traduire exactement ces vers. Ils reviennent à dire qu'on n'est bon à rien tant que la digestion n'est pas faite. Là-dessus, Racine fait ce commentaire:

… Mais il ne m'importe de quelle façon je vous écrive, pourvu que j'aie le plaisir de vous entretenir; de même qu'il me serait bien difficile d'attendre après la digestion de mon souper *si je me trouvais à la première nuit de mes noces.* Je ne suis pas assez patient pour observer tant de formalités.

Il y a là, si je ne me trompe, quelque chose de brutal à la fois et de candide. «À la première nuit de mes noces…» Sentez-vous, au milieu même d'un badinage assez libre, la réserve d'un bon jeune homme encore intact, et proche encore des pieux enseignements de ses maîtres? Il est clair qu'un jeune libertin du même temps aurait écrit qu'il lui serait difficile d'attendre après la digestion de son souper *«s'il avait Amarante ou Chloris dans ses bras»*, ou quelque chose d'approchant; mais cette intervention si inattendue de la «nuit de noces», de l'idée de mariage et d'amour permis me ferait assez croire que Racine, à vingt et un ans, était encore, dans le fond, le digne petit-fils, petit-cousin et neveu de tant de saintes religieuses. Nous n'avons pas ici affaire à un étudiant d'aujourd'hui, qu'aucune règle ni aucun souvenir d'une règle ne retient, mais à un jeune homme d'une éducation particulièrement pieuse, chez qui la chaste empreinte est profonde et le scrupule tenace. Il y a encore de l'innocence dans les lettres écrites d'Uzès en 1662 et 1663. Je crois que ce fut seulement vers le temps où il fit jouer sa première pièce et connut familièrement des comédiennes, que l'élève de Lancelot et de Hamon et le neveu de la mère Agnès acheva de s'émanciper quant à la règle des mœurs. Au reste, je ne prétends pas à la précision sur ce point. Tout ce que j'ai voulu établir, c'est qu'il ne se jeta pas soudainement dans la vie la plus opposée aux leçons de Port-Royal. Il y mit de la lenteur, observa des étapes,—parce qu'il avait du goût.

En attendant, il badine, il galantise, il «fait le loup», comme il dit, mais sans être un fort grand loup. C'est beaucoup moins de plaisirs qu'il est curieux et avide que de littérature, de poésie,—et de gloire. Il veut être célèbre, il veut «arriver». Racine, à vingt ans, est un jeune «arriviste»; mon Dieu, oui. Louis Racine, dans ses *Mémoires*, dira de son père: «Il avait eu, dans sa jeunesse, *une passion démesurée de la gloire.*»

En ce temps-là, il était beaucoup plus facile qu'aujourd'hui, à un jeune homme de talent, de se faire rapidement connaître. C'est qu'aujourd'hui, vraiment, «ils sont trop». Au temps de Racine, la proportion entre le nombre des gens occupés d'écrire et le nombre des hommes voués à d'autres travaux était encore raisonnable et normale. Cette proportion a été rompue, effroyablement. Mais alors on pouvait encore compter les écrivains. La concurrence n'était point terrible. Et, chose remarquable, on peut bien citer, au XVIIe siècle, des talents surfaits, mais, je crois, pas un talent méconnu.

Aujourd'hui un jeune poète, même très bien doué, met des années, s'il a de la chance, à parvenir à un commencement de notoriété. Même un volume imprimé chez Lemerre, même un prix de l'Académie (à qui l'on a présenté l'an dernier plus de deux cents volumes de vers) n'avancent pas beaucoup les affaires du malheureux débutant. Mais Jean Racine, à vingt ans, écrit, à propos du mariage du roi, une ode intitulée: *la Nymphe de la Seine à la reine*. Il la fait porter par son cousin Vitart à Chapelain et à Perrault, qui étaient assez amis de Port-Royal. Chapelain était une vieille bête très estimée et d'une grande autorité; d'ailleurs bon humaniste, et assez judicieux dans le détail. Chapelain, après examen, rendit cet arrêt: «L'ode est fort belle, fort poétique, et il y a beaucoup de stances qui ne se peuvent mieux. Si l'on repasse ce peu d'endroits marqués, on en fera une belle pièce.» La plus considérable de ces remarques portait sur des Tritons que Racine avait logés dans la Seine, et qui, paraît-il, n'ont le droit d'habiter que dans la mer. Racine corrigea; Chapelain parla à Colbert; et «ce ministre envoya au jeune poète cent louis de la part du roi, et peu après le fit mettre sur l'état pour une pension de six cents livres en qualité d'homme de lettres». Voilà évidemment des débuts faciles.

Ce n'est pas que cette ode soit un chef-d'œuvre. Elle est encore un peu dans le goût du temps; elle en garde le vocabulaire; trop d'*astres*, de *soleils*, de *beautés non pareilles*, *d'or du Tage et de trésors de l'Inde*. Mais l'idée est assez gracieuse de faire souhaiter la bienvenue à la nouvelle reine de France par la Nymphe de la Seine. (Si Hérédia avait trouvé cela pour la tsarine, on l'eût jugé fort bien.) Et puis, s'il y a encore des images banales, il n'y a plus de mauvaises pointes. Le goût de Racine s'est fort épuré en quatre ans, depuis les sept Odes enfantines. Et surtout l'harmonie des vers, et la pureté, la fluidité de la diction, sont déjà bien remarquables. Cette Nymphe de la Seine, svelte, longue et souple, fait vraiment un peu penser aux nymphes de Jean Goujon.

Voilà Racine lancé. Nous voyons que, dès septembre 1660, n'ayant pas encore vingt et un ans, il avait écrit une tragédie d'*Amasis*, dont nous ignorons le sujet; qu'il l'avait lue à mademoiselle Roste, du Marais; que mademoiselle Roste l'avait aimée, et aussi le comédien La Roque; mais qu'ensuite La Roque s'était ravisé:

> Je ne sais pas, écrit Racine, à quel dessein La Roque montre
> ce changement… J'ai bien peur que les comédiens n'aiment
> à présent que le galimatias, pourvu qu'il vienne d'*un* grand
> auteur.

Racine avait d'abord écrit: «*du* grand auteur». Il voulait évidemment désigner Corneille. Nous sommes en 1660; la dernière pièce de Corneille est *Œdipe*, où, en effet, le galimatias ne manque point. Il est intéressant de voir Racine se détacher et se différencier si tôt et si complètement du très illustre vieux poète.

Huit ou neuf mois après (juin 1661; il a vingt et un ans et demi), nous trouvons Racine occupé d'une tragédie sur les amours d'Ovide:

> J'ai fait, refait, et mis enfin dans sa dernière perfection tout
> mon dessein (mon plan). J'y ai fait entrer tout ce que m'avait
> marqué mademoiselle de Beauchâteau, que j'appelle la
> seconde Julie d'Ovide… Avec cela, j'ai *lu et marqué tous les
> ouvrages* de mon héros, et j'ai commencé même quelques
> vers.

Dans cette même lettre, il parle avec une légèreté fâcheuse des tribulations de Port-Royal et de la déposition de M. Singlin, confesseur des religieuses. C'est que Port-Royal l'accablait alors secrètement de remontrances et de vitupérations. Mais c'est aussi dans cette même lettre que Jean Racine écrit:

> M. l'avocat (un de leurs amis communs) me le disait encore
> ce matin en me remettant votre lettre: «Il faut du solide, et
> un honnête homme ne doit faire le métier de poète que

quand il a fait un bon fondement pour sa vie, et qu'il peut
se dire honnête homme à juste titre.»

Si fou qu'il soit de poésie et de théâtre, le garçon, dans le fond, est fort sensé.

Et c'est pourquoi, lorsque ses amis de Port-Royal, sa tante, ses parents de la
Ferté-Milon s'entendent pour l'envoyer à Uzès, où l'appelle son oncle le
chanoine Sconin, qui lui fait espérer un «bon bénéfice», Jean Racine, se
voyant sans fortune, se laisse faire. Car, au surplus, on peut écrire des
tragédies partout. Et nous verrons qu'à Uzès même, chez le bon chanoine,
tout en étudiant saint Thomas et saint Augustin, il continue d'écrire des vers
galants, retouche une pièce assez longue intitulée *les Bains de Vénus*, qui ne
nous a pas été conservée, et commence *la Thébaïde*.

Il écrit, dis-je, cette tragédie et achève les *Bains de Vénus* dans le moment où
son oncle lui cherche une abbaye. Les mœurs de l'ancien régime conciliaient
bien des choses. Nous voyons, par une de ses lettres, que si la nature du
«bénéfice» obtenu l'eût exigé, Racine se fût résigné à entrer dans les ordres. Il
y fût entré avec la foi, certes, mais sans nulle vocation. Cela ne nous paraît
pas bien joli. Mais Racine se conformait à un usage. Il ne fut jamais un révolté.
Il ne le fut point contre ce qui pouvait l'incommoder dans les institutions et
les mœurs de son temps. Comment l'aurait-il été contre ce qui l'y
accommodait?

Heureusement (car tout de même la prêtrise, même légèrement portée, l'eût
un peu gêné plus tard pour écrire *Andromaque* ou *Bajazet*); heureusement il n'y
eut pas moyen de lui trouver le moindre bénéfice, pas même «la plus petite
chapelle». Et Racine rentra à Paris en 1663, sans doute soulagé au fond.

Mais nous devons à ce séjour d'une année environ qu'il fit à Uzès une série
de lettres charmantes qu'il adressait à son cousin Vitart et à mademoiselle
Vitart, à sa sœur Marie Racine, à son ami La Fontaine, à son ami l'abbé Le
Vasseur.

Ce sont des lettres un peu apprêtées, des lettres soignées, avec pas mal de
ratures. Souvenez-vous qu'alors une lettre était quelque chose de bien plus
important qu'aujourd'hui. Les courriers étaient dix fois, trente fois, cent fois
plus rares. Ajoutez que c'était le destinataire qui payait le port, quelquefois
assez élevé (20 sols, 30 sols). On voulait lui en donner pour son argent. On
ne pouvait guère lui écrire des billets de trois lignes. Puis, comme il n'y avait
guère de journaux,—si ce n'est, à Paris, *la Gazette de France* (*le Mercure* ne date
que de 1672), et, dans les villes de province, des petites feuilles d'annonces
hebdomadaires,—la correspondance privée remplaçait les journaux. À cause
de cela, on faisait plus de cas des lettres, et de celles qu'on écrivait, et de celles
qu'on recevait, et qu'on montrait volontiers à ses amis et connaissances.

Les lettres juvéniles de Racine sont élégantes, spirituelles, du tour le plus gracieux et (il faut le noter) d'une langue absolument pure. J'entends par là qu'elles excluent même certaines façons de s'exprimer[4] qui passaient dès lors pour vieillies mais que continuaient d'employer les vieillards et même les hommes mûrs. Comparez, pour voir, la prose de Racine et la prose de Corneille dans ces mêmes années 1661 et 1662. La France, alors, continuait de travailler à épurer sa langue. Même dix-sept ans plus tard (en 1679), un ami intime de Racine, Valincour, écrira plus de cent pages de remarques grammaticales, d'un goût un peu étroit, mais très fin, sur la langue de madame de La Fayette: *Conversations sur la critique de la Princesse de Clèves* (quatrième conversation).

Donc Racine, dans ce lointain Languedoc, craint d'oublier la bonne langue, le «bon usage». Il écrit à l'abbé Le Vasseur:

… Chacun veut voir vos lettres, et on ne les lit pas tant pour apprendre des nouvelles que pour voir la façon dont vous les savez débiter. Continuez donc, s'il vous plaît, ou plutôt commencez tout de bon à m'écrire, quand ce ne serait que par charité. Je suis en danger d'oublier bientôt le peu de français que je sais; je le désapprends tous les jours, et je ne parle tantôt plus que le langage de ce pays, qui est aussi peu français que le bas-breton.

Il n'est pas inutile de noter ce souci, dès l'âge de vingt ans, chez l'homme qui sera, je pense, l'écrivain le plus pur du XVIIe siècle.

J'ajoute que, s'il craint d'oublier sa langue, ailleurs il nous parle des bourgeois d'Uzès en des termes qui nous donnent assez bonne opinion de la vie provinciale dans ce coin de vieille France:

> Ils causent des mieux… et pour moi, j'espère que l'air du
> pays va me raffiner de moitié, pour peu que j'y demeure; car
> je vous assure qu'on y est fin et délié plus qu'en aucun lieu
> du monde.

Ces lettres d'Uzès, très jolies dans leur léger apprêt, semées de citations de l'Arioste et du Tasse, et aussi de Virgile, de Térence et de Cicéron, que Racine transcrit tous *par cœur*, ces lettres du printemps d'un poète de génie nous montrent un jeune homme d'une sensibilité très vive et d'un esprit très net, inquiet des femmes et de l'amour, amoureux de la vie et de la gloire, et qui, parmi ses inquiétudes et ses frissons, poursuit son dessein et travaille prodigieusement.

Le paysage d'Uzès, et notamment celui que Racine voyait de sa fenêtre, est, paraît-il, admirable. Vous pressentez la description qu'en pourrait faire un jeune littérateur de nos jours, après tout ce que les grands descriptifs ont écrit chez nous depuis cent cinquante ans. Ce sentiment plus profond—ou plus voulu—de la nature et cette façon plus riche de la peindre sont assurément un gain, qui le nie? Mais que la manière exacte et sobre de nos classiques retrouve d'agrément, après tant d'orgies de couleurs et tant d'efforts trop visibles pour voir et pour peindre!

Racine écrit à Vitart, le 13 juin 1662:

> La moisson est déjà fort avancée, et elle se fait fort plaisamment au prix de la coutume de France; car on lie les gerbes à mesure qu'on les coupe; on ne laisse point sécher le blé sur la terre, car il n'est déjà que trop sec, et dès le même jour on le porte à l'aire, où on le bat aussitôt. Ainsi le blé est aussitôt coupé, lié et battu. Vous verriez un tas de moissonneurs, rôtis du soleil, qui travaillent comme des démons, et quand ils sont hors d'haleine, ils se jettent à terre au soleil même, dorment un *miserere* et se relèvent aussitôt. Pour moi, je ne vois cela que de ma fenêtre, car je ne pourrais pas être un moment dehors sans mourir: l'air est à peu près aussi chaud qu'un four allumé, et cette chaleur continue autant la nuit que le jour; enfin il faudrait se résoudre à fondre comme du beurre, n'était un petit vent frais qui a la charité de souffler de temps en temps; et, pour m'achever, je suis tout le jour étourdi d'une infinité de cigales qui ne font que chanter de tous côtés, mais d'un chant le plus perçant et le plus importun du monde. Si j'avais autant d'autorité sur elles qu'en avait le bon saint François, je ne leur dirais pas: «Chantez, ma sœur la cigale!…» etc.

Dame! ça n'est pas: «Midi roi des étés». C'est très simple, mais c'est très net, très précis, très vif. Et, tout de même, la vision de moisson et la sensation d'été y sont bien.

Dans une autre lettre à Vitart (17 janvier 1662), il parle de la douceur de l'hiver dans ce pays, et la décrit en des vers faciles, dont les premiers ne sont qu'agréables, mais dont les derniers sont charmants:

Enfin, lorsque la nuit a déployé ses voiles,
La lune au visage changeant
Paraît sur un trône d'argent,
Tenant cercle avec les étoiles:
Le ciel est toujours clair tant que dure son cours
Et nous avons des nuits plus belles que vos jours…

Sur Nîmes et sur les arènes, il écrit avec simplicité:

> La ville est assurément aussi belle et aussi *polide*, comme on dit ici, qu'il y en ait dans le royaume. Il n'y a point de divertissements qui ne s'y trouvent.

Et plus loin:

> J'y trouve d'autres choses qui me plaisent fort, surtout les Arènes. Vous en avez ouï parler!

Et il les décrit avec précision, sans vain échauffement. Enfin, quoiqu'il s'ennuie, il jouit fort des roses, des pois verts et des rossignols.

> Si je pouvais, écrit-il à sa cousine Vitart, vous envoyer des roses nouvelles et des pois verts, je vous en enverrais en abondance, car nous en avons beaucoup ici (mars 1662).

Et à l'abbé Le Vasseur, le 30 avril suivant:

Les roses sont tantôt passées, et les rossignols aussi.

J'ai dit qu'il était très préoccupé des femmes. Il écrit à La Fontaine, le 11 novembre 1661, très peu de temps après son arrivée à Uzès:

> Je ne me saurais empêcher de vous dire un mot des beautés de cette province... Il n'y a pas une villageoise, pas une savetière qui ne disputât en beauté avec les Fouillous et les Menneville.

(C'étaient deux filles d'honneur de la reine et dont la beauté était célèbre. Elles n'étaient pas fort sages, comme vous le pouvez voir dans l'*Histoire amoureuse des Gaules* de Bussy-Rabutin.)

> Si le pays de soi (par lui-même) avait un peu plus de délicatesse et que les rochers y fussent un peu moins fréquents, on le prendrait pour un vrai pays de Cythère. Toutes les femmes y sont éclatantes et s'y ajustent d'une façon qui leur est la plus naturelle, et pour ce qui est de leur personne:

Color verus, corpus solidum et succi plenum.

C'est un vers de Térence qui veut dire: «Un teint naturel, un corps ferme et plein de suc.»

À Le Vasseur, le 24 novembre 1661:

> J'allai à Nîmes pour voir le feu de joie... Il en a coûté deux mille francs à la ville... Il y avait autour de moi des visages qu'on voyait à la lueur des fusées, et dont vous auriez bien eu autant de peine à vous défendre que j'en avais. Il n'y en

avait pas une à qui vous n'eussiez bien voulu dire ce compliment d'un galant du temps de Néron…

Et l'ancien élève de Nicole et de Lancelot place ici et transcrit de mémoire une citation de Pétrone!

Au sortir de Paris, du cercle aimable des Vitart, et d'un milieu où l'on ne connaissait que la galanterie ingénieuse ou la débauche gauloise, il est frappé de la violence toute catalane et de la profondeur des passions sous ce ciel ardent d'Uzès. À Le Vasseur, le 16 mai 1662:

> J'ai eu cette après-dînée une visite… C'était un jeune homme de la ville, fort bien fait, *mais* passionnément amoureux… (Ce «mais» est curieux.) Vous saurez qu'en ce pays-ci on ne voit guère d'amour médiocre: toutes les passions y sont démesurées, et les esprits de cette ville, qui sont assez légers en d'autres choses, s'engagent plus fortement dans leurs inclinations qu'en aucun autre pays du monde.

Et il revient sur ce point dans une lettre à Vitart, du 30 mai 1662:

> Je vous dirai une autre petite histoire assez étrange. Une jeune fille d'Uzès, qui logeait assez près de chez nous, s'empoisonna hier elle-même et prit une grosse poignée d'arsenic, pour se venger de son père qui l'avait querellée fort rudement. Elle eut le temps de se confesser et ne mourut que deux heures après. On croyait qu'elle était grosse et que la honte l'avait portée à cette furieuse résolution. Mais on l'ouvrit tout entière, et jamais fille ne fut plus fille. Telle est l'humeur des gens de ce pays: ils portent les passions au dernier excès.

C'est tout. Pas la moindre réflexion édifiante. On dirait une note prise par Stendhal. Évidemment le jeune Racine est plus intéressé par des faits de cet ordre que par les paysages où les objets pittoresques. Serait-il excessif de dire que plus tard, quand il nous montrera des amoureuses qui vont jusqu'au bout de leur passion, il se souviendra des Hermione et des Roxane à foulard rouge de ce brûlant pays d'Uzès?

Ce Racine de vingt-deux ans,—qui attend le titre d'abbé et qui n'échappe à la tonsure préalable que parce qu'il avait oublié d'apporter avec lui le «démissoire» dont il avait besoin,—ce Racine semble tout entier «en réaction» contre son éducation première. Il parle de toutes choses avec une liberté allègre:

Je ne vous prie plus, écrit-il encore à Vitart, de m'envoyer les *Lettres provinciales*; on me les a prêtées ici; elles étaient entre les mains d'un officier de cette ville, qui est de la religion… On est plus curieux que je ne croyais. Ce ne sont pourtant que des huguenots: car, pour les catholiques, ôtez-en deux de ma connaissance, ils sont dominés par les jésuites. Nos moines sont plus sots que pas un, et qui plus est, des sots ignorants, car ils n'étudient point du tout. Aussi je ne les vois jamais, et j'ai conçu une certaine horreur pour cette vie fainéante de moines, que je ne pourrais pas leur dissimuler, etc…

À Le Vasseur, 16 mai 1662, à propos du jeune amoureux qui lui a fait des confidences:

Ôtez trois ou quatre personnes qui sont belles assurément, on ne voit presque, dans ce pays, que des beautés fort communes. (Racine, au début, les trouvait toutes admirables.) La sienne est des premières, et il me l'a montrée tantôt à une fenêtre, comme nous revenions de la procession, car elle est huguenote, et nous n'ayons point de belle catholique.

Un léger esprit de révolte est en lui, un désir de mordre aux beaux fruits de la vie, et une irritation contre qui veut les lui interdire. Le même jour, il écrit à Vitart:

Je tâcherai d'écrire cette après-dînée à ma tante Vitart et à ma tante la religieuse, puisque vous vous en plaignez. Vous devez pourtant m'excuser si je ne l'ai pas fait, et elles aussi: car que puis-je leur mander? C'est bien assez de *faire ici l'hypocrite* sans le faire encore à Paris par lettres, car j'appelle hypocrisie d'écrire des lettres où il ne faut parler que de dévotion et ne faire autre chose que se recommander aux prières.

Mais parmi tout cela, ne vous y trompez point, il n'est nullement dissipé. Il écrit à Le Vasseur:

Vous savez que les blessures du cœur demandent toujours quelque confident à qui on puisse s'en plaindre, et si j'en avais une de cette nature, je ne m'en plaindrais qu'à vous. Mais Dieu merci, je suis libre encore, et si je quittais ce pays, je rapporterais un cœur aussi sain et aussi entier que je l'ai apporté.

Il raconte cependant à l'abbé qu'il avait remarqué une demoiselle fort bien faite, «la gorge et le reste de ce qui se découvre en ce pays, fort blanc». Mais il ne la voyait qu'à l'église. Un jour pourtant il saisit une occasion de lui parler. Mais il trouve sur son visage «de certaines bigarrures, comme si elle eût relevé de maladie».

> Il faut, dit-il, que je l'aie prise en quelqu'un de ces jours
> fâcheux et incommodes où le sexe est sujet, car elle passe
> pour belle dans la ville.

(Racine voit et dit les choses comme elles sont: c'est un bon réaliste.) Et il s'en tient là.

> Je fus, ajoute-t-il, bien aise de cette rencontre, qui me
> servit du moins à *me délivrer de quelque commencement
> d'inquiétude,* car je m'étudie maintenant à vivre un peu plus
> raisonnablement.

Soyez tranquilles, il n'a pas attendu cette rencontre pour vivre ainsi. Il ne sort presque pas. Il lit et travaille jour et nuit. Il continue l'immense travail de lectures, de résumés et d'annotations commencé à Port-Royal. Il se prépare ardemment, sérieusement, patiemment à la gloire.

On trouve à la Bibliothèque nationale des cahiers qui renferment ses remarques sur les *Olympiques* de Pindare et sur l'*Odyssée*. En outre, on a conservé à la Bibliothèque de Toulouse un assez grand nombre de livres annotés par lui dans les marges. Nous voyons qu'il a lu à fond, la plume à la main (et il lui est arrivé d'annoter plusieurs fois le même ouvrage sur des exemplaires différents) la *Bible,* le *Livre de Job* en particulier, saint Basile, Pindare, Eschyle, Sophocle, Euripide, Platon, Aristote, Plutarque, Lucien, Virgile, Horace, Cicéron, Tite-Live, les deux Pline, Quinte-Curce,—les uns tout entiers, les autres en grande partie. Je ne parle pas de ses traductions, complètes ou fragmentaires, du *Banquet* de Platon, de la *Poétique* d'Aristote, de Lucien, de Denys d'Halicarnasse, de la *Vie de Diogène* par Diogène Laërce, de l'historien Josèphe, de la lettre de l'église de Smyrne touchant le martyre de saint Polycarpe, d'Eusèbe, de saint Irénée, etc.. Car il mêlait constamment les deux antiquités, païenne et chrétienne.

Ses commentaires sur les quatorze *Olympiques* attestent une connaissance assez approfondie de la langue grecque. Mais c'est sur l'*Odyssée* que ses notes (écrites en 1662) sont le plus abondantes et significatives. Elles consistent en résumés du texte, citations, rapprochements et réflexions Elles sont pleines de simplicité, même de naïveté, et il les écrivait évidemment pour lui seul.

Ce qui éclate aux yeux, c'est que le futur auteur_ d'Esther_ et *d'Athalie* adore l'*Odyssée*; et que l'*Odyssée* l'amuse infiniment.

Voici quelques-unes de ces notes:

> Les livres de l'*Odyssée* vont toujours de plus beau en plus beau, comme il est aisé de le reconnaître, parce que les premiers ne sont que pour disposer aux suivants: mais ils m'ont parti tous admirables et *divertissants*.

La bonhomie des mœurs lui semble délicieuse. À propos d'Hélène, au IVe livre:

> On voit bien qu'autrefois les dames ne faisaient point tant de façons qu'elles en font à présent. Et elles vivaient assez familièrement, comme Hélène qui fait apporter avec elle son ouvrage; devant de jeunes Hommes qu'elle n'a jamais vus.

La nature, même sauvage, ne lui déplaît point. À propos de l'île de Calypso:

> Homère nomme des hiboux, des éperviers à la langue large, ce qui montre que c'était un désert tout à fait retiré et qui avait quelque chose d'*affreux*: ce qui est *agréable* sans doute, quand cela est adouci par quelque autre objet, comme de la vigne, des fontaines et des prairies, qu'Homère y met encore.

(Lorsqu'il s'agissait de paysages; les gens du XVIIe siècle disaient «affreux» là où nous dirions «mélancoliques». Il y a dans les *Dialogues des morts* de Fénelon un passage bien curieux. C'est dans le dialogue de *Léger et Ebroïn*: «N'admirez-vous pas, dit Ebroïn, ces ruisseaux qui tombent des montagnes, ces rochers escarpés et en partie couverts de mousse, ces vieux arbres qui paraissent aussi anciens que la terre où ils sont plantés? La nature a ici je ne sais quoi de brut et d'*affreux qui plaît* et qui fait rêver agréablement.»)

L'exactitude familière des détails ravit le jeune Racine:

> Calypso donne à Ulysse un vilebrequin et des clous, tant Homère est exact à décrire les moindres particularités, *ce qui a bonne grâce dans le grec*, au lieu que le latin est plus réservé et ne s'amuse pas à de si petites choses. Il en va de même de notre langue, car elle fuit extrêmement de s'abaisser aux particularités, parce que les oreilles sont délicates et ne peuvent souffrir qu'on nomme des choses basses dans un discours sérieux, comme une cognée, une scie et un vilebrequin. L'italien, au contraire, ressemble au grec, et exprime tout, comme on peut voir dans l'Arioste qui est en son genre un caractère tel que celui d'Homère.

Mais pourquoi ce qui a «bonne grâce» dans les vers grecs ou italiens n'en aurait-il pas dans les vers français? N'est-ce pas affaire aux poètes de chez nous s'ils le voulaient? Racine ne songe pas à se le demander; il accepte, pour la poésie, les règles de noblesse conventionnelle posées avant lui par un idéalisme intéressant, mais un peu pédant et renchéri. Et pourtant lui-même, un peu plus loin, rapporte avec un plaisir visible les détails les plus «bas» de l'aventure du Cyclope, et, à propos d'Ulysse chez Circé, emploie de préférence et répète à satiété le mot «cochon» quand il pourrait dire «pourceau».

Oui, cette simplicité, ce réalisme d'Homère l'enchantent. À propos de ces mots d'Ulysse: «Permettez-moi de souper à mon aise, tout affligé que je suis, car rien n'est plus impudent qu'un ventre affamé.»

> Notre langue, dit Racine, ne souffrirait pas, dans un poème épique, cette façon de parler, qui semble n'être propre qu'au burlesque: elle est pourtant fort ordinaire dans Homère. En effet, nous voyons que, dans nos poèmes et même dans les romans, on ne parle non plus de manger que si les héros étaient des dieux qui ne fussent pas assujettis à la nourriture: au lieu qu'Homère fait fort bien manger les siens à chaque occasion, et les garnit toujours de vivres lorsqu'ils sont en voyage.

Enfin, à propos des compagnons d'Ulysse retrouvant leur maître:

> Homère décrit la joie qu'ils eurent pour lors, et la compare à la joie que de jeunes veaux ont de revoir leur mère qui vient de paître. Cette comparaison est fort délicatement exprimée, car ces mots de veaux et de vaches ne sont point choquants dans le grec comme ils le sont dans notre langue, qui ne veut presque rien souffrir, et qui ne souffrirait pas qu'on fît des éloges de vachers, comme Théocrite, ni qu'on parlât du porcher d'Ulysse comme, d'un personnage héroïque; mais ces délicatesses sont de véritables faiblesses.

Ces délicatesses sont de véritables faiblesses: cet écolier de vingt ans ose enfin le dire dans ces notes sincères; et c'est dans l'amour du grec qu'il puise cette audace. Tout, dans Homère, ravit Racine; nulle familiarité, même nulle crudité ne le choque. Plusieurs fois, il semble préférer Homère à Virgile: «Virgile a imité cette description. Mais celle d'Homère est beaucoup plus achevée, et *entre plus dans le particulier*.» Il est enchanté d'entendre Nausicaa appeler Alcinoüs «son papa» ([Grec: pappa phile]) «quoiqu'elle soit grande fille». Lorsque, chez les Phéaciens, Ulysse demande son chemin à une jeune fille qui porte une cruche d'eau:

> Il ne se peut rien de plus beau, dit Racine, que la justesse et
> l'exactitude d'Homère. Il fait parler tous ses personnages
> avec une certaine propriété qui ne se trouve point ailleurs.
> Ulysse, par exemple, parle simplement à cette fille, et cette
> fille lui répond avec naïveté.

Ainsi, voilà Racine, à vingt ans, profondément épris de la bonhomie, de la
franchise et du réalisme d'Homère. Vous vous demanderez: «Pourquoi, plus
tard, ne s'en est-il pas souvenu davantage? Pourquoi, lorsqu'il avait sous les
yeux la fréquente familiarité du dialogue d'Euripide, a-t-il prêté au serviteur
d'Agamemnon et à la nourrice de Phèdre des discours d'une noblesse si
savante? Pourquoi l'élégance si ornée du récit de Théramène?» Sans doute
par un souci excessif de garder une certaine unité et harmonie de ton. Mais
ne croyez point pour cela qu'il n'ait rien retenu de la simplicité grecque. Très
souvent, et dès la *Thébaïde*,—un certain parti pris de dignité dans la forme une
fois admis,—vous trouverez dans son style quelque chose de très éloigné de
l'emphase de Pierre Corneille et de la noblesse convenue ou de l'élégance
molle de Thomas Corneille et de Quinault; quelque chose de dépouillé, de
direct, de parfaitement simple, où il est certes permis de voir un ressouvenir
et un effet de sa fréquentation passionnée chez les poètes de l'antiquité
grecque.

En résumé, de tous les grands écrivains profanes du XVIIe siècle, Racine est
celui qui a reçu la plus forte éducation chrétienne.

Et de tous les grands écrivains de son temps sans exception, Racine est celui
qui a reçu et s'est donné la plus forte culture grecque.

Et la merveille, c'est la façon dont se sont conciliées ou plutôt fondues dans
son œuvre ces deux éducations, ces deux traditions, ces deux cultures.

Elles supposent deux conceptions de la vie si différentes en elles-mêmes, et
si diverses dans leurs conséquences! Ici, la foi dans l'homme, la vie terrestre
se suffisant à elle-même. Là, le dogme de la chute, la vie terrestre n'ayant de
sens que par rapport à l'autre vie, la peur et le mépris de la chair. Or, la pensée
de l'autre vie a changé l'aspect de celle-ci, a provoqué des sacrifices, des
résignations, des songes; des espérances et des désespoirs inconnus
auparavant. La femme, devenue la grande tentatrice, le piège du diable, a
inspiré des désirs et des adorations d'autant plus ardents, et a tenu une bien
autre place dans le monde. La malédiction jetée à la chair a dramatisé l'amour.
Il y a eu des passions nouvelles: l'amour de Dieu considéré à la fois comme
un idéal et comme une personne, la haine paradoxale de la nature, la foi, la
contrition. Il y a eu des conflits nouveaux de passions et de croyances, une
complication de la conscience morale, un approfondissement de la tristesse,
un enrichissement de la sensibilité.

La tradition grecque donnera à Racine la mesure, l'harmonie, la beauté. Elle lui offrira des peintures de passions fortes et intactes. Elle lui fournira quelques-uns de ses sujets et quelques-unes de ses héroïnes. Et Racine, souvent, leur prêtera une sensibilité morale venue du christianisme. Il fera des tragédies qui secrètement embrassent et contiennent vingt-cinq siècles de culture et de sentiment.

Chose bien remarquable, Racine avait eu, dès son séjour à Port-Royal, ce souci de concilier deux traditions qui lui étaient presque également chères. À seize ans, à dix-sept ans, en lisant Plutarque,—toutes les *Vies des hommes illustres*, et toutes les *Œuvres morales*,—il se demandait: «Ne pourrais-je donc adorer ces Grecs, ne pourrais-je même faire des tragédies comme eux sans être pour cela un mauvais chrétien?» Et non seulement il extrayait de Plutarque, en abondance, des lieux communs, des préceptes et des maximes, toute une morale admirable, et—quoique purement humaine et non appuyée sur un dogme—assez rapprochée par endroits de la morale du christianisme; mais encore, avec une singulière subtilité, il notait dans Plutarque toutes les phrases qui paraissaient se rencontrer (en les sollicitant un peu) avec le dogme chrétien, et particulièrement avec cette doctrine de la grâce dont ses bons maîtres étaient obsédés. Et, dans les marges des livres, en regard de ces précieuses phrases païennes, il écrivait: «Grâce… Libre arbitre… Cela est semi-pélagien… Providence… Humilité… Honorer tous les saints… Crainte de Dieu… Amour de Dieu… Attrition… Confession… Pour les catéchismes… Dieu auteur des belles actions… Pénitence continuelle… Ingrat envers Dieu… Péché originel… Martyre… etc.»

Il nous est resté une cinquantaine de ces ingénieux rapprochements. Je vous en citerai quelques-uns.

Dans la *Consolation à Apollonius*, Racine a mis le mot «Grâce» en marge d'une phrase qui veut dire: «Les hommes n'ont point d'autres bons sentiments que ceux que les dieux leur donnent.»

Dans le *Banquet des sept sages*, il a mis «Grâce» en face de cette phrase: «L'âme est conduite de Dieu partout où il veut.»

Dans le traité: *Qu'on ne peut vivre heureux selon la doctrine d'Épicure*, en face d'une phrase qui signifie: «Ne cache pas ta vie encore que tu aies mal vécu, mais *fais-toi connaître*, amende-toi, *repens-toi*», Racine a mis: «Confession.»

Dans le traité: *Qu'il faut réprimer sa colère*, en marge de cette phrase: «Ceux qui veulent être sauvés doivent vivre en soignant toujours leur âme», Racine a mis: «Pénitence continuelle» et a ajouté cette traduction abrégée et tendancieuse: «L'homme a *toujours besoin* de remède.»

Dans le traité: *De la tranquillité de l'âme*, en face de ces mots: «Il y a dans chacun de nous quelque chose de mauvais», Racine a écrit: «Péché originel».

Notez, quoi que j'aie pu dire tout à l'heure des différences essentielles de la conception chrétienne et de la païenne, que ces rapprochements ne paraissent point si forcés, tant le dogme chrétien correspond à des états ou besoins permanents de l'âme humaine! Mais quelle lumière cela jette sur le futur théâtre de Racine! Il est bien vrai, comme le remarque Chateaubriand dans le *Génie du Christianisme* (2e partie, livres 2 et 3), que certains mots d'Andromaque et d'Iphigénie sont d'une épouse et d'une fille chrétiennes et expriment «la nature corrigée». Il est bien vrai aussi que Phèdre, qui craint l'enfer, mais «qui se consolerait d'une éternité de souffrances si elle avait joui d'un instant de bonheur», ressemble souvent à une «chrétienne réprouvée». Oui, les Phèdre et les Hermione peuvent être regardées, un peu, comme des chrétiennes à qui manque la «grâce», du moins la «grâce efficace», sinon le «pouvoir prochain». Et, d'autre part, les pures, les vertueuses, les contenues, les Junie et les Monime, ont souvent une sensibilité qui paraît déjà chrétienne; oui, mais une sensibilité dont Racine, enfant scrupuleux et qui voulait pouvoir les aimer sans péché, a su trouver le germe dans l'antiquité hellénique.

Assurément, ni Andromaque, ni Junie, ni Monime, ni Iphigénie, n'ont fréquenté le catéchisme de ces «messieurs», et Racine a trop le souci du vrai pour les y avoir envoyées; mais elles sont telles qu'on sent qu'on pourrait appliquer à leur vie intérieure les mots du sage de Chéronée: «Leurs bons sentiments, ce sont les dieux qui les leur donnent»; «leur âme est conduite de Dieu»; quand elles ont mal fait, elles s'examinent et se confessent, et, comme elles veulent «être sauvées», elles «soignent toujours leur âme» parce qu'elles savent qu'«il y a dans chacun de nous quelque chose de mauvais». Tout cela, Racine peut le croire et nous le suggérer sans déformer ses héroïnes païennes, puisque tout cela est dans Plutarque.

En somme, ne pouvant paganiser le christianisme, il christianise le paganisme. Car il les aimait tous les deux. La Bruyère dit fort bien: «Oserai-je dire que le cœur seul concilie les choses extrêmes et admet les incompatibles?» C'est une remarque dont nous pourrons souvent constater la vérité soit dans la vie, soit dans l'œuvre de Racine. À l'opposé des romantiques, Racine est un merveilleux conciliateur de traditions, et cela, mieux peut-être que tout le reste, témoigne de l'étendue de sa sensibilité, de sa puissance d'aimer, de la richesse de son âme.

Retenons aujourd'hui ceci:—Dès seize ans, à Port-Royal-des-Champs, Racine, écrivant ses notes d'écolier, était déjà, à l'égard de l'hellénisme et du christianisme et quant à l'interprétation de la nature humaine, dans la disposition d'esprit qui lui permettra, vingt ans plus tard, d'écrire la merveille de *Phèdre*.

TROISIÈME CONFÉRENCE

SES AMIS.—«LA THÉBAÏDE»

Donc, Jean Racine, lassé d'attendre en vain le bénéfice que lui avait promis son bon oncle, rentre à Paris dans les derniers mois de 1662. Mais il n'avait pas perdu son temps à Uzès. Il avait fait, à tout hasard, de la théologie, lu beaucoup de grec, projeté une tragédie sur *Théagène et Chariclée*, commencé *la Thébaïde* et écrit quantité de vers galants et amoureux.

C'est très probablement à Uzès qu'il a écrit les stances à *Parthénice*. Parthénice était le nom poétique que le jeune abbé Le Vasseur donnait à mademoiselle Lucrèce. Ces vers sont dans le goût du temps; ils se ressouviennent de Corneille et de Tristan; mais, parmi leur artifice, ils ne sont pas sans tendresse ni sans grâce:

> Parthénice, il n'est rien qui résiste à tes charmes.
> Ton empire est égal à l'empire des dieux,
> Et qui pourrait te voir sans te rendre les armes
> Ou bien serait sans âme, ou bien serait sans yeux.

(Cela, c'est tout à fait du Corneille).

....

> La douceur de ta voix enchanta mes oreilles:
> Les nœuds de tes cheveux devinrent mes liens.

....

> Je ne voyais en toi rien qui ne fût aimable,
> Je ne sentais en moi rien qui ne fût amour.

> Ainsi je fis d'aimer l'aimable apprentissage;
> Je m'y suis plu depuis, j'en aime la douceur;
> J'ai toujours dans l'esprit tes yeux et ton image;
> J'ai toujours Parthénice au milieu de mon cœur.

> Oui, depuis que tes yeux allumèrent ma flamme,
> Je respire bien moins en moi-même qu'en toi;
> L'amour semble avoir pris la place de mon âme,
> Et je ne vivrais plus s'il n'était plus en moi.

> Vous qui n'avez point vu l'illustre Parthénice,
> Bois, fontaines, rochers, agréable séjour,
> Souffrez que jusqu'ici son beau nom retentisse,
> Et n'oubliez jamais sa gloire et mon amour.

Lamartine, au même âge que Racine, et alors qu'il imitait Parny, faisait des vers de ce genre. Il aurait très bien pu écrire ceux-là,—avec un peu moins de symétries.

À son retour d'Uzès, nous retrouvons d'abord Racine à l'hôtel de Luynes. Il fait un peu ce qu'il veut, étant orphelin de père et de mère. Mais, en outre, le 12 août 1663, sa bonne grand'mère, Marie des Moulins, meurt à Port-Royal. Son grand-père Sconin, très vieux, est à la Ferté-Milon, où il mourra en 1667. Jean Racine est libre. Il n'a plus personne pour le gêner si ce n'est, là-bas, à Port-Royal-des-Champs, sa tante, la mère Agnès de Sainte-Thècle, qui prie pour lui; qui lui envoie de temps en temps, sans se lasser, des lettres de reproches plaintifs et d'exhortations; qui, durant tout le temps de sa gloire et de ses erreurs, continuera de prier et de lui écrire et qui, patiente et jamais découragée, mettra quinze ans à le ramener à Dieu.

En attendant, Jean Racine se donne tout entier à sa vocation profane. Il se pousse tant qu'il peut. Il fait pour cela tout ce qu'il faut. Il fait des poésies «officielles», de peu d'éclat, mais d'une forme pure (*Sur la convalescence du roi; la Renommée aux Muses*), qui lui valent des gratifications royales. *La Renommée aux Muses*, insignifiante de fond, mais admirablement rythmée, lui vaut d'abord la connaissance, puis l'amitié de Boileau (à qui l'obligeant Vitart avait soumis la pièce), puis la protection du comte de Saint-Aignan et, par lui, l'entrée à la cour. Racine écrit à Le Vasseur en novembre 1663:

> Je ne l'ai pas trouvé aujourd'hui (le comte de Saint-Aignan)
> au lever du roi; mais j'y ai trouvé Molière, à qui le roi a
> donné assez de louanges, et j'en ai été bien aise pour lui; il a
> été bien aise aussi que j'y fusse présent.

Racine est, dès lors, très répandu dans le monde des théâtres; il connaît des comédiens et des comédiennes; et c'est, je pense, vers ce temps-là, que l'élève de ces messieurs, si sage encore à Uzès, cesse décidément d'être le digne neveu de la mère Agnès de Sainte-Thècle.

Il ne rêve que théâtre. D'abord parce qu'il se sent le don. Et puis parce qu'il est pratique. Le théâtre était alors (et il est resté) le moyen le plus rapide de gagner la réputation. Mais, en outre, le nombre des auteurs dramatiques était, même relativement, beaucoup moindre qu'aujourd'hui. On compterait assez facilement ceux d'alors. C'est sans doute que le théâtre rapportait peu (même en comptant les présents que pouvait valoir aux auteurs la dédicace de leurs pièces imprimées) et qu'il n'était pas la spéculation commerciale, souvent excellente, qu'il est de nos jours.

D'autre part, il n'y avait à Paris (je laisse les bouffons italiens et les divers tréteaux du Pont-Neuf et des foires Saint-Laurent et Saint-Germain) que trois théâtres (Marais, Hôtel de Bourgogne, Palais-Royal) pour cinq cent mille habitants; et qui ne jouaient que trois jours par semaine (les mardis, vendredis et dimanches) et sept ou huit mois de l'année, et dans des salles qui ne contenaient pas plus de sept à huit cents spectateurs. Vous penserez là-dessus qu'il devait être plus difficile à un débutant de se faire jouer. Mais le public de la tragédie n'était pas, en somme, très nombreux. Songez qu'il faut une rude application et quelque littérature pour suivre la plupart des tragédies des deux Corneille, et seulement pour en saisir le sens à l'audition. Même celles de Quinault, d'un style plus aisé, mais diffus et mou, ne sont pas toujours faciles à entendre. Il fallait de toute force que le public de la tragédie fût d'une culture moyenne supérieure à celle de notre public. À cause de cela, il était assez restreint. Le peu de vente des tragédies imprimées le montre d'ailleurs. C'était, en tout, quelques milliers de gentilshommes, de bourgeois et d'étudiants. Les spectateurs étaient toujours les mêmes. Les pièces se jouaient, en moyenne, quinze ou vingt fois. Quand on allait à quarante, c'était un gros succès. (*Timocrate* seul atteignit quatre-vingts.) Il fallait donc souvent changer l'affiche. Oui, je crois que les débuts étaient plus faciles aux jeunes gens.

Ils furent très faciles à Jean Racine. En 1664, Molière lui joua *la Thébaïde ou les Frères ennemis*. Si ce fut Molière qui lui en indiqua le sujet, dans quelle mesure Molière l'aida ou le conseilla, c'est ce que nous ne savons pas exactement, car les témoignages sur ce point (Grimarest et les frères Parfait) sont suspects ou contradictoires. La pièce eut ce qu'on appellerait aujourd'hui un «joli succès».

J'ai nommé Molière; j'avais nommé La Fontaine et Boileau. En y ajoutant Chapelle, Furetière et, si vous voulez, Vivonne et Nantouillet, sans oublier nos vieilles connaissances: Vitart, le gentil abbé Le Vasseur, l'ivrogne d'Houy et l'ivrogne Poignant, nous avons à peu près tous les amis de jeunesse de Racine. C'est avec eux que, dans ces années-là, Racine vit à l'ordinaire, assez librement, semble-t-il, et qu'il fréquente les cabarets célèbres du *Mouton blanc*, de la *Pomme de pin* ou de la *Croix de Lorraine*.

Molière, né le 15 *janvier* 1622, avait dix-huit ans de plus que Racine, né le 20 ou 21 *décembre* 1639. Molière, en 1664, était déjà un personnage. Il avait fait *les Précieuses, le Cocu, l'Étourdi, le Dépit, l'École des maris, les Fâcheux, l'École des femmes, la Critique, l'Impromptu*, et il allait faire le *Misanthrope*. C'était pour Racine un grand aîné, un maître. Il devait agir sur Racine de diverses façons.

D'abord littérairement, en le disposant à rompre avec le précieux et avec le doucereux, en lui inspirant le goût du naturel et de la vérité.

Il dut agir encore sur Racine par sa compagnie même et son contact, par le spectacle de sa liberté d'esprit, et de ses souffrances morales, et de sa vie si tourmentée, et peut-être par les confidences d'une expérience très étendue et très amère.

Car il semble bien que Molière fut toujours un malheureux. Il avait reçu une éducation de gentilhomme (condisciple du prince de Conti au collège de Clermont, auditeur de Gassendi en compagnie de quelques fils de famille, puis étudiant en droit à Orléans), lorsqu'une vocation irrésistible ou, si vous voulez, un irrésistible goût de l'aventure, de la bohème—et de la gloire— l'entraîna vers le théâtre et lui fit, douze ans entiers, courir la province avec sa troupe vagabonde. Ces douze années, nous ne les connaissons pas; mais, par ce que nous savons de la province à cette époque, et des préjugés d'alors contre les comédiens, ces douze années durent être rudes et humiliantes. Il avait dû beaucoup souffrir (et souffrit d'ailleurs toute sa vie) dans son orgueil; et, quand Racine le rencontra, il devait souffrir terriblement dans son cœur; car il venait d'épouser Armande Béjart, fille de Madeleine, son ancienne maîtresse.

Vous connaissez la *Vie de Molière*, par Grimarest, publiée en 1705. C'est, en bien des endroits, un roman biographique. Toutefois, Grimarest, né en 1659, avait pu connaître beaucoup d'anciens amis ou camarades de Molière. Il nous dit «qu'il n'a point épargné les soins pour n'avancer rien de douteux» (page 4). Ailleurs, à propos de la brouille de Molière et de Racine, il écrit:

> J'ai cependant entendu parler à M. Racine fort avantageusement de Molière; et *c'est de lui que je tiens une bonne partie des choses que j'ai rapportées.*

Et Grimarest, sorte de «reporter», cicerone, à Paris, pour les étrangers, dut certainement aussi interroger Boileau (mort seulement en 1711). Je pense qu'on peut assez souvent croire Grimarest. (Je n'en dis pas autant du petit pamphlet, d'ailleurs délicieux, de *la Fameuse Comédienne ou Histoire de la Guérin* (Francfort, 1688), les pages exceptées où Molière se confesse à Chapelle.)

… La Béjart, raconte Grimarest, aimait mieux être l'amie de Molière que sa belle-mère; ainsi il aurait tout gâté de lui déclarer le dessein qu'il avait fait d'épouser sa fille. Il prit le parti de le faire sans en rien dire à cette femme. Mais, comme celle-ci l'observait de fort près, il ne put consommer son mariage pendant plus de neuf mois.

Pendant ces neuf mois, il est surveillé et menacé par Madeleine Béjart. Un matin, Armande va se jeter dans l'appartement de Molière, résolue de n'en point sortir qu'il ne l'eût reconnue pour sa femme, ce qu'il fut contraint de faire:

> Mais cet éclaircissement causa un vacarme terrible; la mère donna des marques de fureur et de désespoir, comme si Molière avait épousé sa rivale.

Ces détails sont-ils de ceux que Grimarest dit tenir de Racine? Pourquoi non? Mais quel drame! et quelle comédie! Et nous savons la suite et tout ce que Molière toléra sans parvenir à l'indifférence.

Il souffrit encore de bien d'autres manières. Il semble avoir voulu jouer,—dans un temps où c'était moins facile qu'aujourd'hui et deux siècles avant Irving,—au comédien-gentilhomme. Il avait des façons de grand seigneur, ou tout au moins d'épicurien-dilettante: fastueux, aimant le luxe; déjà collectionneur d'objets d'art; très généreux.

> Il était, dit Grimarest, naturellement libéral. Et l'on a toujours remarqué qu'il donnait aux pauvres avec plaisir, et qu'il ne leur faisait jamais des aumônes ordinaires.

Quelques traits de caractère, qui sentent ou l'épicurien, ou l'homme qui est sans doute, mais qui veut aussi paraître, fort au-dessus de son état:

> C'était, dit Grimarest, l'homme du monde qui se faisait le plus servir. Il fallait l'habiller comme un grand seigneur, et il n'aurait pas arrangé les plis de sa cravate.

Et ceci qui est contre l'opinion commune:

> Il ne travaillait pas vite, mais il n'était pas fâché qu'on le crût expéditif.

Et Grimarest raconte que, lorsque le roi lui demanda un divertissement et qu'il donna *Psyché* en janvier 1672, Molière laissa croire que ce qui était de lui dans cette pièce ne fut fait qu'à la suite des ordres du roi: mais, «je *sais*, ajoute Grimarest, que la pièce était sur le métier depuis un an et demi et que, s'il eut recours à Corneille, c'est qu'il ne pouvait se résoudre à l'achever en aussi peu de temps qu'il en avait».

Il est possible, et «le temps ne fait rien à l'affaire». Mais il est probable qu'avec un tel caractère Molière devait sentir assez douloureusement certaines nécessités un peu désobligeantes de sa profession.

Après nous avoir conté une fort ridicule entrée en scène de Molière, dans une farce, sur un âne récalcitrant:

> Quand on fait réflexion, ajoute Grimarest, au caractère d'esprit de Molière, à la *gravité* de sa conduite et de sa conversation, il est risible que ce philosophe fût exposé à de pareilles aventures et prît sur lui les personnages les plus comiques. Il est vrai qu'il s'en est lassé plus d'une fois, et, si ce n'avait été rattachement inviolable qu'il avait pour les plaisirs du roi, il aurait tout quitté pour vivre dans une *mollesse philosophique*.

Et, un peu plus loin, Grimarest rapporte ce petit discours de Molière à un jeune homme qui voulait être comédien:

> Vous croyez peut-être que cette profession a ses agréments, vous vous trompez. Il est vrai que nous sommes en apparence recherchés des grands seigneurs. Mais ils nous assujettissent à leurs plaisirs; et c'est la plus triste de toutes les situations, que d'être l'esclave de leurs fantaisies.

(Et, quand il parle des grands seigneurs, il faut aussi entendre le roi.)

> Le reste du monde, continue-t-il, nous regarde comme des gens perdus et nous méprise.

Et c'était alors la pure vérité. Écoutez ce qu'écrit le bourgeois Tallemant, et de quel ton, à une époque où Molière était déjà l'auteur de l'admirable *École des femmes*: «Un garçon nommé Molière quitta les bancs de la Sorbonne pour la suivre (Madeleine Béjart); il en fut longtemps amoureux, donnait des avis à la troupe, et enfin s'en mit et l'épousa.» (Tallemant confond la mère avec la fille.) «Il a fait des pièces où il y a de l'esprit. Ce n'est pas un merveilleux acteur, si ce n'est pour le ridicule.»

> Représentez-vous, continue Molière dans le récit de Grimarest, la peine que nous avons. Incommodés ou non, il faut être prêts à marcher au premier ordre et à donner du plaisir quand nous sommes souvent accablés de chagrin, à souffrir la rusticité de la plupart des gens avec qui nous avons à vivre, et à capter les bonnes grâces d'un public qui est en droit de nous gourmander pour l'argent qu'il nous donne.

À ces humiliations quotidiennes, ajoutez sa santé qui est déplorable. Au moment où, après douze ans de province et d'obscurité, il arrive enfin à la réputation (à quarante ans), la maladie le prend et ne le lâche plus. Pendant les dix ans qui lui restent à vivre, il ne se nourrit que de lait. Ajoutez ses continuelles angoisses de domestique et d'amuseur du roi. À propos du *Bourgeois gentilhomme* joué à Chambord:

> Jamais pièce n'a été plus malheureusement reçue que celle-là, écrit Grimarest. Le roi ne lui en dit pas un mot à son souper... Il se passa cinq jours avant que l'on représentât cette pièce pour la seconde fois; et pendant ces cinq jours, Molière, tout mortifié, se tint caché dans sa chambre.

Ajoutez enfin, dans cette âme noble et orgueilleuse qui concevra *le Misanthrope*, la conscience de son état de servitude, et aussi des désordres de sa pauvre vie, qui n'est point belle, avec sa promiscuité de roulotte (même si l'on écarte certaines historiettes de *la Fameuse Comédienne*). Et, parmi ses dégoûts et ses humiliations et son surmenage et sa maladie et ses hontes, le supplice d'un amour non partagé et incurable.

D'une partie au moins de ces choses, Racine fut le témoin et sans doute, à certaines heures, le confident. Il ne trouvera pas de meilleur exemple d'une âme malheureuse, à la fois délicate et souillée, et en proie à une passion fatale.

La Fontaine, lui, a dix-neuf ans de plus que Racine. Mais, à quarante ans passés, il continue d'être le plus ingénu des bohèmes. (Des bohèmes, il y en eut beaucoup, dans ce très varié et très amusant XVIIe siècle, mais La Fontaine est le plus surprenant.) À dix-neuf ans, il était entré au noviciat de l'Oratoire de Paris, où il avait passé dix-huit mois. (L'Église, qui alors pénétrait tout, rend les destinées et les âmes plus pittoresques.) À vingt-cinq ans, il avait épousé une fillette de quinze ans. Peu après, il avait oublié qu'il avait une femme et même un fils. C'était le bohème-né, celui qui ne s'applique pas à l'être. C'était le parasite sans y songer, et simplement parce que cela lui était commode. Et c'était le vrai rêveur, celui qui, lorsqu'il vient à écrire, n'a même pas de vanité littéraire. Charles Perrault, dans ses *Hommes illustres*, dit de lui:

> S'il y a beaucoup de simplicité et de naïveté dans ses ouvrages, il n'y en a pas eu moins dans sa vie et dans ses manières. Il n'a jamais dit que ce qu'il pensait, et il n'a jamais fait que ce qu'il a voulu faire. Il joignait à cela une *humilité* naturelle dont on n'a guère vu d'exemple; car il était fort humble sans être dévot ni même régulier dans ses mœurs (oh! non) jusqu'à la fin de sa vie.

Petit bourgeois de campagne, venu tard à Paris, n'ayant pas écrit grand'chose jusqu'à la quarantaine, son éducation s'était faite toute seule. Un jour il découvre Malherbe, un jour Marot, un jour l'Arioste, un jour Platon, un jour Rabelais, un jour le prophète Baruch; tout cela au hasard. Il goûte notre vieille littérature gauloise, alors assez dédaignée. Il écrit des contes grivois, parce que cela l'amuse. Plus tard, il s'en repent, sans trop comprendre, parce qu'on lui a dit que ce n'était pas bien. Un jour, il rime un récit de *la Légende dorée: la Captivité de saint Malc*, pour faire plaisir à messieurs de Port-Royal. Il ne se pique pas d'inventer quoi que ce soit, soit paresse, ou, pour en revenir au jugement de Perrault, humilité. Il n'y a pas un de ses ouvrages dont le sujet lui appartienne. Et pourtant ses *Fables* semblent de ces choses qu'un seul homme pouvait écrire «par un décret nominatif de l'Éternel».

Il se laisse vivre; il se laisse protéger et nourrir par Fouquet, par madame de Bouillon, par madame de la Sablière, par madame Hervart, par les Vendôme (le duc et le grand prieur). Il n'a aucune dignité. À soixante-huit ans, il écrit au duc de Vendôme:

L'abbé (Chaulieu) m'a promis quelque argent...
Il veut accroître ma chevance.
Sur cet espoir j'ai, par avance,
Quelques louis au vent jetés,
Dont je rends grâce à vos bontés...
Le reste ira, ne vous déplaise,
En vin, en joie, *et cætera.*
Ce mot-ci s'interprétera
Des Jeannetons; car les Clymènes
Aux vieilles gens sont inhumaines.

Autrement dit,—et pour parler comme Voltaire,—«il demande l'aumône pour avoir des filles». C'est exact. Il est communément dans la lune, non pas insoumis à la règle, mais ignorant de la règle. Vers la fin il se néglige et s'abandonne tout à fait. Louis Racine dit de lui dans ses *Mémoires*:

> Autant il était aimable par la douceur du caractère, autant il l'était peu par les agréments de la société. Il n'y mettait jamais rien du sien; et mes sœurs, qui dans leur jeunesse l'ont souvent vu à table chez mon père, n'ont conservé de lui d'autre idée que celle d'un homme fort malpropre et fort ennuyeux. Il ne parlait point, ou voulait toujours parler de Platon.

Mais un peu plus loin, à propos d'Homère que Jean Racine expliquait à La Fontaine, Louis Racine ajoute:

> Il n'était pas nécessaire de lui en faire sentir les beautés: *tout ce qui était beau le frappait.*

Et, d'autre part, un vicaire de Saint-Roch, l'abbé Poujet, qui l'assista dans une de ses maladies et qui en fit un petit mémoire, écrit ces mots intelligents:

> M. de la Fontaine était un homme vrai et simple, qui, sur mille choses, *pensait autrement que le reste des hommes*, et qui était *aussi simple dans le mal que dans le bien.*

Et c'est pourquoi les contemporains ont beaucoup goûté cet extraordinaire bonhomme. Il y a eu, autour de ce simple amant de la nature, quelque chose d'un peu pareil—déjà—à l'empressement du beau monde autour de Jean-Jacques Rousseau. On le trouvait original et rafraîchissant.

Non, je ne pense pas qu'entre les fils des hommes aucun ait été plus parfaitement naturel que La Fontaine. Il suivait exactement son instinct et son plaisir. Et avec cela il était charmant, sans vanité, sans méchanceté. L'élève de Port-Royal, instruit de la grande misère de l'homme «naturel», dut être d'abord déconcerté de voir celui-là si délicieux. Le paganisme tranquille de La Fontaine dut agir sur Jean Racine comme un dissolvant—au moins momentané—de sa pensée religieuse.

Le troisième ami de Racine, et celui qui lui sera le plus cher, et jusqu'au bout, et celui dont l'amitié lui sera le plus salubre, c'est Nicolas Boileau-Despréaux, qui n'a que trois ans de plus que lui.

Boileau me plaît extrêmement. C'est un grand artiste, et qui a fait quelques-uns des plus beaux vers pittoresques de notre langue. C'est un excellent homme, d'humeur savoureuse, et d'un bon sens admirable dans des limites étroites. Si bien qu'avec lui on est toujours tranquille. Il ne trouble pas. Il suggère peu de chose au delà de ce qu'il dit. Avec cela, il a ravi ses contemporains. Savez-vous bien qu'il y a eu cent trente-trois éditions de ses différents ouvrages publiées de son vivant? C'est extraordinaire. Et qu'il n'a jamais demandé un sou à ses libraires? Ce n'est pas ordinaire non plus. Il était très vivant, bon compagnon, plein de verve, grand disputeur et bon plaisant. Il avait un «talent d'imitation» très remarquable, entendez le talent de contrefaire les gens. «Il amusa un jour le roi, dit Louis Racine, en contrefaisant devant lui tous les comédiens, y compris Molière.» Il était connu pour ce talent, et on l'invitait à dîner pour qu'il «fît des imitations», comme nous dirions aujourd'hui.

> Mais enfin, dit Louis Racine, il en eut honte, et, ayant fait
> réflexion que c'était faire un personnage de baladin, il n'alla
> plus aux repas où on l'invitait que pour réciter ses ouvrages.

Il avait beaucoup d'esprit. La plupart des mots qu'on a conservés de lui sont excellents. Et plusieurs sont généreux et courageux.

À l'époque où nous sommes (1663-1664), il écrit ses premières satires et en fait des lectures privées. Elles ne sont pas profondes, et il s'y trouve des lieux communs un peu modestes: mais elles sont amusantes, colorées et drues; et une sensibilité littéraire passionnée les anime. J'avoue qu'elles me plaisent encore. Et elles étaient courageuses, ne vous y trompez pas. Attaquer en face, et en les nommant par leur nom, des écrivains dont quelques-uns étaient considérables par leur situation ou leurs amitiés, c'était se faire des ennemis acharnés et dangereux et s'exposer à de sérieux ennuis. En tout cas, il dut à sa franchise de n'entrer à l'Académie qu'en 1684, à quarante-huit ans, et encore il y fallut l'intervention du roi. Au début, quelqu'un représentait à Boileau que, s'il s'attachait à la satire, il se ferait des ennemis qui auraient toujours les yeux sur lui. «Eh bien, répondit-il, je serai honnête homme et je ne les craindrai point.» Il fut très honnête homme en effet.

Au temps où il les colportait dans les dîners, ses satires, non encore revues, plus proches du premier jet, avaient, çà et là, plus de rudesse, et plus de saveur peut-être que dans la première édition avouée.

Il y a un petit livre très rare, imprimé secrètement et sans privilège en 1666 et intitulé: *Recueil contenant plusieurs discours libres et moraux en vers.* C'est une édition du *Discours au roi* et des satires I, II, IV, V et VII dans leur texte primitif et telles qu'elles couraient en copie. Or, dans le deuxième «discours» de cette édition furtive et fautive: *Contre les mœurs de la ville de Paris*, je trouve ce vigoureux morceau à la Juvénal ou à la d'Aubigné:

… Et pour dernière horreur, pour comble de misère,
    Qui pourrait aujourd'hui sans un juste mépris
    Voir Italie en France et Rome dans Paris?
    Je sais bien mon devoir, et ce qu'on doit à Rome
    Pour avoir dans ses murs élevé ce grand homme
    Dont le génie heureux par un secret ressort
    Fait mouvoir tout l'État encore après sa mort.
    Mais enfin je ne puis sans horreur et sans peine
    Voir le Tibre à grands flots se mêler dans la Seine
    Et traîner dans Paris ses mimes, ses farceurs,
    Sa langue, ses poisons, ses crimes et ses mœurs,
    Et chacun avec joie, en ce temps plein de vice,
    Des crimes d'Italie enrichir sa malice…

Pourquoi Boileau n'a-t-il pas conservé ces vers dans l'édition avouée de 1666? Par pudeur? Ou par égard pour Molière, à qui ses ennemis attribuaient des fantaisies italiennes? Ce n'est pas moi qui vous le dirai.

Si Racine, à cette époque, n'eût connu que Molière, La Fontaine, et Chapelle, et Furetière, et d'Houy, et Poignant, peut-être eût-il donné tout à fait dans le désordre. Mais je crois que Boileau le préserva. Boileau fut pour Racine un excellent tuteur. Il fut, dans bien des circonstances, quelque chose comme sa conscience morale et sa conscience littéraire.

Je viens de nommer Chapelle. C'était un garçon fort gai, assez ivrogne, et qui aimait faire de grosses farces. Lui aussi, dans les vers faciles qu'il écrivait, était de tradition gauloise, et en réaction contre le précieux, le doucereux et le pompeux.

De même Furetière, homme d'esprit, remuant et entreprenant, et qui, en 1685, se fera exclure de l'Académie pour avoir fait son *Dictionnaire* avant que la Compagnie eût achevé le sien. Furetière, en 1663-1664, prépare où est même en train d'écrire son savoureux *Roman bourgeois*, qui est, en même temps qu'une suite de tableaux réalistes des mœurs de la bourgeoisie parisienne, une satire contre le roman héroïque des Gomberville, des La Calprenède et des Scudéry, comme on le voit dès les premières lignes:

      Je chante les amours et les aventures de plusieurs bourgeois
        de Paris de l'un et de l'autre sexe. Et ce qui est le plus

merveilleux, c'est que je le chante, et pourtant je ne sais pas la musique. Mais, puisqu'un roman n'est rien qu'une poésie en prose, je croirais mal débuter si je ne suivais l'exemple de mes maîtres et si je faisais un autre exorde.

Et plus loin:

Donc, je vous raconterai sincèrement et avec fidélité plusieurs historiettes ou galanteries arrivées entre personnes qui ne seront ni héros ni héroïnes, qui ne déferont point d'armées et ne renverseront point de royaumes, mais qui seront de ces gens de médiocre condition qui vont tout doucement leur grand chemin, dont les uns seront beaux et les autres laids; les uns sages et les autres sots; ceux-ci ont bien la mine de composer le grand nombre...

Et cela continue sur ce ton.

À ces bourgeois joignez deux très bons gentilshommes: l'aimable chevalier de Nantouillet et ce joyeux Vivonne, frère de madame de Montespan, ami de Bussy, de Guiches, de Manicamp, diseur de bons mots, turlupin, hâbleur en amour, très débauché, mort (du mal napolitain) en 1688. Madame de Sévigné l'appelle «ce gros crevé». Voyez Bussy et Tallemant.

(À propos de Tallemant des Réaux, si vous lisez ses *Historiettes*,—et il faut les lire pour connaître la *réalité* d'alors, particulièrement de 1640 à 1669, époque où Tallemant a pu raconter de visu,—vous y remarquerez diverses choses: l'abondance des individus originaux, et que les gens d'aujourd'hui semblent bien plus effacés; le grand nombre des esprits libres; la douceur, la bonhomie, la cordialité des mœurs bourgeoises à Paris; enfin la multiplicité et la familiarité des relations entre la bourgeoisie et la noblesse, et l'absence totale de morgue, la morgue datant du jour où les rangs ont été *légalement* confondus.)

Voilà donc les amis et la bande de Racine. Ce qu'était Racine lui-même avant la *Thébaïde*, nous le voyons par les *Amours de Psyché* de La Fontaine. *Psyché* n'a paru qu'en 1669; mais La Fontaine, indolent, avait mis plusieurs années à l'écrire; et la première partie se rapporte certainement au temps où nos amis se rencontraient au cabaret et se promenaient ensemble dans la banlieue.

Quatre amis, dit-il, dont la connaissance avait commencé par le Parnasse, lièrent une espèce de société que j'appellerais Académie, si leur nombre eût été plus grand et qu'ils eussent autant regardé les Muses que le plaisir.

Ces quatre amis, c'est Polyphile (La Fontaine), Ariste (Boileau), Acante (Racine) et Gélaste où l'on a voulu voir Molière, mais où il est plus plausible de reconnaître Chapelle; car Gélaste n'est qu'un rieur de parti pris, et assez fade, au lieu que les contemporains de Molière nous parlent tous de son sérieux, même de sa gravité, même de ses noires humeurs. Au reste, La Fontaine nous dit des quatre amis:

... Ils se donnaient des avis sincères lorsqu'un d'eux tombait dans la maladie du siècle et faisait un livre, *ce qui arrivait rarement.*

Or, ceci s'applique bien à La Fontaine lui-même, à Boileau avant 1666, à Racine avant 1664, à Chapelle toujours, mais fort mal à Molière qui, en 1664, avait déjà fait imprimer huit pièces.

Et maintenant, comment La Fontaine voit-il son jeune compatriote Racine avant la *Thébaïde?*

> Acante ne manqua pas, *selon sa coutume,* de proposer une promenade en quelque lieu hors de la ville... *Il aimait extrêmement les jardins, les fleurs et les ombrages.* Polyphile (La Fontaine) lui ressemblait en cela, mais on peut dire que celui-ci aimait toutes choses. Ces passions, qui leur remplissaient le cœur d'une *certaine tendresse,* se répandaient dans tous leurs écrits... Ils penchaient tous deux *vers le lyrique,* avec cette différence qu'Acante avait quelque chose de plus *touchant,* Polyphile de plus fleuri.

Polyphile a apporté avec lui le manuscrit de sa *Psyché* pour le lire à ses amis. À un moment, il interrompt sa lecture et dit:

> Dispensez-moi de vous raconter le reste: vous seriez touchés de trop de pitié au récit que je vous ferais.—*Eh bien,* repartit Acante (Racine), *nous pleurerons. Voilà un grand mal pour nous!...* La compassion a aussi ses charmes, qui ne sont pas moindres que ceux du rire. *Je tiens même qu'ils sont plus grands* et crois qu'Ariste (Boileau) est de mon avis.

Et là-dessus, on discute si la comédie, qui fait rire, est supérieure, ou non, à la tragédie, qui fait pleurer. Gélaste défend la comédie et le rire par des plaisanteries qui nous font croire que Gélaste est bien Chapelle et non pas Molière. Et c'est Boileau, plus âgé que Racine, c'est Boileau, le critique en titre de la bande, qui plaide pour la tragédie, et pour le plaisir délicat des larmes et de la pitié: mais Racine-Acante approuve et goûte tous ses arguments.

> Votre erreur, dit Ariste-Boileau, provient de ce que vous confondez la pitié avec la douleur. La pitié est un mouvement charitable et généreux, une tendresse de cœur dont tout le monde se sait bon gré... Nous nous mettons

au-dessus des rois par la pitié que nous avons d'eux… Les beautés tragiques enlèvent l'âme, et se font sentir à tout le monde avec la soudaineté des éclairs.

Quand la lecture de *Psyché* est terminée:

> Ne croyez-vous pas, dit Ariste, que ce qui vous a donné le plus de plaisir, ce sont les endroits où Polyphile a tâché d'exciter en vous la compassion?—Ce que vous dites est fort vrai, repartit Acante (Racine): mais je vous prie de considérer ce gris-de-lin, ce couleur aurore, cet orangé et surtout ce pourpre qui environnent le roi des astres… En effet, il y avait longtemps que le soir ne s'était trouvé si beau… On lui donna (à Acante) le loisir de considérer les dernières beautés du jour; puis, la lune étant en son plein, nos voyageurs et le cocher qui les conduisait la voulurent bien pour leur guide.

Ainsi, La Fontaine nous montre dans Racine, vers 1663, un jeune homme extrêmement sensible, amoureux des spectacles de la nature plus que Boileau et Chapelle, autant que La Fontaine lui-même,—et amoureux de la tragédie.

Et, en effet, Racine, en ce temps-là, achevait d'écrire *la Thébaïde ou les Frères ennemis.*

Pourquoi ce sujet et non un autre? Je n'en sais rien. Il avait vingt-trois ans; il voulait faire une tragédie; on lui avait conseillé ce sujet-là; il l'avait accepté. Il dira dans une préface des *Frères ennemis* écrite pour l'édition collective de 1676:

> Le lecteur me permettra de lui demander un peu plus d'indulgence pour cette pièce que pour les autres qui la suivent. J'étais fort jeune quand je la fis. Quelques vers que j'avais faits alors tombèrent par hasard entre les mains de quelques personnes d'esprit. Ils m'excitèrent à faire une tragédie et me proposèrent le sujet de *la Thébaïde.*

Ainsi, ce sujet, il ne l'a pas choisi. Il ne pourra pas le saisir et l'étreindre avec amour, y souffler toute son âme (comme il le fera, plus tard, pour *Andromaque*). La composition de sa première œuvre ne sera pour lui qu'un exercice,—passionné sans doute, mais un exercice.

Ce sujet terrible, s'il ne l'a pas choisi, le tendre jeune homme l'a accepté pourtant. Déjà, à Uzès, nous avons vu qu'il s'intéressait aux passions violentes et qui vont jusqu'au bout.

Mais ce sujet, comment le traitera-t-il? Racine vit familièrement, depuis quelques années, avec Molière, si vrai, avec La Fontaine, si naturel, avec Furetière, l'ennemi du romanesque, avec Boileau, qui sera le théoricien de la nouvelle école et qui va écrire, l'année suivante, le *Dialogue des héros de roman* (1664). Racine traitera donc son sujet *avec une raison étonnante* (qui apparaît mieux si l'on songe que, vers ce temps-là, Pierre Corneille écrivait *Œdipe*, *Sertorius* et *Sophonisbe*, Thomas Corneille son *Timocrate*, et Quinault son *Astrate*, et si l'on y compare *la Thébaïde* du nouveau venu).

Racine, avant de faire sa pièce, a lu (outre *les Sept devant Thèbes* d'Eschyle, grande symphonie épique et lyrique plus que dramatique, et où il ne pouvait rien prendre) les *Phéniciennes* d'Euripide, le long fragment de *la Thébaïde* latine attribuée à Sénèque, et l'*Antigone* de Rotrou (1638).

Oh! la tragédie d'Euripide est fort belle. Mais elle ne contient guère qu'une grande scène proprement dramatique: la scène entre Jocaste et ses deux fils. Le reste est, presque autant que chez Eschyle, lyrique ou épique. Beaucoup de mythologie (qui plaisait aux Athéniens, puisque c'était la leur); beaucoup de pittoresque; les récits et les descriptions sont d'une couleur extraordinaire; Euripide s'y est particulièrement appliqué. Et pourquoi ce titre: les *Phéniciennes*? C'est que des Phéniciennes y forment le chœur. Ces Phéniciennes sont des captives que les Tyriens envoyaient à Delphes pour y être consacrées à Apollon, et qui ont été obligées, par l'arrivée inattendue de l'armée des Argiens, de s'enfermer dans Thèbes. Mais pourquoi Euripide a-t-il voulu qu'elles formassent le chœur? «C'est, dit le scholiaste, pour qu'elles pussent, étant étrangères, reprocher son injustice à Étéocle.» Mais c'est bien plutôt encore à cause de la richesse et de la singularité de leur costume exotique, et pour en amuser les yeux des Athéniens.

En outre, la pièce d'Euripide reste liée étroitement à un drame antérieur et à toute l'histoire du malheureux Œdipe. La haine mutuelle de ses deux fils, et leur duel fratricide, et le désespoir de Jocaste et la mort d'Hémon, c'est le fruit de la première faute d'Œdipe, puis de ses imprécations sur lui-même et sur sa race. Car, suivant une idée qui remplit le théâtre grec, toute faute amène un malheur, et les malheurs ensuite s'enchaînent fatalement. Les *Phéniciennes*, c'est un épisode de la vie d'Œdipe. Pendant tout le drame, le vieil aveugle est dans un souterrain du palais, où ses fils l'ont séquestré; et, après la mort d'Étéocle, de Polynice et de Jocaste, il sort du palais pour se mêler aux lamentations, prend ensuite la route de l'exil, appuyé sur Antigone, et s'en va vers Colone où il doit mourir.

Racine, très nettement, écarte presque tout le lyrisme, et le pittoresque, et la mythologie des *Phéniciennes*. Il réduit exactement son sujet à l'histoire de la haine et de la querelle des deux frères et à ses conséquences immédiates. Il ne retient des *Phéniciennes* que ce qu'il croit pouvoir intéresser les hommes de son temps.

De la déclamatoire et très peu dramatique *Thébaïde* de Sénèque, il ne note que quelques traits. De même de la *Thébaïde* de Stace.

Puis il lit l'*Antigone* de Rotrou (de 1638).

L'*Antigone* de Rotrou est une espèce de drame romantique. Shakespeare, si par hasard il eût rencontré ce sujet (une trentaine d'années auparavant), l'eût sans doute traité un peu de la même façon, avec seulement plus de génie. (Les rapports sont d'ailleurs nombreux et frappants entre Shakespeare, bien que complètement ignoré chez nous, et notre théâtre des trente premières années du XVIIe siècle.)

Rotrou a besoin de beaucoup de faits et d'événements. Il ne sait pas faire quelque chose de rien. Il ne peut tirer de la tragédie d'Euripide qu'un peu plus de deux actes. Alors il joint aux *Phéniciennes* toute l'*Antigone* de Sophocle (c'est-à-dire l'histoire de la résistance d'Antigone à Créon qui a défendu d'ensevelir Polynice). Et cela ne lui suffit pas encore. Il complique tant qu'il peut. Il emprunte à Stace cet épisode: après le duel des deux frères, la nuit, sur le rempart de Thèbes, Argis, veuve de Polynice, cherche son corps «une lanterne à la main». Elle rencontre Antigone occupée à la même recherche. Les deux femmes se reconnaissent et s'embrassent. Et cela forme un très beau tableau. Rotrou imagine encore qu'Antigone, sa sœur Ismène repentante et Ménète, «gentilhomme de la reine Argis», se disputent devant Créon l'honneur dangereux d'avoir enfreint son arrêt. Et cette invention a, comme la première, l'inconvénient de diviser l'intérêt, qui, dans la seconde partie du drame, se devrait concentrer sur Antigone.

Au surplus, la pièce de Rotrou est d'une composition fort lâche. L'exposition est très confuse. Le lieu de la scène change, même dans l'intérieur des actes: nous sommes successivement dans la chambre de Jocaste, sous la tente de Polynice, *sous* les remparts, dans la chambre d'Antigone, *sur* les remparts, chez Créon, dans le tombeau d'Antigone. Partout, dureté, emphase, subtilités ineptes, jeux bizarres d'antithèses. Çà et là de magnifiques éclairs de poésie ou de passion. Je le répète, cela ressemble assez à une tragédie d'un contemporain de Shakespeare. Même, la scène d'Hémon dans le tombeau d'Antigone fait un peu songer, par l'outrance fleurie du style et par le décor, à Roméo près de Juliette morte.

De l'*Antigone* de Rotrou, Racine ne garde rien. C'est sur la tragédie d'Euripide qu'il travaille.

Attentif à l'unité d'action, il retranche même l'espèce d'épilogue qui termine les *Phéniciennes*: les lamentations sur les cadavres, l'interdiction d'enterrer Polynice, le départ d'Œdipe et d'Antigone.

La pièce d'Euripide ainsi réduite, cette pièce dont Rotrou n'avait guère tiré plus de deux actes, Racine en tire ses cinq actes entiers, et cela, en ne gardant que les personnages strictement nécessaires à l'action.

Comment s'y prend-il? Très simplement. Il recule jusqu'au quatrième acte la grande scène, la scène capitale, entre, Jocaste et ses deux fils (comme, plus tard, dans *Bérénice*, il retardera jusqu'au quatrième acte la rencontre décisive des amants). Pour remplir les trois premiers, il trouvera assez de matière dans les sentiments qu'excite la discorde de deux frères chez Jocaste, Antigone, Hémon, Créon. De ce dernier, notamment, Racine développe et l'on peut dire qu'il invente le caractère et le rôle.

Et, au dernier acte (seule trace d'inexpérience), par un goût immodéré de l'unité d'action, et pour que la pièce soit finie, bien finie, et ne puisse plus recommencer, il tue tous ses personnages, sans exception.

Bref, Racine, à vingt-trois ans, n'a pas encore tout son génie; mais *il a déjà tout son système dramatique.*

Et il a déjà presque tout son style. Ici, il faut citer. Je choisis trois petits morceaux de ton différent: quelques vers d'amour d'Hémon et d'Antigone; quelques vers de psychologie juste et aisée où le politique Créon explique pourquoi il veut que les deux frères se rencontrent pour un accommodement; et quelques vers d'Étéocle au moment où il attend Polynice et sent redoubler sa haine à l'approche de son frère.

Hémon et Antigone (acte II, scène I):

HÉMON

. . . .
Un moment loin de vous me durait une année,
J'aurais fini cent fois ma triste destinée,
Si je n'eusse songé jusques à mon retour
Que mon éloignement vous prouvait mon amour,
Et que le souvenir de mon obéissance
Pourrait en ma faveur parler en mon absence
Et que, pensant à moi, vous penseriez aussi
Qu'il faut aimer beaucoup pour obéir ainsi.

ANTIGONE

Oui, je l'avais bien cru, qu'une âme si fidèle
Trouverait dans l'absence une peine cruelle;
Et, si mes sentiments se doivent découvrir,
Je souhaitais, Hémon, qu'elle vous fît souffrir,
Et qu'étant loin de moi, quelque ombre d'amertume
Vous fît trouver les jours plus longs que de coutume.

Mais ne vous plaignez pas: mon cœur chargé d'ennui
Ne vous souhaitait rien qu'il n'éprouvât en lui...

Créon (acte III, scène VI):

Des deux princes, d'ailleurs, la haine est trop puissante;
Ne crois pas qu'à la paix jamais elle consente.
Moi-même je saurai si bien l'envenimer
Qu'ils périront tous deux plutôt que de s'aimer.
Les autres ennemis n'ont que de courtes haines:
Mais, quand de la nature on a brisé les chaînes,
Cher Attale, il n'est rien qui puisse réunir
Ceux que des nœuds si forts n'ont pas su retenir.
L'on hait avec excès lorsque l'on hait un frère,
Mais leur éloignement ralentit leur colère;
Quelque haine qu'on ait contre un frère ennemi,
Quand il est loin de nous on la perd à demi.
Ne t'étonne donc plus si je veux qu'ils se voient:
Je veux qu'en se voyant leurs fureurs se déploient;
Que, rappelant leur haine au lieu de la chasser,
Ils s'étouffent, Attale, en voulant s'embrasser...

Étéocle enfin (clairement et suffisamment différencié de Polynice, lequel est plus humain et d'ailleurs dans son droit):—Acte IV, scène I:

Je ne sais si mon cœur s'apaisera jamais:
Ce n'est pas son orgueil, c'est lui seul que je hais.
Nous avons l'un et l'autre une haine obstinée.
Elle n'est pas, Créon, l'ouvrage d'une année;
Elle est née avec nous; et sa noire fureur
Aussitôt que la vie entra dans notre cœur.
Nous étions ennemis dès la plus tendre enfance;
Que dis-je? nous l'étions avant notre naissance.
Triste et fatal effet d'un sang incestueux!
Pendant qu'un même sein nous renfermait tous deux,
Dans les flancs de ma mère une guerre intestine
De nos divisions lui marqua l'origine.
Elles ont, tu le sais, paru dans le berceau,
Et nous suivront peut-être encor dans le tombeau.
On dirait que le ciel, par un arrêt funeste,
Voulut de nos parents punir ainsi l'inceste,
Et que dans notre sang il voulut mettre au jour
Tout ce qu'ont de plus noir et la haine et l'amour.
Et maintenant, Créon, que j'attends sa venue,
Ne crois pas que pour lui ma haine diminue;

Plus il approche, et plus il me semble odieux;
Et sans doute il faudra qu'elle éclate à ses yeux.
J'aurais même regret qu'il me quittât l'empire;
Il faut, il faut qu'il fuie, et non qu'il se retire.
Je ne veux point, Créon, le haïr à moitié;
Et je crains son courroux moins que son amitié.
Je veux, pour donner cours à mon ardente haine,
Que sa fureur au moins autorise la mienne;
Et, puisque enfin mon cœur ne saurait se trahir,
Je veux qu'il me déteste afin de le haïr!...

Ne vous y trompez pas. Tout ceci ne paraît point extraordinaire sans doute: mais pourtant c'est la première fois qu'on écrit au théâtre avec cette pureté soutenue. On a dit que, dans la *Thébaïde*, Racine subissait l'influence de Corneille. Fort peu, je vous assure. Elle ne se fait sentir que rarement, dans quelques vers emphatiques et à antithèses. En réalité, cet exercice d'écolier, qui n'est pas éclatant, est déjà secrètement original. Si on le compare aux deux Corneille et à Quinault, on est tenté de dire que Racine y invente le «goût». Racine n'aura qu'à cultiver et développer en lui ce don de composition exacte et d'analyse lucide et, pour le style, ce don de simplicité précise et souple et de violence enveloppée sous une forme harmonieuse; et, s'il rencontre alors un sujet qui l'émeuve à fond, il écrira *Andromaque*.

QUATRIÈME CONFÉRENCE

«ALEXANDRE».—LES DEUX LETTRES CONTRE PORT-ROYAL

Le seconde pièce de Racine, jouée à la fin de 1665, fut *Alexandre*. *Alexandre* est extrêmement différent de la *Thébaïde*. Ce n'est point une tragédie, bien que Racine l'appelle de ce nom et bien qu'un des personnages y soit tué dans une bataille. C'est une comédie héroïque et galante, très française, très conforme à l'esprit et aux imaginations du jeune roi et de la cour. *Alexandre* m'apparaît comme une espèce de glorieux carrousel en vers.

Cette fois, Racine a choisi son sujet lui-même Pourquoi a-t-il choisi Alexandre? Et qu'en a-t-il fait?

On m'a enseigné, quand j'étais enfant, qu'il y avait quatre grands capitaines: Alexandre, Annibal, César, Napoléon.

Alexandre me paraissait le plus grand. C'est celui qui a été le plus beau, qui est mort le plus jeune, qui a parcouru le plus de chemin et conquis le plus de terres, et les plus lointaines et les plus merveilleuses.

Annibal a agi dans un domaine très limité. Il s'est contenté de venir de Tunis en Italie. Il n'est pas de notre race; c'est un Phénicien, un Sémite. Nous avons peine à nous représenter son visage et son costume (au lieu que nous voyons nettement les trois autres, dont nous avons d'ailleurs des effigies nombreuses). Et puis nous sommes pour Rome (du moins je le crois). Et puis, il n'y a pas de grâce dans l'aventure de ce Carthaginois; il n'y a pas de sourire. Nous ne connaissons de lui aucun geste élégant, aucun mot généreux, chevaleresque ou spirituel. Il a eu cette malchance que son histoire nous a été racontée seulement par ses ennemis et ses vainqueurs. Ce n'est pas notre faute.

Nous goûtons César, dont la victoire fut, semble-t-il, avantageuse à nos lointains ancêtres, et qui est devenu un des nôtres. Mais César n'est pas proprement un conquérant, un homme de guerre. Il paraît même que, dans ses campagnes des Gaules, il a eu plus de chance encore que de génie stratégique. César est surtout un politique; c'est aussi un écrivain; et c'est même un dilettante.

Décidément, il n'y a que Napoléon qui égale Alexandre. Que dis-je? L'Histoire de Napoléon est un drame plus complet, mieux machiné, plus riche en péripéties et en coups de théâtre; et un drame aussi qui contient plus de passion, d'émotion et de larmes.

Oui, mais pour les imaginations fraîches, Alexandre l'emporte encore, par l'éloignement dans le temps et dans l'espace, par la jeunesse du héros, mort à trente-trois ans, par la grandeur, l'étendue et la rapidité matérielle de son action sur les hommes.

Alexandre, c'est de l'histoire fantastique, et c'est pourtant de l'histoire, il est très vrai que ce jeune homme, en dix années, a parcouru, conquis et soumis l'univers de son temps, et la Grèce, et l'Asie Mineure, et la Syrie, et l'Égypte, et la Perse, et la Bactriane, et l'entrée de l'Inde mystérieuse; qu'il a fondé soixante-dix villes, et que son empire fut borné par le Pont-Euxin, la mer Hyrcanienne, la mer Rouge, le golfe Arabique, le golfe Persique et la mer Érythrée; et il est très vrai aussi qu'il a parlé grec; qu'il a eu pour précepteur Aristote, dont les livres sont entre nos mains; qu'il a lu Homère comme nous; qu'il a été le contemporain et le compatriote de poètes et d'orateurs dont nous connaissons les œuvres; et que, s'il revenait tout à coup, nous pourrions converser avec lui, et le comprendre, et être compris de lui.

Mais ce personnage très historique est resté légendaire, sans doute parce qu'il s'est mû, pour ainsi dire, hors des prises de l'histoire et de la critique de son temps; que sa vie n'a pu être racontée que sur des documents très incomplets et très mêlés, et qu'enfin elle n'a été écrite que plusieurs siècles après sa mort, par le strict et prudent Arrien, le facile Plutarque, l'abréviateur Justin,—et par le demi-romancier Quinte-Curce, dont on ne sait s'il vivait sous Claude ou sous Théodose, ou si même il ne fut pas quelque clerc subtil du moyen âge.

À travers ces incertitudes, ce qui est sûr, c'est que, plus qu'aucun autre personnage historique, Alexandre est ce qu'un Allemand a appelé le «surhomme», disons simplement le grand homme d'action. Ce fut évidemment un être magnifique, un individu incroyablement doué. Il est beau; il est fort; il est l'homme le plus robuste, le plus agile, le plus courageux de toute son armée, et le plus résistant à la fatigue et à la souffrance. Il en est aussi le plus grand buveur. Il dompte les chevaux, tue les lions. Dans la bataille, il donne de sa personne, il se bat au premier rang, comme un héros d'Homère. En même temps, élève d'Aristote, il sait la politique, les sciences, la médecine, et comprend sans doute la métaphysique la plus abstruse. Il est musicien et joue de tous les instruments (sauf de la flûte). Il sait par cœur l'*Iliade* et la moitié de l'*Odyssée*. Tous ses sentiments sont d'une extrême intensité. Il tue Clitus par colère; mais il s'arrache les cheveux, gémit et se lamente pendant trois jours. Sa morale, c'est d'être fort et grand pour agir sur les autres; c'est d'étendre son être le plus qu'il peut. Il se reconnaît tous les droits dans l'instant où il a besoin de les exercer. C'est qu'il croit réellement à sa destinée supérieure. Cruel, atroce, comptant pour rien le sang versé quand il s'agit de la sécurité de son inappréciable personne, le reste du temps, il est aisément magnanime, clément, doux, gracieux. Il estime et respecte la vertu parce que la vertu est belle, parce que la vertu est utile.

Il a des mots et des gestes à la Napoléon. Dans les déserts de l'Oxus, après une longue marche à pied, mourant de soif, il refuse un peu d'eau qu'un des siens vient de trouver, et la répand par terre, parce qu'il ne peut la partager avec ses soldats. Par un froid terrible, il fait asseoir à sa place, près d'un feu de bivouac, un vétéran à moitié gelé; et, quand le soldat le reconnaît et se lève épouvanté:

> Camarade, lui dit-il en riant, chez les Perses, s'asseoir sur le
> siège du roi, c'est un cas de mort; et toi, c'est ce qui t'a sauvé.

Son intelligence est à la fois vaste, excessivement imaginative et précise. Les généraux anglais qui ont combattu dans les Indes regardent le passage de l'Hydaspe et la bataille qui suivit comme des chefs-d'œuvre de tactique. Et il est évident que l'homme qui a fait parcourir à son armée, en si peu de temps, des espaces si démesurés, est le roi de la marche stratégique.

D'autre part, je ne vous le donne pas pour un philosophe humanitaire, mais c'est réellement un conquérant civilisateur. Et il le sait, et il le veut. Et c'est pour cela qu'il se dit fils de Jupiter. Et il le croit, en ce sens qu'il se considère comme élu par les puissances d'en haut. Mais sa divinité, utile à ses desseins, lui permet le sourire. Une fois qu'il est blessé:

> On m'appelle, dit-il, fils de Jupiter: mais cela n'empêche pas
> ma jambe de me faire diablement mal.

Il met de la coquetterie à bien traiter les vaincus. Il respecte leurs usages et même les adopte. Il marie tant qu'il peut ses soldats avec des femmes perses. Il prêche d'exemple en épousant Roxane, puis Statira, fille de Darius. Un jour, à Babylone, il célèbre à la fois, dans une fête énorme, dix mille de ces mariages mixtes, et, pour rehausser la fête, un vieux brahme qu'il a ramené de l'Inde, las de cette vie transitoire, monte volontairement sur un bûcher devant toute l'armée.

Une autre fois (printemps de 323 avant J.-C.), il reçoit à Babylone des ambassades de toutes les parties du monde connu. Il en vient d'Italie: des Bruttiens, des Lucaniens, des Étrusques; il en vient d'Afrique: des Carthaginois, des Lybiens, des Éthiopiens. Des Scythes d'Europe s'y rencontrent avec des Celtes et des Ibères. Alexandre veut, de propos délibéré, rapprocher et mêler les peuples. Plutarque dit splendidement à propos des dix mille mariages célébrés à la fois:

> Comme dans une coupe d'amour se mêlaient la vie et les
> mœurs des différentes races; et les peuples, en y buvant,
> oubliaient leur vieille inimitié. (*De la fortune d'Alexandre*, I, 6.)

Il veut «tout conquérir pour tout élever». Et sans doute, mort en plein triomphe, à trente-trois ans, d'une série d'orgies dignes d'Hercule, il ne réussit pas tout à fait dans son énorme et magnanime entreprise. Mais toutefois il vaut mieux pour l'univers, semble-t-il, qu'Alexandre soit venu. Malgré tout, les peuples parcourus et conquis par lui gagnèrent plus qu'ils ne perdirent à son passage.

> Des routes nouvelles, des ports, des chantiers, des places de refuge ou d'étape ouverts au commerce; d'immenses richesses, jadis immobilisées dans les trésors des rois asiatiques, maintenant jetées dans la circulation; la civilisation grecque portée sur mille points de l'Asie; un nouveau monde révélé à la Grèce; les peuples, les idées, les religions, mêlés dans un commencement d'unité d'où pouvait sortir une société nouvelle, si l'ouvrier de ce grand œuvre eût vécu. (*Victor Duruy.*)

Tout cela est merveilleux, quoique inachevé; et il en est resté quelque chose, ne serait-ce que la délicieuse Alexandrie—et le souvenir de la plus extraordinaire peut-être des aventures humaines et de la plus propre à raviver et exalter les imaginations.

Mais pourquoi, nous sommes-nous demandé, Racine choisit-il Alexandre pour héros de sa deuxième pièce? Et qu'en a-t-il fait?

Racine, à vingt-cinq ans, est plein d'un grand désir de gloire, et, en attendant la gloire, d'un désir enragé de succès. *La Thébaïde,* tragédie très sombre et très sage, a fort joliment réussi pour un début. Mais ce qu'il veut, ce qu'il lui faut, c'est le «grand succès». Peut-être a-t-il été trop raisonnable dans *la Thébaïde.* Les deux auteurs favoris du public, à ce moment-là, c'est Thomas Corneille et Quinault. Ils plaisent par un certain héroïque galant, que Quinault pousse même jusqu'au doucereux. Les romans de Gomberville, de. La Calprenède, de mademoiselle de Scudéry sont en vogue. La Fontaine lui-même, si ami pourtant du naturel, les lit et s'en amuse. Boileau les raille, et fort spirituellement, dans son *Dialogue des héros de roman.* Mais Racine, cette fois, ne consultera pas Boileau.

Et puis, après tout, le héros amoureux, le héros galant, le guerrier qui fait des prouesses pour plaire à la femme qu'il aime et pour l'honorer, cela est dans la tradition nationale. Tous les chevaliers de chansons de gestes sont ainsi. Ils sont ainsi parce que le christianisme à la fois a relevé socialement la femme et a rendu l'amour plus intéressant et plus subtil, en l'exigeant chaste, en mettant, tout près de l'amour, le péché. Cette idée que l'adoration de la femme fait partie intégrante de l'âme d'un héros, c'est, en somme, une transformation profane, mondaine et voluptueuse d'un fait chrétien. Les gens du XVIIe siècle ont beau ignorer ou dédaigner les romans de gestes et mépriser l'architecture gothique, ils ont hérité, sans le savoir, de beaucoup de façons de sentir du moyen âge. Les réunions de l'hôtel de Rambouillet continuent les cours d'amour.

Le héros amoureux, c'est l'idéal de tous les jeunes seigneurs, et c'est l'idéal du jeune roi. Louis XIV n'a qu'un an et demi de plus que Racine. Depuis la mort de Mazarin (1661), il joue le rôle de héros bienfaisant. Il gouverne fort bien ces années-là (avec Colbert, Le Tellier, Louvois, Séguier, Lionne, qu'il a choisis lui-même). La France paraît prospère (oh! comme les pays sont prospères, avec beaucoup de misères au fond). Le roi, bien entendu, est amoureux. Et sans doute le roi n'a pas encore fait la guerre. Mais, en 1665, le père de la reine, Marie-Thérèse, étant mort, Louis XIV réclame la Flandre et la Franche-Comté pour remplacer la dot qui n'a pas été payée. Et, dans dix-huit mois au plus tard, le roi envahira élégamment la Flandre et la Franche-Comté, dans une petite guerre rapide, presque pareille à un ballet militaire un peu accentué. Racine l'aime, ce jeune roi (Racine est déjà reçu à la cour), et ce jeune roi goûte Racine, à qui il trouve une figure noble et beaucoup d'esprit.

Demanderez-vous maintenant pourquoi Racine, se décide à faire une tragédie galante et si peu tragique, dans le goût du jour? ou pourquoi, voulant la faire, il songe à Alexandre? D'abord, il se trouve que ce héros est disponible: je veux dire que ni Pierre ni Thomas Corneille ni Quinault ne s'en sont encore emparés. Et, justement, c'est le conquérant et le héros par excellence, et qui plaît d'autant plus au jeune Racine, que le jeune Racine, à cette époque, est, lui aussi, un conquérant, un homme affamé de gloire. Mais Alexandre galant et amoureux? Pourquoi non? Quinte-Curce nous le montre «honnête homme», traitant avec courtoisie la femme et les filles de Darius, épousant par amour une dame persane. Et quand nous le tirerions un peu à nous, quand nous le ferions un peu ressemblant à un héros moderne, quel mal à cela? Et, si d'aventure on dit que c'est le roi, et si le roi lui-même se reconnaît en lui, quel mal à cela encore? Ce n'est point, en tout cas, la flatterie directe et grossière. Que si le roi en sait gré à l'auteur… eh bien, l'auteur s'en arrangera. Je considère Jean Racine à cette époque (je vous l'ai déjà dit) comme un charmant «arriviste», très ardent et très avisé.

Donc, il s'empare d'Alexandre, et il s'arrête à l'un des plus beaux épisodes de son histoire: son entrée dans l'Inde et sa rencontre avec Porus. Cet épisode est raconté dans le VIIIe livre de Quinte-Curce.

Ce VIIIe livre est très brillant. Il contient notamment deux morceaux fort remarquables: l'éloquente et ingénieuse apologie d'Alexandre par lui-même, en réponse au réquisitoire du jeune conspirateur Hermolaüs,—et le récit du passage de l'Hydaspe et de la bataille.

Les propos que le rhéteur prête à Alexandre ont de la grandeur et ne sont pas sans vraisemblance. J'en citerai un passage intéressant:

Hermolaüs me reproche que les Perses sont auprès de moi en grand honneur. C'est sans contredit la preuve la plus frappante de ma modération que de commander sans orgueil aux vaincus. Je suis venu en Asie, non pour bouleverser les nations, ni pour faire un désert de la moitié de l'univers, mais pour apprendre aux peuples même que j'aurai conquis à ne pas maudire ma victoire. Aussi vous voyez combattre pour vous et répandre leur sang pour votre empire ces mêmes hommes qui, traités avec hauteur, se fussent révoltés. La conquête où l'on n'entre que par le glaive n'est pas de longue durée; la reconnaissance des bienfaits est immortelle. Si vous voulez posséder l'Asie, non la traverser, il faut admettre les peuples au partage de notre clémence; leur attachement rendra notre empire stable et éternel.

Mais je suis coupable de faire adopter aux Macédoniens les mœurs des vaincus?—C'est que je vois chez plusieurs nations beaucoup de choses qu'il n'y a pour vous nulle honte à imiter. Un si grand empire ne peut être gouverné sans que nous lui imposions quelques-uns de nos usages et que nous en empruntions d'eux quelques autres.

Et voici de quelle élégante et spirituelle façon il s'exprime, avec un sourire, sur sa divinité:

Ç'a été une chose presque risible d'entendre Hermolaüs me demander de renier Jupiter dont l'oracle me reconnaît. Suis-je donc maître aussi des réponses des dieux? Jupiter m'a honoré du nom de son fils; en l'acceptant, je n'ai pas nui, ce me semble, à l'œuvre où nous nous sommes engagés. Plût au Ciel que les Indiens me regardassent aussi comme un dieu! Car, à la guerre, la renommée fait tout, et souvent une croyance erronée a été aussi efficace que la vérité.

L'autre morceau remarquable de ce VIIIe livre de Quinte-Curce, c'est la bataille de l'Hydaspe. C'est une bataille colorée, et on peut dire «amusante», par le stratagème d'Alexandre qui installe à un endroit de la rive sa tente, sa garde particulière et son sosie, Arbate, habillé de vêtements royaux, pendant que lui-même traverse le fleuve beaucoup plus bas; amusante aussi et pittoresque par les chars de guerre et par des traits de ce genre:

Ce qu'il y avait de plus effrayant, c'était de voir les éléphants saisir avec leurs trompes les armes et les hommes, et les livrer, par-dessus leur tête, à leur conducteur.

Ou encore:

> Porus, accablé à la fin, commença à glisser en bas de sa monture. L'Indien, conducteur de l'éléphant, croyant que le roi descendait, fit, selon sa coutume, tomber à genoux l'animal. Mais à peine se fut-il agenouillé, que les autres éléphants, dressés à cette manœuvre, s'agenouillèrent aussi: circonstance qui livra au vainqueur Porus et sa suite. Alexandre, qui le croyait mort, ordonna de le dépouiller, et l'on accourut en foule pour lui ôter sa cuirasse et ses vêtements; mais l'éléphant, défenseur de son maître, se mit à frapper ceux qui le dépouillaient et, *l'enlevant avec sa trompe, le replaça sur son dos.*

J'ai le chagrin de dire que Racine, dans sa pièce, n'a point conservé cette couleur, et n'a pas non plus reproduit les plus forts arguments du plaidoyer si politique d'Alexandre.

Il a, autant dire, supprimé la bataille. Celle qu'il raconte est vague et sommaire. Pourquoi? Il a sans doute obéi à un souci d'harmonie. Il n'a pas voulu interrompre des conversations héroïques et amoureuses par des détails d'un pittoresque trop familier. Il a craint peut-être quelque disparate entre les discours si polis de ses personnages et cet appareil bizarre d'une guerre asiatique. Il paraît d'ailleurs n'avoir pas été très sensible, du moins en ce temps-là, à ce que nous appelons la «couleur locale». Enfin, il avait ses raisons (que vous sentirez) pour ne pas trop «réaliser», ne pas rendre trop concrètes les batailles d'Alexandre.

Quant aux grands desseins, aux larges vues de son héros, à ce qui peut nous faire tout au moins comprendre les droits exorbitants qu'il s'arroge et tant de vies humaines sacrifiées, le jeune Racine néglige parfaitement tout cela. Lorsque, au deuxième acte, Porus dit à Éphestion (et je cite le morceau pour vous montrer de quelle plume la pièce est écrite):

Et que pourrais-je apprendre
Qui m'abaisse si fort au-dessous d'Alexandre?
Sera-ce sans efforts les Perses subjugués
Et vos bras tant de fois de meurtres fatigués?
Quelle gloire en effet d'accabler la faiblesse
D'un roi déjà vaincu par sa propre mollesse,
D'un peuple sans vigueur et presque inanimé,
Qui gémissait sous l'or dont il était armé,
Et qui, tombant en foule, au lieu de se défendre,
N'opposait que des morts au grand cœur d'Alexandre?
Les autres, éblouis de ses moindres exploits,
Sont venus à genoux lui demander des lois;

Et, leur crainte écoutant je ne sais quels oracles,
Ils n'ont pas cru qu'un dieu pût trouver des obstacles
Mais nous, qui d'un autre œil jugeons les conquérants,
Nous savons que les dieux ne sont pas des tyrans;
Et, de quelque façon qu'un esclave le nomme,
Le fils de Jupiter passe ici pour un homme.
Nous n'allons point de fleurs parfumer son chemin;
Il nous trouve partout les armes à la main,
Il voit à chaque pas arrêter ses conquêtes;
Un seul rocher ici lui coûte plus de têtes,
Plus de soins, plus d'assauts et presque plus de temps.
Que n'en coûte à son bras l'empire des Persans.
Ennemis du repos qui perdit ces infâmes,
L'or qui naît sous nos pas ne corrompt point nos âmes.
La gloire est le seul bien qui nous puisse tenter,
Et le seul que mon cœur cherche à lui disputer;
C'est elle…

—«Et c'est aussi ce que cherche Alexandre,» répond Éphestion. Et il le développe en quelques vers. Rien de plus.

De même (acte V, scène I), lorsque la reine Cléophile lui dit:

… Mais quoi, seigneur? Toujours guerre sur guerre?
Cherchez-vous des sujets au delà de la terre?
Voulez-vous pour témoins de vos faits éclatants
Des pays inconnus même à leurs habitants?
Qu'espérez-vous combattre en des climats si rudes?
Ils vous opposeront de vastes solitudes,
Des déserts que le ciel refuse d'éclairer,
Où la nature semble elle-même expirer…
Pensez-vous y traîner les restes d'une armée
Vingt fois renouvelée et vingt fois consumée?
Vos soldats, dont la vue excite la pitié,
D'eux-mêmes en cent lieux ont laissé la moitié…

Alexandre pourrait, j'imagine, répondre par l'exposé de quelque dessein grandiose. Il se contente d'affirmer superbement:

Ils marcheront, madame, et je n'ai qu'à paraître.

Ailleurs (acte IV, scène II):

Je suis venu chercher *la gloire et le danger.*

Être présent à la pensée des autres hommes et, comme nous disons aujourd'hui, «vivre dangereusement», voilà tout l'idéal de l'Alexandre de

Racine. Plus rien du civilisateur, du grand rêveur politique, du constructeur d'histoire. Tandis qu'il conquiert l'Asie, il n'a pas de pensée plus profonde qu'un colonel de vingt ans des armées du roi.

Cet Alexandre est décidément un peu artificiel. Mais, plus accessible ainsi, il dut plaire d'autant plus à la jeune cour et au jeune roi. Ils ont la même devise brillante et ingénue: *La gloire, le danger, et l'amour.*

La pièce est d'ailleurs très adroitement arrangée comme pour l'apothéose d'Alexandre. Il est longuement annoncé. Invisible et présent dans les deux premiers actes, on n'y parle que de lui. Il vient de pénétrer dans l'Inde. Deux rois, Taxile et Porus, deux reines, Cléophile et Axiane, l'attendent dans le camp de Taxile, partagés entre des sentiments divers. Le roi Taxile est pour la soumission ainsi que sa sœur Cléophile qui, déjà, connaît Alexandre et est aimée de lui. Le roi Porus et la reine Axiane sont pour la résistance. Ce qui complique un peu la situation et les sentiments, c'est que la reine Axiane est aimée à la fois de Porus et de Taxile, si bien que Taxile est fort embarrassé entre sa sœur Cléophile qui le travaille en faveur d'Alexandre, et sa «maîtresse» Axiane qui l'excite contre le jeune héros.

Au surplus, tous l'admirent, même ceux qui le haïssent.

Éphestion, l'envoyé d'Alexandre, vient proposer la paix moyennant soumission. Porus repousse fièrement cette offre. Sur quoi la reine Axiane avoue à Porus que c'est lui qu'elle aime.

La bataille s'engage,—oh! tout à fait à la cantonade,—entre l'armée d'Alexandre et celles d'Axiane et de Porus. Les reines Cléophile et Axiane,—que Taxile tient prisonnières dans son camp—attendent les nouvelles. Taxile annonce la victoire d'Alexandre. Et voici enfin, au milieu du troisième acte, Alexandre qui paraît pour la première fois; et les *premiers mots* qu'il prononce en faisant son entrée sont ceux-ci:

> Allez, Éphestion, que l'on cherche Porus;
> Qu'on épargne la vie et le sang des vaincus.

Et vraiment cela a bon air. Puis, le jeune héros dépose ses lauriers aux pieds de la reine Cléophile et lui demande son cœur en échange. Et Cléophile, coquette, feint de se dérober:

> Je crains que, satisfait d'avoir conquis un cœur,
> Vous ne l'abandonniez à sa triste langueur;
> Qu'insensible à l'ardeur que vous avez causée,
> Votre âme ne dédaigne une conquête aisée.
> On attend peu d'amour d'un héros tel que vous.
> La gloire fit toujours vos transports les plus doux,

Et peut-être, au moment que ce grand cœur soupire,
La gloire de me vaincre est tout ce qu'il désire.

Et le jeune colonel... pardon, le jeune roi... pardon, Alexandre le Grand répond: «Que vous me connaissez mal! Autrefois, oui, je n'aimais que la gloire.

Les beautés de la Perse à mes yeux présentées
Aussi bien que ses rois ont été surmontées;

C'est que je ne vous avais pas vue... Et maintenant, je vais, pour vous, conquérir des peuples inconnus,

Et vous faire dresser des autels dans des lieux
Où leurs sauvages mains en refusent aux dieux.»

Et Cléophile:

Oui, vous y traînerez la victoire captive;
Mais je doute, seigneur, que l'amour vous y suive.
Tant d'États, tant de mers qui vont nous désunir
M'effaceront bientôt de votre souvenir.
Quand l'Océan troublé vous verra sur son onde
Achever quelque jour la conquête du monde;
Quand vous verrez les rois tomber à vos genoux
Et la terre en tremblant se taire devant vous,
Songerez-vous, seigneur, qu'une jeune princesse
Au fond de ses États vous regrette sans cesse
Et rappelle en son cœur les moments bienheureux
Où ce grand conquérant l'assurait de ses feux?

Et Alexandre:

Eh quoi? vous croyez donc qu'à moi-même barbare,
J'abandonne en ces lieux une beauté si rare?
Mais vous-même plutôt voulez-vous renoncer
Au trône de l'Asie où je veux vous placer?

Et sans doute il n'est ni raisonnable ni vraisemblable qu'Alexandre conquière l'Asie pour faire honneur à une dame, ou que Porus, lorsqu'il défend sa patrie, y paraisse autant déterminé par son amour que par le sentiment de son devoir. Mais cette affectation de faire uniquement pour deux beaux yeux ce qu'on fait en réalité par devoir ou par ambition passait, depuis des siècles, pour une chose jolie, chevaleresque, convenable aux honnêtes gens. Ce sont des façons élégantes de parler; ce sont des gestes et comme des rites gracieux et généreux. Pour en être choqué, il faudrait prendre cela plus au sérieux que ne paraît faire Alexandre lui-même dans cette comédie héroïque et galante.

Cependant, on ne sait ce qu'est devenu Porus. (Car, détail bien curieux, Alexandre, dans sa hâte de se venir mettre aux pieds de Cléophile, a quitté la bataille avant la fin.) La reine Axiane se désespère. Elle invective Alexandre; elle prononce presque les seuls vers de la pièce qui puissent faire supposer qu'il s'agit, après tout, de vraies batailles, de batailles où des milliers d'hommes sont tués et où le sang coule à flots:

> Et que vous avaient fait tant de villes captives,
> Tant de morts dont l'Hydaspe a vu couvrir ses rives?

Elle invective le vainqueur, mais courtoisement, et sans pouvoir se tenir de l'admirer. Alexandre l'accable de sa générosité et veut lui faire épouser Taxile. Et Taxile vient la relancer; et Axiane, très convenablement cornélienne, lui dit son fait:

(Tu veux servir; va, sers, et me laisse en repos)

et qu'elle adore Porus. Sur quoi Taxile court à la bataille, rejoint Porus, le provoque et est tué par lui. À la fin, Porus, décidément vaincu, est amené devant Alexandre. Alexandre pardonne à tout le monde; il marie Porus et Axiane et leur laisse leurs deux royaumes. Et tout le monde se réconcilie; et Axiane elle-même dit à Cléophile:

> Aimez et possédez l'avantage charmant
> De voir toute la terre adorer votre amant.

Et Porus:

> Seigneur, jusqu'à ce jour l'univers en alarmes
> Me forçait d'admirer le bonheur de vos armes;
> Mais rien ne me forçait, en ce commun effroi,
> De reconnaître en vous plus de vertu qu'en moi:
> Je me rends, je vous cède une pleine victoire.
> Vos vertus, je l'avoue, égalent votre gloire.
> Allez, seigneur, rangez l'univers sous vos lois;
> Il me verra moi-même appuyer vos exploits.
> Je vous suis, et je crois devoir tout entreprendre
> Pour lui donner un maître aussi grand qu'Alexandre.

Triomphe, apothéose. C'est, en somme, l'histoire de trois âmes inégalement héroïques «surmontées» par un héroïsme supérieur.

Avec un peu de lenteur dans les deux premiers actes, la pièce est aimable et brillante. Racine, pour ses seconds débuts, avait pleinement réussi dans le genre qui était le plus à la mode! Il avait fait, mieux que Thomas Corneille et que Quinault, ce que Quinault et Thomas Corneille faisaient depuis quinze ou vingt ans, ce que Pierre Corneille lui-même avait fait souvent et ce qu'il allait encore tenter dans ses *Pulchérie* et ses *Suréna*. Racine offrait à ses contemporains, aux femmes, au jeune roi, aux jeunes courtisans, sous le nom d'Alexandre, l'image un peu fade, peut-être, mais extrêmement élégante, du héros galant, du «surhomme» selon la conception du XVIIe siècle, lequel «surhomme» est aussi, à sa façon «par delà le bien et le mal». Et sur un point sans doute Racine était resté fidèle à ce qui avait été dès le début et restera sa poétique: l'action de l'*Alexandre* (contrairement à celle de *Timocrate* ou d'*Astrate*) est fort simple et presque toute dans les sentiments des personnages. Mais, pour le reste, il avait, cette fois, délibérément et effrontément suivi la mode. Il avait été cornélien trois ou quatre fois comme Pierre, le plus souvent comme Thomas. Quant à la langue, vous avez pu voir par les citations que c'est déjà presque entièrement la langue de Racine.

* * * * *

Le succès de la pièce fut très grand. Racine l'avait fort bien préparé par des lectures dans de grandes maisons. Quatre représentations en furent données à Versailles ou à Saint-Germain, devant le roi et la cour. Le roi adopta l'*Alexandre* et en accepta la dédicace. On parla beaucoup de la nouvelle tragédie. Saint-Évremond, dans son exil de Londres, se la fit envoyer. Il la critiqua dans une dissertation adressée à une dame, mais destinée à passer de main en main. Critique sévère, clairvoyante sur presque tous les points, et dont Racine aura l'esprit de profiter,—mais où, enfin, Saint-Évremond rendait assez justice au jeune auteur. «Depuis que j'ai lu *le Grand Alexandre*, écrivait-il, la vieillesse de Corneille me donne bien moins d'alarmes, et je n'appréhende plus tant de voir finir avec lui la tragédie; mais je voudrais que, avant sa mort, il adoptât l'auteur de cette pièce, pour former avec la tendresse d'un père son vrai successeur.» Vœu assez naïf de la part d'un sceptique et d'un observateur. Ce vœu ne devait guère être entendu. Corneille, à qui Racine avait soumis sa tragédie, avait déclaré que le jeune homme était doué pour la poésie, non pour le théâtre. C'est un de ces jugements qui ne se pardonnent pas. Et les premiers succès d'un jeune rival ne sont pas non plus faciles à pardonner. Corneille et Racine se sont cordialement détestés, voilà le fait. Nous y reviendrons.

Boileau fut sublime d'amitié. Bien des choses devaient lui déplaire dans *Alexandre*. Il était alors en train d'écrire son *Dialogue sur les héros de romans*. À coup sûr, le héros de Racine devait lui paraître amoureux hors de propos. Mais Boileau aimait Racine. Et alors, dans sa satire du *Repas ridicule* qu'il écrivit cette année même, il fit dire au sot campagnard:

Je ne sais pas pourquoi l'on vante l'*Alexandre*,
Ce n'est qu'un glorieux qui ne dit rien de tendre.
Les héros chez Quinault parlent bien autrement.

Comme si, en effet, le défaut du héros de Racine était la rudesse! L'excellent Boileau, qui ne le croyait pas, voulait le faire croire; et cela est admirable.

Donc, tout réussissait à Racine. À vingt-cinq ans il entrait dans la renommée. Il y entrait avec insolence, comme on pourra le voir par la première préface de sa tragédie (1666). Et c'est à ce moment-là que, grisé par sa jeune gloire, il commet une action fâcheuse, puis une très mauvaise action.

Voici l'action fâcheuse. Racine trouva que l'*Alexandre* était fort mal joué, au Palais-Royal, par la troupe de Molière. Il ne put le supporter longtemps. Au bout de quinze jours, c'est-à-dire de six représentations, il retira sa pièce et la porta à l'hôtel de Bourgogne. Racine ne violait ni un engagement ni un règlement. Corneille avait, de la même manière, porté son *Sertorius* de l'hôtel de Bourgogne au Palais-Royal. Aussi Lagrange, le régisseur de Molière, ne reproche à Racine, dans son registre, qu'un mauvais procédé. Mais assurément, c'en était un. Molière s'en vengea l'année suivante en jouant sur son théâtre une sorte de parodie-critique d'*Andromaque*, fort malveillante et assez grossière: *la Folle Querelle*, de Subligny. Par la suite, on réconcilia tant bien que mal Racine et Molière, et tous deux eurent l'esprit de se rendre réciproquement justice, ou à peu près, sur leurs ouvrages.

Et voici la mauvaise action.

On continuait à gémir dans Port-Royal sur l'enfant égaré. De temps en temps, Racine recevait de sa tante, la mère Agnès, des lettres comme celle-ci, qui est de 1655 ou 1656:

> Je vous écris dans l'amertume de mon cœur et en versant des larmes que je voudrais répandre en assez grande abondance devant Dieu pour obtenir, de lui votre salut, qui est la chose du monde que je souhaite avec le plus d'ardeur.

Elle lui parlait avec horreur de son «commerce avec des gens dont le nom est abominable à toutes les personnes qui ont tant soit peu de piété, et à qui on interdit l'entrée de l'Église et la communion des fidèles.» Elle conjurait son neveu d'avoir pitié de son âme, de rompre «des relations qui le déshonoraient devant Dieu et devant les hommes». Elle terminait en lui déclarant que, tant qu'il serait dans un état si déplorable et si contraire au christianisme, «il ne devait pas penser à venir la voir». Et la dernière phrase était: «Je ne cesserai point de prier Dieu qu'il vous fasse miséricorde, et à moi en vous la faisant, puisque votre salut m'est si cher.»

Le succès de la comédie parfaitement païenne d'*Alexandre* dut redoubler la douleur de la vieille religieuse et des pieux solitaires. Car quoi de plus «contraire au christianisme» que de glorifier—par les bouches impures de comédiens et de femmes parées et exposées au public pour la «concupiscence des yeux»,—la subordination de toutes choses à la gloire et à l'amour, c'est-à-dire à l'«orgueil de l'esprit» et à la «concupiscence de la chair», ce qui est bien le fond d'*Alexandre*?

Or, à ce moment, les trois concupiscences—et particulièrement l'orgueil de l'esprit—étaient si dominantes chez le jeune Racine lui-même, qu'il ne faisait pas bon se mettre en travers de son plaisir et de sa gloire. Les excommunications de la mère Agnès devaient l'exaspérer. «Mon salut! mon salut! eh bien quoi? C'est mon affaire. Ne peuvent-ils me laisser la paix?» Il devait être irrité, non seulement par une contradiction qui peut-être le troublait secrètement malgré lui et réveillait en lui des souvenirs et des sentiments qu'il voulait étouffer,—mais encore par cette idée que de bonnes âmes, de saintes âmes—et qu'il savait telles—s'obstinaient à souffrir réellement, et d'ailleurs inutilement, pour des choses qui lui semblaient, à lui, si naturelles! De sorte qu'il était comme furieux contre des prières et des gémissements dont il était, malgré lui, la cause. Rien ne nous est plus odieux que de faire, à notre corps défendant, souffrir les autres d'une souffrance gratuite et qui nous paraît absurde: ce qui leur donne l'air de faire exprès de souffrir pour nous ennuyer...

Survint la querelle de Port-Royal avec Desmarets de Saint-Sorlin.

Encore un individu très particulier, ce Desmarets; encore un bon original. Visionnaire lui-même, il était l'auteur de la baroque et charmante comédie des *Visionnaires* (1640). Après une vie des moins édifiantes, il donne dans la dévotion, puis dans la monomanie religieuse. Vers 1664, il se fait prophète. Il affirme que Dieu lui-même lui a dicté les derniers chants de son poème épique de *Clovis*. C'est ce toqué qui, par son *Traité des poètes grecs et latins*, allumera la fameuse querelle des Anciens et des Modernes. En attendant il part en guerre contre la «fausse Église des jansénistes». Dans son *Avis du Saint-Esprit*, il déclare avoir la clef de l'Apocalypse et propose au roi de lever une armée de cent quarante-quatre mille hommes qui, sous la conduite de Louis XIV, exterminera l'hérésie.

Nicole répondit en 1664 et 1665 par dix lettres volantes intitulées *Lettres sur l'hérésie imaginaire* et, en 1666, par huit autres lettres qu'il appela *Visionnaires* par allusion à la comédie et au caractère de Desmarets. Dans la première des *Visionnaires*, il reproche en ces termes à Desmarets ses premiers ouvrages:

> Chacun sait que sa première profession a été de faire des romans et des pièces de théâtre, et que c'est par là où il a commencé à se faire connaître dans le monde. Ces qualités, qui ne sont pas fort honorables au jugement des honnêtes gens, sont horribles étant considérées selon les principes de la religion chrétienne et les règles de l'Évangile. Un faiseur de romans et un poète de théâtre est un empoisonneur public, non des corps, mais des âmes des fidèles, qui se doit regarder comme coupable d'une infinité d'homicides spirituels, ou qu'il a causés en effet, ou qu'il a pu causer par

ses écrits pernicieux. Plus il a eu soin de couvrir d'un voile d'honnêteté les passions criminelles qu'il y décrit, plus il les a rendues dangereuses et capables de surprendre et de corrompre les âmes simples et innocentes. Ces sortes de péchés sont d'autant plus effroyables qu'ils sont toujours subsistants, parce que ces livres ne périssent pas et qu'ils répandent toujours le même venin dans ceux qui les lisent.

Voilà le passage complet. Racine n'y était pas visé personnellement. Quand il l'eût été, il devait se taire. Il avait envers ces messieurs les plus impérieux devoirs de reconnaissance. Il avait été l'enfant chéri de Port-Royal, l'élève de Nicole, le «petit Racine» de M. Antoine Lemaître. Dans cette page, d'ailleurs, Nicole n'exprimait rien de nouveau: il rappelait simplement l'éternelle doctrine de l'Église. La querelle de l'Église et du Théâtre n'a pour ainsi dire jamais cessé au XVIIe siècle (M. Abel Lefranc en a fait, l'an dernier, une histoire très exacte). La vie des neuf dixièmes des chrétiens, au XVIIe siècle et dans tous les temps, n'a jamais été ni pu être qu'un compromis— généralement dénoncé et expié à l'heure de la mort—entre la nature, les plaisirs, les commodités ou les exigences de la vie sociale—et la stricte doctrine de l'Église,—et, si vous voulez, entre le paganisme et le christianisme. (Vous connaissez ces jolis vers diaboliques de Sainte-Beuve:

> Paganisme immortel, es-tu mort? On le dit,
> Mais Pan tout bas s'en moque, et la Sirène en rit.)

Racine sait bien que, sur ce sujet, Port-Royal ne peut parler autrement qu'il ne fait. Même, au fond, je crois, cela lui est assez égal que de saints hommes, qui doivent nécessairement penser et parler ainsi, lui disent qu'il corrompt les âmes simples et qu'il est coupable d'une infinité d'homicides spirituels. Ce sont crimes qu'il porte légèrement. Dans sa réplique à la réponse de Racine, Goibaud du Bois touchera juste quand il lui dira:

> Je vois qu'on vous fâche quand on dit que les poètes empoisonnent: et je crois qu'on vous fâcherait encore davantage, si l'on vous disait que vous n'empoisonnez point, que votre muse est une innocente, qu'elle n'est capable de faire aucun mal, qu'elle ne donne pas la moindre tentation, et qu'elle laisse le cœur dans le même état où elle le trouve.

Pourquoi donc Racine est-il si fort ulcéré?

Relisons le passage de Nicole. Ce qui pique Racine au vif et ce qui l'exaspère, ce ne sont point des excommunications dont il a l'habitude; ce n'est même pas la publicité de cette excommunication générale, ni l'idée que le public lui en fera peut-être l'application: c'est une petite incise,—une épine secrète—qu'on ne remarque pas tout d'abord, et que je vous rappelle donc:

> Ces qualités (d'un poète de théâtre), *qui ne sont pas fort honorables au jugement des honnêtes gens*, sont horribles selon les principes de la religion chrétienne.

«Horribles», cela n'est rien; ce sont façons dévotes de parler. Mais ce mot méprisant: «Qui ne sont pas fort honorables aux yeux des honnêtes gens,» voilà qui fait plaie, car cela l'atteint dans ce qu'il a de plus tendre: dans son orgueil, et dans sa vanité aussi. On veut bien être damné, on ne veut pas être dédaigné. C'est, j'en suis persuadé, surtout pour ce mot que Racine écrit sa première réponse. Et c'est, en effet, sur ce mot cuisant qu'il part, dès le début:

> Pourquoi voulez-vous que ces ouvrages d'esprit soient une occupation peu honorable devant les hommes?... Nous connaissons l'austérité de votre morale. Nous ne trouvons point étrange que vous damniez les poètes: vous en damnez bien d'autres qu'eux. Ce qui nous surprend, c'est de voir que vous voulez empêcher les hommes de les honorer. Hé! monsieur, contentez-vous de donner des rangs dans l'autre monde: ne réglez pas les récompenses de celui-ci. Vous l'avez quitté il y a longtemps, laissez-le juge des choses qui lui appartiennent. Plaignez-le si vous voulez d'aimer des bagatelles et d'estimer ceux qui les font; mais ne lui enviez pas de misérables honneurs auxquels vous avez renoncé.

Et presque tout de suite après, sentant bien qu'au point de vue du pur christianisme, c'est Port-Royal qui a raison, il laisse la question doctrinale et, en parfait journaliste, prend brusquement l'offensive:

> De quoi vous êtes-vous avisés de mettre en français les comédies de Térence? Fallait-il interrompre vos saintes occupations pour devenir des traducteurs de comédies? Encore si vous nous les aviez données avec leurs grâces, le public vous serait obligé de la peine que vous avez prise. Vous direz peut-être que vous en avez retranché quelques libertés: mais vous dites aussi que le soin qu'on prend de couvrir les passions d'un voile d'honnêteté ne sert qu'à les rendre plus dangereuses. Ainsi vous voilà vous-même au rang des empoisonneurs.

C'est plein de malice et de mauvaise foi. Je vous disais bien que c'était du journalisme d'excellente qualité.

Et il continue, raille Port-Royal sur ses inconséquences, ses faiblesses, son esprit de secte et de coterie, et conte la jolie histoire de la mère Angélique et des deux capucins à qui cette supérieure zélée sert du pain des valets et du cidre quand elle les croit amis des jésuites, et du pain blanc et du vin des messieurs quand on lui a dit que ces deux moines sont bons jansénistes. Et il ne craint pas de parler fort légèrement de M. Antoine Lemaître, de ce M. Lemaître qui l'avait appelé autrefois «son cher fils».

Deux amis de Port-Royal, Du Bois et Barbier d'Aucour, répondirent à Racine. Du Bois est judicieux, mais lourd; Barbier d'Aucour est ennuyeux et veut trop faire le plaisant. Racine leur répliqua dans une seconde lettre, aussi spirituelle et, je crois, encore plus brillante et vive que la première. J'en lirai un petit passage pour votre plaisir:

… Je n'ai point prétendu égaler Desmarets à M. Lemaître. Je reconnais de bonne foi que les plaidoyers de ce dernier sont, sans comparaison, plus dévots que les romans du premier. Je crois bien que, si Desmarets avait revu ses romans depuis sa conversion, comme on dit que M. Lemaître a revu ses plaidoyers, il y aurait peut-être mis de la spiritualité; mais il a cru qu'un pénitent devait oublier tout ce qu'il a fait pour le monde. Quel pénitent, dites-vous, qui fait des livres de lui-même, au lieu que M. Lemaître n'a jamais osé faire que des traductions! Mais, messieurs, il n'est pas que M. Lemaître n'ait fait des préfaces, et vos préfaces sont fort souvent de gros livres. Il faut bien se hasarder quelquefois: si les saints n'avaient fait que traduire, vous ne traduiriez que des traductions.

Ou encore:

… Il semble que vous ne condamnez pas tout à fait les romans. «Mon Dieu, monsieur, me dit l'un de vous, que vous avez de choses à faire avant de lire les romans!» Vous voyez qu'il ne défend pas de les lire, mais il veut auparavant que je m'y prépare sérieusement. Pour moi je n'en avais pas une idée si haute, etc…

Voilà le ton. Cette prose de Racine est un délice. C'est, de toutes les proses du XVIIe siècle, la plus légère, la plus dégagée,—et celle aussi qui contient le moins d'expressions vieillies. Cette prose est la plus ressemblante à la meilleure prose de Voltaire. Et cela, par le tour même de la plaisanterie, rapide, non appuyée, qui plante le trait sans avoir l'air d'y toucher, et qui passe.

Racine voulait faire imprimer sa seconde lettre à la suite de l'autre, avec une préface. On dit (d'après Jean-Baptiste et d'après Louis) qu'il renonça à ce projet sur le conseil de ce brave cœur de Boileau. Je crois qu'il y renonça plutôt sur la lecture d'une belle et dure lettre de Lancelot qui fit rougir et fit rentrer en lui-même le jeune ingrat (voir le tome VIII de l'édition Paul Mesnard). Vous savez encore que, douze ou quinze ans plus tard, l'abbé Tallemant lui reprochant en pleine Académie sa conduite envers Port-Royal, Racine répondit: «Oui, monsieur, vous avez raison; c'est l'endroit le plus honteux de ma vie, et je donnerais tout mon sang pour l'effacer.» Mais, tout converti et repentant qu'il fût, et retiré du théâtre, et réconcilié avec Port-Royal, et adonné à la plus scrupuleuse dévotion, et revenu à la doctrine même de Port-Royal touchant le théâtre, vous savez aussi que cette seconde lettre et cette préface, dont il rougissait, il les avait conservées—mettons: oubliées—dans ses tiroirs. Ah! il est bien homme de lettres, celui-là!

Pour l'instant, ayant conquis le succès par une adroite concession au goût du jour, célèbre, triomphant, aimé du roi, très goûté d'Henriette d'Angleterre et de la jeune cour,—agressif, insolent, sensible d'ailleurs comme une femme, ivre du plaisir de vivre, tout à l'heure amant de cette charmante Du Parc, qui fut adorée de trois grands hommes,—débarrassé pour un temps, je suppose, des secrètes excommunications de la mère Agnès,—sentant sa force, libre désormais d'écrire exactement ce qu'il veut,—il prémédite cette neuve merveille d'*Andromaque* où il mettra toute sa sensibilité, son expérience et à la fois sa divination de la vie passionnelle, son audace mesurée et, déjà, tout son génie.

CINQUIÈME CONFÉRENCE

«ANDROMAQUE»

Andromaque (1667) est, avec le *Cid*, la plus grande date du théâtre français. *Andromaque*, c'est l'entrée, dans la tragédie, du réalisme psychologique et de l'amour-passion, et c'est le commencement d'un système dramatique nouveau.

Pour bien juger de l'originalité d'*Andromaque*, il faut savoir quelles tragédies on faisait dans les années qui ont immédiatement précédé la pièce de Racine.

Ce qu'on joue entre 1660 et 1667, c'est *Othon*, *Sophonisbe*, *Agésilas*, *Attila*, de Pierre Corneille; c'est *Astrate*, *Bellérophon*, *Pausanias*, de Quinault; et c'est *Camma*, *Pyrrhus*, *Maximian*, *Persée* et *Démétrius*, *Antiochus*, de Thomas Corneille.

J'ai lu, naturellement, les pièces de Pierre Corneille: j'ai lu ou parcouru celles de Thomas et de Quinault. Elles ont toutes ceci de commun, qu'elles sont romanesques à la façon des romans du temps. Je ne vous en parlerai point parce que ce serait long et que ce ne serait pas très utile.

Mais je vous parlerai un peu du *Timocrate* de Thomas Corneille, qui est de 1656.

Timocrate est, de beaucoup, le plus grand succès du théâtre au XVIIe siècle. Il fit salle comble pendant six mois. On le joua en même temps au Marais et à l'hôtel de Bourgogne. Et *Timocrate* représente exactement le genre de tragédie qui plut davantage entre le *Cid* et *Andromaque*, et ce que Racine veut remplacer.

Je ne vous raconterai pas *Timocrate*. Il y faudrait du temps, et l'exposé en serait difficile à suivre. (La lecture même de la pièce est assez pénible; mais évidemment cela devait s'éclaircir à la représentation.) Je vous renvoie au livre de M. Gustave Reynier sur *Thomas Corneille*. Sachez seulement que le sujet de *Timocrate* est tiré du roman de *Cléopâtre*, de La Calprenède; que le héros de la pièce joue un double personnage; que, sous le nom de Timocrate, roi de Crète, il assiège la reine d'Argos; que, sous le nom de Cléomène, officier de fortune, il défend cette reine dont il aime la fille; que la pièce à partir du troisième acte n'est qu'une série de surprises et de coups de théâtre adroitement ménagés; que le dénouement est fort ingénieux; que *Timocrate* me paraît, aujourd'hui encore, un des chefs-d'œuvre du drame à énigmes; et que je ne pense pas que, ni chez Scribe, ni chez M. Sardou, ni chez d'Ennery, vous trouviez une plus exacte ni plus habile application du précepte de Boileau:

> Que le trouble, toujours croissant de scène en scène,
> À son comble arrivé, se débrouille sans peine.

L'esprit ne se sent point plus vivement frappé
Que lorsqu'en un sujet *d'intrigue enveloppé*
D'un secret tout à coup la vérité connue
Change tout, donne à tout une face imprévue.

(Précepte qui regarde le genre de pièces qu'on aimait avant Racine, mais très peu le théâtre de Racine lui-même.)

Ce qui caractérise *Timocrate* et presque toutes les pièces du même temps (car tous les auteurs voulaient écrire leur *Timocrate*), c'est la subordination des personnages à l'intrigue (et, par suite, la facticité ou la nullité des caractères); c'est l'extraordinaire dans les faits et dans les sentiments et ce serait (si l'on pouvait prendre au sérieux ces inventions) la fantaisie et l'individualisme en morale.

Ce n'est pas que le drame de Thomas Corneille ne dût être d'un agrément assez vif, non seulement par l'ingénieuse complication de la fable, mais par l'idéal romanesque qu'elle exprime. Peut-être que, si vous lisiez *Timocrate*, vous vous diriez, après l'avoir lu:

«Que l'idéal de cette société est charmant dans son artifice! La pure théorie platonicienne de l'amour, déjà affinée au moyen âge par les romans de chevalerie et dans les cours d'amour, reçoit son achèvement dans les salons «précieux». L'amour n'y est maître que de vertus et professeur que d'héroïsme. L'aimable fou que ce Timocrate, et le chercheur exquis de midi à quatorze heures! Il a conquis, comme parfait amoureux, le cœur de la princesse Ériphile; il n'aurait qu'à le cueillir. Mais il veut encore le mériter comme héros et grand capitaine; et c'est pourquoi, à peine élevé au trône par la mort de son père, il vient assiéger, sans le lui dire, la ville de celle qu'il adore. Et certes, «la galanterie est rare». Quand, Timocrate et Cléomène à la fois, il s'est empêtré dans son double rôle, c'est bien simple, il se tire d'affaire en étant sublime, «en immolant, comme il le dit, l'amour même à l'amour». Et nous savons bien qu'en réalité il n'a rien sacrifié du tout, puisque Cléomène et Timocrate ne font qu'un, et que, donnant son amante au roi de Crète, c'est à lui-même qu'il la donne. Il s'amuse donc. Mais quel artiste! Et quel grand cœur aussi! L'amour est vraiment pour lui une religion, et une religion excitatrice de vertus. Il n'aime que pour orner son âme, et nous le voyons tout le temps préférer à la possession de sa maîtresse ce qui le rend digne de cette possession. Il fauche les rangs ennemis, égorge les deux rois alliés d'Argos, ses rivaux, et, l'instant d'après, épargne Nicandre, son troisième rival, afin d'être beau de diverses façons et, tour à tour, par sa fureur et par sa magnanimité. Quand la reine d'Argos, pour tenir deux serments qu'elle a faits, lui promet la main de sa fille et, après le mariage, la mort, non seulement il se résigne, mais il se réjouit infiniment: car enfin il aura été pendant cinq minutes l'époux de celle qu'il aime; et qu'est-ce que la mort, je vous prie? D'ailleurs ces amours sont chastes. La chair en est radicalement absente. La subordination, l'immolation de soi-même et, par surcroît, de l'univers entier, et du ciel et de la terre, à une petite femme raisonneuse, abondante en propos chantournés, et qu'on n'aura même pas touchée du doigt: voilà l'idéal, voilà ce qui vaut la peine de vivre et de mourir. Et les autres personnages ne le cèdent guère à Timocrate. Ils sont généreux sans effort, mais obstinément et sans retenue, non pas au-dessus, mais, ce qui est encore mieux, en dehors de la nature, de la grossière et méprisable nature. Quelle gentille société que celle qui adorait de tels rêves et qui faisait le plus formidable succès du siècle à la comédie qui lui en donnait la plus pure représentation! Et ce que Thomas Corneille trouve là, qui ne voit, d'ailleurs, que le grand Corneille l'a cherché naïvement pendant toute la seconde moitié de sa vie!»

C'est vrai, oui, tout cela est vrai.—Mais ce qui est vrai aussi, c'est que, s'il était possible de considérer gravement ces amusettes, on verrait que le fond de *Timocrate*—et de tout ce théâtre—c'est l'exaltation de la fantaisie personnelle par opposition à la morale commune. Timocrate, Nicandre, la reine d'Argos se forgent à leur guise des devoirs distingués (comme feront les personnages romantiques). Timocrate déclare la guerre et fauche les hommes afin d'être en posture avantageuse aux yeux de sa maîtresse et parce qu'il veut, après la vie langoureuse, connaître la vie énergique. (Ainsi fait, d'ailleurs, l'Alexandre de Racine lui-même.) Au dénouement, pour marquer sa reconnaissance à Timocrate qui lui a laissé la vie, et pour avoir aussi bon air que lui, l'Argien Nicandre ouvre Argos aux Crétois et trahit donc sa patrie par délicatesse. Et la reine d'Argos, pour rester à la hauteur de ces étonnants fantaisistes de la perfection morale, fait cadeau de son peuple à Timocrate. Et ainsi, ils sont tous trois si désireux d'être beaux—et si sublimes—que, pour la reine, il n'y a plus de devoir royal, pour Nicandre, plus de patrie, et pour Timocrate plus d'humanité.

Or, *Andromaque*, c'est précisément le contraire et de *Timocrate* et des très nombreuses tragédies dont *Timocrate* est le type absolu, et, enfin, de plus de la moitié des tragédies de Pierre Corneille.

Car Racine (et cela ne nous étonne plus, mais cela fut neuf et extraordinaire à son heure), Racine, ami de Molière qui faisait rentrer la vérité dans la comédie, ami de La Fontaine qui la mettait dans ses *Fables*, ami de Furetière, qui essayait de la mettre dans le roman, ami de Boileau qui, dès ses premières satires, s'insurgeait contre le romanesque et le faux,—Racine, pour la première fois dans *Andromaque*, choisit et veut une action simple et des personnages vrais; fait sortir les faits des caractères et des sentiments; nous montre des passionnés qui ne sont nullement vertueux, mais qui aussi ne prétendent point à la vertu ni ne la déforment; ramène au théâtre—par opposition à la morale fantaisiste et romanesque—la morale commune, universelle, et cela, sans aucunement moraliser ni prêcher, et par le seul effet de la vérité de ses peintures. Et c'est une des choses par où Racine plut à Louis XIV, homme de bon sens, grand amateur d'ordre, et qui se souvenait que la Fronde avait fort aimé le romanesque en littérature. Et ainsi il est peut-être permis de signaler ici une convenance secrète et une concordance entre les deux génies réalistes du jeune poète et du jeune roi.

Notons qu'il s'est écoulé près de deux ans entre la représentation d'*Alexandre* et celle d'*Andromaque*. Racine ne s'est pas pressé. Il a de nouveau feuilleté ses Grecs, il s'est laissé de plus en plus émouvoir et pénétrer par leur simplicité, leur sincérité, leur candeur hardie. En même temps, devenu à vingt-cinq ans auteur dramatique célèbre, il vivait dans un monde où les passions sont vives et il regardait attentivement autour de lui.—Puis, ces deux années-là, il voyait jouer, non sans sourire, *Sophonisbe* et *Agésilas*. Il savait bien qu'il ferait, lui, autre chose. Et il attendait qu'une belle idée s'emparât de son imagination.

Un jour, après avoir relu son Euripide, il ouvre son Virgile et est frappé par un passage du IIIe livre de l'*Énéide*, où il retrouve cette pure Andromaque qu'il avait déjà aimée dans l'*Iliade* (car déjà, écolier à Port-Royal, il avait écrit, en marge de son Homère, sur ce qu'il appelle la «divine rencontre» d'Andromaque et d'Hector, un petit commentaire très intelligent et très ému).

Voici le passage de Virgile:

> Nous côtoyons, dit Énée, le rivage d'Épire; nous entrons dans un port de Chaonie, et nous montons jusqu'à la haute ville de Buthrote... Il se trouva qu'en ce moment, aux portes de la ville, dans un bois sacré et sur les bords d'un faux Simoïs, Andromaque portait aux cendres d'Hector les libations solennelles et les tristes offrandes. Elle pleurait devant un vain tombeau de gazon, entre deux autels que sa douleur avait consacrés, et invitait Hector au funèbre banquet... Elle baissa la tête et, parlant à voix basse: «Ô heureuse avant toutes, dit-elle, la vierge fille de Priam, condamnée à mourir sur la tombe d'un ennemi, au pied des hautes murailles de Troie! Elle échappa au partage ordonné par le sort et n'approcha point, captive, du lit d'un maître vainqueur. Mais nous, après l'incendie de notre patrie, traînées de mer en mer, il nous fallut, enfantant dans l'esclavage, subir l'insolence du fils d'Achille... Bientôt il s'attache à Hermione, race de Léda, et va dans Sparte rechercher sa main. Mais Oreste, qu'enflamme un violent amour de l'épouse ravie, Oreste que poursuivent, les Furies des crimes, surprend son rival sans défense et l'égorge au pied des autels paternels...»

Cette triste élégie... puis ce coup de couteau... Racine rêve là-dessus; et c'est de ces vingt vers de Virgile qu'il tirera sa tragédie; car il n'a à peu près rien emprunté ni aux *Troyennes* d'Euripide, dont le sujet est le meurtre d'Astyanax, ni à l'*Andromaque* du même poète, où la veuve d'Hector défend son fils, mais un fils qui est celui d'Hélénus, ni enfin aux *Troyennes* de Sénèque; et il dit vrai quand, après avoir cité le passage de Virgile, il écrit dans sa préface: «Voilà, en peu de vers, tout le sujet de cette tragédie.»

Je suppose, que vous avez lu les tragédies de Racine. Je ne vous analyserai point l'action d'*Andromaque*, mais je vous en rappellerai l'essentiel, juste ce qu'il faut pour vous en remettre en mémoire la composition si simple et si *liée*.

C'est un peu après la prise de Troie. Pyrrhus est rentré en Épire, dans sa ville de Buthrote. Il a eu dans sa part de butin Andromaque, la veuve d'Hector, et son fils, l'enfant Astyanax. Et Pyrrhus aime la belle captive, et ne peut se décider à épouser sa fiancée Hermione, fille d'Hélène, qui est venue à Buthrote sur sa foi, accompagnée d'une petite escorte de ses nationaux.

Or, les rois grecs confédérés, qu'inquiète la faiblesse de Pyrrhus pour sa captive, envoient à Pyrrhus un ambassadeur, Oreste, pour le sommer de leur livrer le jeune Astyanax. Oreste est le cousin germain d'Hermione. Il aime la jeune fille depuis longtemps et avec passion.

Oreste, donc, s'acquitte de son ambassade. Pyrrhus refuse fièrement de lui livrer le fils de sa captive. Il espère, par là, toucher le cœur d'Andromaque. Et là-dessus, Hermione furieuse promet à Oreste de le suivre. Mais, Andromaque demeurant inexorable, Pyrrhus se ravise (premier revirement): il promet d'abandonner Astyanax aux Grecs et d'épouser enfin Hermione, laquelle, ivre de joie, lâche brusquement le triste Oreste.

Et, bien que le ton ait été jusqu'ici, tantôt celui de l'élégie et tantôt celui de la comédie dramatique, nous sentons bien que tous trois, Hermione, Oreste, Pyrrhus, possédés d'un aveugle amour, sont promis au crime ou à la folie; et nous voyons aussi que leur sort est lié aux volontés et aux sentiments de la captive troyenne.

Or, Andromaque, sur le point de perdre son fils, supplie Pyrrhus à genoux et met cette fois dans ses prières un je ne sais quoi qui fait perdre la tête à Pyrrhus. Et Pyrrhus, se ravisant encore, et n'hésitant plus à trahir les intérêts de la Grèce confédérée, propose à Andromaque de l'épouser, de la couronner et d'adopter son fils. Mais, si elle refuse, l'enfant mourra. Et Andromaque, ayant médité sur la tombe d'Hector, accepte la proposition du vainqueur, avec le secret dessein de se tuer après la cérémonie du mariage.

Et ce second revirement de Pyrrhus entraîne tout. Hermione, désespérée, se rejette sur Oreste; elle lui commande, s'il la veut, de tuer Pyrrhus à l'autel. Et

Oreste obéit; et quand il revient chercher sa récompense, Hermione lui crie: «Qui te l'a dit?» et va se tuer sur le corps de Pyrrhus, laissant Oreste en proie à un accès de folie.

Voilà, tout en gros, l'action d'*Andromaque*. Vous avez reconnu que, la situation première une fois posée, elle se développe naturellement, par la seule vertu des sentiments, passions et caractères des personnages et sans aucune intrusion du hasard,—avec cette particularité que tout est suspendu à Andromaque; qu'Andromaque d'abord, en s'éloignant de Pyrrhus, le rapproche d'Hermione et éloigne celle-ci d'Oreste; et qu'ensuite, en se rapprochant de Pyrrhus, elle rapproche Hermione d'Oreste et rejette Oreste sur Hermione: en sorte que non seulement l'action est subordonnée aux sentiments des personnages, mais que les sentiments de trois de ceux-ci sont subordonnés aux sentiments d'un quatrième. On ne saurait donc concevoir un drame plus véritablement ni plus purement psychologique. Et c'est le premier point par où *Andromaque* diffère profondément et de *Timocrate* et d'*Astrate*, et du théâtre même de Pierre Corneille.

Et voici le second point. On peut presque dire que pour la première fois l'amour entre dans la tragédie.

Je dis «pour la première fois». Car l'amour de Chimène et de Rodrigue est un amour glorieux et lyrique, et subordonné à un devoir, à une idée. Et l'amour de Camille, dans *Horace*, est bien l'amour, et violent, oui, mais sans complication ni jalousie.

Et je dis simplement «d'amour». Non pas l'amour-goût, non pas l'amour-galanterie, non pas l'amour romanesque, mais l'amour sans plus, l'amour pour de bon, ou, si vous voulez, l'amour-passion, l'amour-maladie: un amour dans lequel il y a toujours un principe de haine. Au fond,—et malgré l'extrême décence (je ne dis pas la timidité) de l'expression dans Racine,—c'est l'amour des sens, et c'est le degré supérieur de cet amour-là, la pure folie passionnelle. C'est le grand amour, celui qui rend idiot ou méchant, qui mène au meurtre et au suicide, et qui n'est qu'une forme détournée et furieuse de l'égoïsme, une exaspération de l'instinct de propriété. Une créature est «tout pour vous»; elle vous fait indifférent au reste du monde, parce qu'elle vous donne ou que vous attendez d'elle des sensations uniques. Vous l'aimez comme une proie, avec l'éternelle terreur de la partager. Vous voulez être pour elle ce qu'elle est pour vous: l'univers de la sensation. Sinon, vous la haïssez en la désirant. Voilà le grand amour. La jalousie en est presque le tout. Cet amour-là (c'est assez surprenant, mais c'est ainsi) je crois qu'on ne l'avait vu ni dans les romans ni au théâtre avant Racine.

Trois personnages dans *Andromaque* sont possédés de cet amour-maladie, criminel et meurtrier presque par définition: Hermione et Oreste, malades complets; Pyrrhus un peu moins fou, parce que l'objet de sa jalousie est un mort et qu'il ne peut donc plus le tuer. Et ces trois déments font d'autant mieux ressortir la beauté morale de la divine Andromaque, dont les deux amours—le conjugal et le maternel—sont purs, sages et «dans l'ordre»; le premier d'autant plus pur qu'il s'adresse à un souvenir, à une ombre.

Et qu'ils sont vrais, ces quatre personnages, et comme ils vivent! Et comme, tout en restant des types d'une humanité très générale, ils sont sûrement caractérisés!

«Andromaque, ici, ne connaît point d'autre mari qu'Hector, ni d'autre fils qu'Astyanax.» Ainsi parle Racine dans sa préface. Et il ajoute: «J'ai cru en cela me conformer *à l'idée que nous avons maintenant* de cette princesse.» («L'idée que nous avons maintenant…» nous verrons que cela se peut appliquer à tous les personnages légendaires ou historiques de Racine, et combien cela est raisonnable.) Il continue:

> La plupart de ceux qui ont entendu parler d'Andromaque
> ne la connaissent guère que pour la veuve d'Hector et pour
> la mère d'Astyanax. On ne croit point qu'elle doive aimer ni
> un autre mari ni un autre fils.

Ainsi christianisée par une longue tradition (oh! seulement un peu, puisque, à un moment, elle consent au suicide); pure, triste, fidèle, ne vivant plus que pour pleurer son mari et défendre son petit enfant;—mais, parmi sa grande douleur, soucieuse de ne pas trop offenser Pyrrhus et—comme l'a dit Geoffroy le premier et, après lui, Nisard—d'*une coquetterie vertueuse*: voilà la trouvaille hardie de Racine.

Vous vous rappelez peut-être qu'il y eut, là-dessus, voilà quinze ans, grande querelle à la Comédie-Française, au *Temps* et au *Journal des Débats*. Des gens ne voulaient pas qu'Andromaque fût coquette: «Y songez-vous? Ce Pyrrhus est le fils du meurtrier d'Hector; il a massacré les parents d'Andromaque et incendié sa ville. Il y a un fleuve de sang entre eux deux: et vous voulez qu'elle «flirte» avec le bourreau de sa famille? Racine s'est bien gardé d'une idée aussi indécente.» On répondait: «Nous ne prétendons point qu'Andromaque cherche expressément à troubler Pyrrhus. Mais enfin elle voit l'effet qu'elle produit sur lui, et il est naturel qu'elle en profite pour sauver son enfant. Que si le mot de «coquetterie», même «vertueuse» vous choque, nous dirons qu'Andromaque a du moins le sentiment de ce qu'elle est pour Pyrrhus et, sinon le désir de lui plaire, du moins celui de ne pas le désespérer tout à fait, de ne pas le pousser à bout, et même de ne pas lui déplaire. Il n'y a pas à aller là contre; le texte de Racine est plus fort que tout.

Cette plainte:

Mais il me faut tout perdre, et toujours par vos coups;

cet argument qui, sous prétexte d'éteindre l'amour du jeune chef, lui présente l'image de ce qu'il y a de plus propre à l'émouvoir:

> Captive, toujours triste, importune à moi-même,
> Pouvez-vous souhaiter qu'Andromaque vous aime?
> Quels charmes ont pour vous des yeux infortunés
> Qu'à des pleurs éternels vous avez condamnés?

cette façon qu'elle a d'évoquer toujours Hector devant Pyrrhus, de parler du rival mort à l'amoureux vivant; et enfin, quand le péril de l'enfant Astyanax est proche et certain, ces mots audacieux sous leur air de réserve (ces mots qui, d'ailleurs, provoquent immédiatement, chez Pyrrhus, l'offre de sa main et de sa couronne):

> … Seigneur, voyez l'état où vous me réduisez.
> J'ai vu mon père mort et nos murs embrasés,
> J'ai vu trancher les jours de ma famille entière
> Et mon époux sanglant traîné sur la poussière,
> Son fils, seul avec moi, réservé pour les fers.
> Mais que ne peut un fils! Je respire, je sers.
> J'ai fait plus: je me suis quelquefois consolée
> Qu'*ici plutôt qu'ailleurs* le sort m'eût exilée;
> Qu'*heureux dans son malheur*, le fils de tant de rois
> Puisqu'il devait servir, fût tombé sous vos lois.
> J'ai cru que sa prison deviendrait son asile.
> Jadis Priam soumis fut respecté d'Achille:
> *J'attendais de son fils encor plus de bonté.*
> Pardonne, cher Hector, à ma crédulité!

tous ces vers-là sont assurément faits pour mettre Pyrrhus sens dessus dessous; et il est clair qu'Andromaque ne l'ignore pas. Et c'est très bien ainsi. Cette finesse féminine parmi tant de vertu et de douleur et une aussi parfaite fidélité conjugale, il me semble que cela fait une combinaison exquise, et hardie, et vraie.

Et puis quoi! Pyrrhus est jeune, beau, illustre, et généreux en somme. Il s'expose aux plus grands dangers pour défendre le fils d'Andromaque. Andromaque peut haïr le fils d'Achille et celui qui a tué tant de Troyens: mais la personne même de Pyrrhus, je crois qu'Andromaque ne la hait point.

Et la preuve, c'est qu'aussitôt que Pyrrhus est mort à cause d'elle, Andromaque se met à l'aimer. Je ne dis pas seulement qu'elle lui est reconnaissante et qu'elle le pleure par convenance: je dis qu'elle l'aime. Cela ressort (oh! Racine n'est point timide) d'une scène du cinquième acte, qui était dans le premier texte d'*Andromaque* et dans l'édition de 1668. Après le meurtre de Pyrrhus, Oreste, allant rendre compte à Hermione de sa mission, amenait avec lui Andromaque de nouveau captive. Et Andromaque disait à Hermione:

… Je ne m'attendais pas que le Ciel en colère
Pût sans perdre mon fils accroître ma misère
Et gardât à mes yeux quelque spectacle encor
Qui fît couler mes pleurs pour un autre qu'Hector.
Vous avez trouvé seule une sanglante voie
De suspendre en mon cœur le souvenir de Troie.
Plus barbare aujourd'hui qu'Achille et que son fils,
Vous me faites pleurer mes plus grands ennemis;
Et, ce que n'avait pu promesse ni menace,
Pyrrhus de mon Hector semble avoir pris la place
Je n'ai que trop, madame, éprouvé son courroux:
J'aurais plus de sujet de m'en plaindre que vous
Pour dernière faveur ton amitié cruelle,
Pyrrhus, à mon époux me rendait infidèle.
Je t'en allais punir. Mais le Ciel m'est témoin
Que je ne poussais pas ma vengeance si loin;
Et sans verser ton sang, ni causer tant d'alarmes,
Il ne t'en eût coûté peut-être que des larmes…

Racine a supprimé, dans l'édition de 1676, cette rentrée d'Andromaque. Il a senti qu'il ne convenait pas de nous la montrer aimant un autre homme que son premier époux, aimant Pyrrhus, même mort à cause d'elle: car ce ne serait plus l'«Andromaque d'Hector» (*Hectoris Andromache*). Mais, qu'il ait d'abord écrit cette scène, il me semble que cela révèle un goût assez audacieux de vérité psychologique; car cela suggère l'idée qu'Andromaque pût être touchée, à son insu, de l'amour de Pyrrhus et fût ainsi préparée à ce phénomène tragique: l'amour naissant subitement du sang versé et de la mort.

En regard, l'ardente figure d'Hermione. C'est une des «femmes damnées» de Racine, les autres étant Roxane, Ériphile et Phèdre. Elle est dans notre littérature la première jeune fille qui aime jusqu'au crime et au suicide. Et cette possédée d'amour reste, en effet, une jeune fille; *nondum passa virum*.

Son cousin Oreste lui a fait autrefois la cour, quand elle avait quinze ans; et elle lui en veut d'avoir peut-être rêvé de lui, de lui avoir peut-être donné quelques droits sur son cœur, avant qu'elle eût connu Pyrrhus, son vrai maître.

Retirée dans sa petite cour où elle attend Pyrrhus et se consume de n'être pas aimée; d'ailleurs capable de tout pour sa passion (c'est elle qui a dénoncé aux Grecs les ménagements de Pyrrhus pour Astyanax:

J'ai déjà sur le fils attiré leur colère. Je veux qu'on vienne encor
lui demander la mère);

puis, quand Oreste survient, trop sincère et trop peu maîtresse d'elle-même
pour n'être pas maladroite avec lui, jusqu'à s'engager beaucoup plus qu'elle
ne voudrait; ensuite, quand Pyrrhus paraît revenir vers elle, lâchant ce même
Oreste avec la plus cynique insouciance.

(N'avons-nous d'entretien que celui de ses pleurs?)

et opposant la plus sèche ironie à Andromaque qui l'implore pour son petit
enfant;

(S'il faut fléchir Pyrrhus, qui le peut mieux que vous?)

puis, lorsque Pyrrhus retourne à sa Troyenne et va l'épouser, chancelante
sous le coup, gardant un silence farouche; puis «voyant rouge» à cause des
images précises qu'elle se forme dans ce silence; puis appelant Oreste et lui
ordonnant le meurtre; rencontrant là-dessus Pyrrhus et l'accablant des plus
magnifiques injures que puisse inspirer la jalousie, c'est-à-dire la haine
inextricablement mêlée à l'amour; voulant ensuite le sauver, puis le tuer elle-
même; reprochant à Oreste le meurtre qu'elle a commandé, et se frappant sur
le corps de son amant: ce qui la distingue parmi tout cela, c'est une certaine
candeur violente de créature encore intacte, une hardiesse à tout dire qui sent
la fille de roi et l'enfant trop adulée, toute pleine à la fois d'illusions et
d'orgueil: qui est passionnée, mais qui n'est pas tendre, l'expérience
amoureuse lui manquant, et qui n'a pas de pitié. Et ainsi elle garde, au milieu
de sa démence d'amour, son caractère de vierge, de grande fille hautaine et
mal élevée,—absoute de son crime par son ingénuité quand même,—et par
son atroce souffrance.

De même, Oreste est encore autre chose qu'un possédé de l'amour, qui aime
comme l'on hait; capable de tuer; capable auparavant de dire, lorsqu'il croit
qu'Hermione va être à Pyrrhus:

> Tout lui rirait, Pylade, et moi, pour mon partage,
> Je n'emporterais donc qu'une inutile rage?
> J'irais loin d'elle encor tâcher de l'oublier?
> Non, non, à mes tourments je veux l'associer.
> C'est trop gémir tout seul. Je suis las qu'on me plaigne.
> Je prétends qu'à mon tour l'inhumaine me craigne
> Et que ses yeux cruels à pleurer condamnés
> Me rendent tous les noms que je leur ai donnés.

Il est, dis-je, autre chose encore. Autre chose aussi que l'amant ténébreux et
mélancolique que l'on rencontre quelquefois dans les romans du XVIIe
siècle. Il me paraît le premier des héros romantiques. C'est déjà l'homme fatal,

qui se croit victime de la société et du sort, marqué pour un malheur spécial, et qui s'enorgueillit de cette prédestination et qui, en même temps, s'en autorise pour se mettre au-dessus des lois. C'est déjà le réfractaire, le révolté aux déclamations frénétiques. Notez que Racine a pris Oreste avant le temps où il venge sur sa mère le meurtre de son père. Ce n'est pas encore l'homme poursuivi par les Furies. Ses Furies ne sont qu'en lui-même: c'est sa passion, son orgueil, les sombres plaisirs du désespoir, le goût de la mort...

> J'ai mendié la mort chez des peuples cruels
> Qui n'apaisaient leurs dieux que du sang des mortels.
> Ils m'ont fermé leur temple; et ces peuples barbares
> De mon sang prodigué sont devenus avares.

Pylade lui dit, comme un ami de Werther dirait au héros de Gœthe:

> Surtout je redoutais cette mélancolie
> Où j'ai vu si longtemps votre âme ensevelie.

Oreste dit, comme pourrait dire René:

Je me livre en aveugle au destin qui m'entraîne;

et, comme pourrait dire Antony:

> Mon innocence enfin commence à me peser.
> Je ne sais de tout temps quelle injuste puissance
> Laisse le crime en paix et poursuit l'innocence.
> De quelque part sur moi que je tourne les yeux,
> Je ne vois que malheurs qui condamnent les dieux.

(La seule différence, c'est qu'Antony dirait: «qui condamnent la société».)

Jusque dans la splendide déclamation par où commence l'accès de folie d'Oreste:

> Grâce aux dieux, mon malheur passe mon espérance.
> Oui, je te loue, ô Ciel, de ta persévérance.
> Appliqué sans relâche au soin de me punir,
> Au comble des douleurs tu m'as fait parvenir
> Ta haine a pris plaisir à former ma misère.
> J'étais né pour servir d'exemple à ta colère,
> Pour être du malheur un modèle accompli.
> Eh bien, je meurs content et mon sort est rempli;

jusque dans ces vers enragés, il y a à la fois une absurdité et une satisfaction de soi où les héros romantiques se reconnaîtraient. Une absurdité, ai-je dit: car ce malheur insigne, unique, pour lequel Oreste maudit solennellement tous les dieux, c'est la vulgaire aventure d'avoir aimé sans être aimé; et quant au crime d'avoir, par jalousie, laissé assassiner son rival (car le faible garçon n'a pas eu le courage de frapper lui-même), en quoi rend-il Oreste si intéressant? Mais on sent qu'Antony et Didier parleraient comme lui, et s'enorgueilliraient de leur lâcheté comme d'une infortune sublime.

Oui, Oreste déjà porte en lui une tristesse soigneusement cultivée, une désespérance littéraire, une révolte vaniteuse, qui, cent cinquante ans après lui, éclateront dans la littérature romantique. Seulement, tandis que les romantiques crédules exalteront, sous le nom d'Antony ou de Trenmor, ce type de fou et de dégénéré et le prendront pour un héros supérieur à l'humanité, Racine, quelque faiblesse secrète qu'il ait peut-être pour lui, ne le considère que comme un malade et ne nous le donne en effet que pour un malheureux voué à la folie et qu'on emporte sur une civière après son accès:

> Sauvons-le: nos efforts deviendraient impuissants
> S'il reprenait ici sa rage avec ses sens.

Bref, le romantisme intégral est quelquefois chez Racine: mais il y est donné pour ce qu'il est: pour un cas morbide.

Reste Pyrrhus. Il est formé de contrastes. C'est un sauvage, un brûleur de villes, un tueur de jeunes filles et d'enfants. Hermione, au quatrième acte, lui jette ses exploits à la face. Le fond de ses discours à Andromaque, c'est: «Je vous aime, épousez-moi, ou je livre votre fils pour être égorgé.» C'est un jeune chef de clan dans un temps de légende. D'autre part (et pourquoi pas? tel courtisan de Versailles n'avait-il pas été, à la guerre, un rude tueur?) Pyrrhus est poli, d'élégance raffinée dans ses propos, et parle quelquefois la langue de la galanterie au XVIIe siècle:

> Brûlé de plus de feux que je n'en allumai.

Dans la scène charmante qui termine le deuxième acte, c'est un bon jeune homme, naïvement amoureux, qui trahit presque comiquement son inquiétude, son espoir, son dépit. Parmi les contemporains, les uns le trouvaient trop violent et trop sauvage, et les autres trop doucereux. Mais qu'il est vrai avec tout cela, dans ses emportements et dans ses faiblesses, dans ses générosités et dans ses lâchetés, dans ses mauvaises actions et dans ses gestes chevaleresques! Quand, ayant cyniquement trahi sa promesse, il tient à revoir Hermione, à s'accuser devant elle et à reconnaître son crime, soit par un obscur besoin de se confesser, ou de se faire dire ses vérités et, par là, d'expier un peu, soit par une bravade de criminel ou simplement pour voir, voir de ses yeux, la figure de sa victime… oh! que cela paraît humain, et va loin dans l'observation de notre abominable cœur!

Je disais autrefois qu'il y avait vingt-cinq siècles entre le langage de Pyrrhus et certains de ses actes. Au fait, ne pourrait-on pas le dire d'Andromaque elle-même? Il y a, dans un coin de la pièce où on les remarque peu, ces quatre vers (Oreste parle d'Astyanax):

J'apprends que pour ravir son enfance au supplice,
Andromaque trompa l'ingénieux Ulysse,
Tandis qu'un autre enfant, arraché de ses bras,
Sous le nom de son fils fut conduit au trépas.

Ainsi Andromaque a fait tuer un autre enfant pour sauver le sien; et cependant, c'est la pure, douce et vertueuse Andromaque.

Oui, quelquefois, chez ces personnages qui sentent et parlent comme des contemporains de Racine et comme nous-mêmes quand nous parlons très bien, tel trait se distingue, qui appartient à des mœurs et à une civilisation encore primitives et rudes. Mais ces dissonances sont rares: et même, sont-ce des dissonances? La suppression d'une vie humaine par intérêt dynastique ou raison d'État, est-ce que cela n'est point pratiqué dans des civilisations très avancées? Est-ce que cela ne pourrait absolument plus se voir aujourd'hui? Cela, ou des choses analogues?—En tout cas, ne peut-on pas dire que ces traits de dureté primitive, qui nous reportent subitement aux temps homériques, ne font, lorsqu'on s'y arrête, que donner du lointain à des figures que, par tous leurs autres traits, le poète a rapprochées de nous?

Mais, que parfois il les éloigne, ou que plus souvent il les rapproche, ce n'est pas, croyez-le bien, par ignorance ou inattention, mais sciemment et de propos délibéré, afin que ces figures, tout en gardant leur caractère individuel, soient, pour ainsi dire, contemporaines d'une longue série de siècles.

Assurément, l'histoire et l'archéologie ont, depuis deux cents ans, fait quelques découvertes; et je ne dis pas que Racine se représente le costume, les armes et les casques des héros de la guerre de Troie aussi exactement que nous le pouvons faire depuis les fouilles de Schliemann. Mais, n'allons pas nous y tromper, Racine et, en général, les gens du XVIIe siècle, concevaient très bien les différences des époques, des «milieux», des civilisations. Moins documentés que nous, ils avaient aussi bien que nous la notion de la couleur historique, et même de ce que nous avons appelé la couleur locale. Les romantiques étaient un peu naïfs de croire qu'ils l'avaient inventée. En réalité, le XVIIe siècle n'a cessé de discuter sur cette matière. La vérité historique, celle des mœurs, du langage, du costume, Saint-Évremond en parle continuellement. Dans sa lettre sur *Alexandre*, Saint-Évremond écrivait que «le climat change les hommes comme les animaux et les productions, influe sur la raison comme sur les usages, et qu'une morale, une sagesse particulière à la région y semble régler et conduire d'autres esprits dans un autre monde». (On peut même trouver que Saint-Évremond exagère.) Et le vieux Corneille, et tous les ennemis de Racine lui reprochent régulièrement que ses Grecs, ses Romains et ses Turcs ressemblent à des courtisans français; et Racine se défendra là-dessus dans plusieurs de ses préfaces.

Les hommes instruits du XVIIe siècle n'étaient pas plus bêtes que nous, je vous assure. Ils étaient déjà avertis de bien des choses. Un des plus intelligents et des plus fins fut ce Guilleragues, à qui Boileau a adressé une de ses meilleures épîtres, et à la fois des plus savoureuses et des plus philosophiques. Boileau le qualifie en ces termes:

> Esprit né pour la cour, et maître en l'art de plaire,
> Guilleragues, qui sais et parler et te taire.

M. de Guilleragues fut ambassadeur de France à Constantinople de 1679 à 1685. Il avait pu contrôler la vérité de la couleur dans *Bajazet*. Il écrivait à Racine, le 9 juin 1684:

> Vos œuvres, plusieurs fois relues, ont justifié mon ancienne admiration. Éloigné de vous, monsieur, et des représentations qui peuvent en imposer… vos tragédies m'en ont paru encore plus belles et plus durables. La vraisemblance en est merveilleusement observée, avec une profonde connaissance du cœur humain dans les différentes crises des passions.

Or—et c'est où j'en voulais venir—Guilleragues avait visité les pays où se passent la plupart des tragédies de Racine, et voici ce qu'il en disait:

> Dieu me préserve de traiter la respectable antiquité comme Saint-Amant a traité l'ancienne Rome (dans *Rome ridicule*); mais vous savez mieux que moi que, dans ce qu'ont écrit les poètes et les historiens, ils se sont plutôt abandonnés au charme de leur brillante imagination qu'ils n'ont été exacts observateurs de la vérité…

> Le Scamandre et le Simoïs sont à sec dix mois de l'année: leur lit n'est qu'un fossé… L'Hèbre est une rivière de quatrième ordre. Les vingt-deux royaumes de l'Anatolie, le royaume de Pont, la Nicomédie donnée aux Romains, l'Ithaque, présentement l'île de Céphallonie, la Macédoine, le terroir de Larisse et celui d'Athènes ne peuvent jamais avoir fourni la quinzième partie des hommes dont les historiens font mention. Il est impossible que tous ces pays, cultivés avec tous les soins imaginables, aient été fort peuplés. Le terrain est presque partout pierreux, aride et sans rivière. On y voit des montagnes et des côtes pelées, plus anciennes assurément que les plus anciens écrivains. Le port d'Aulide, absolument gâté, peut avoir été très bon mais il n'a jamais pu contenir un nombre approchant de deux mille vaisseaux ou simples barques…

Je croirais volontiers que les historiens se sont imaginé qu'il était plus beau de faire combattre trois cent mille hommes que vingt mille, et vingt rois plutôt que vingt *petits seigneurs*.

Et le sagace diplomate conclut:

Dans le fond, les grands auteurs, par la seule beauté de leur génie, ont pu donner des charmes éternels, et même l'être aux royaumes, le nombre aux armées, et la force aux simples murailles. Ils ont laissé de grands exemples de vertu comme de style, fournissant ainsi leur postérité de tous ses besoins... *Il n'importe guère de quel pays soient les héros.*

Je trouve cette lettre admirable de sens critique et de liberté d'esprit.—Racine, pieux commentateur d'Homère, sait aussi que Pyrrhus n'a pu être qu'un «petit seigneur», selon le mot de Guilleragues. Il sait que le petit château-fort habité par ce jeune chef ne pouvait ressembler à la cour de Versailles. Mais il sait qu'après tout, des vassaux autour d'un chef, c'est encore une cour et que, partout où il y a une cour, il y a un cérémonial. Et il ne craint donc pas de parler de la «cour de Pyrrhus».

Vous vous rappelez que Leconte de Lisle, traduisant Eschyle, ne le trouve pas assez sauvage et, pour nous étonner, rend l'*Orestie* plus atroce qu'elle n'est dans le texte grec. La «couleur locale», il en remet!—Racine pense, tout au contraire, qu'il importe à notre plaisir que nous ayons le plus possible de pensées, de sentiments et de façons d'être en commun avec ces personnages que leur nom et leur légende placent si loin de nous. Il les tire donc à nous discrètement. Et je crois qu'il a raison. Mais, ce qui est sûr, c'est qu'il ne le fait pas par ignorance, comme des ignorants l'ont cru; et son procédé n'est pas moins réfléchi et voulu que l'artifice opposé du Parnassien solennel et naïf.

En somme, antique et même préhistorique par ses origines, dont le poète conserve soigneusement les traces; grecque par la simplicité, la netteté, l'eurythmie; moderne par la connaissance et l'expression totale des «passions de l'amour», *Andromaque* est la première de nos tragédies «où nous nous retrouvions tout entiers» (Brunetière), et avec notre âme d'aujourd'hui, et avec nos âmes héritées, celles des ancêtres de notre race. Ah! le pur chef-d'œuvre que cette tragédie, que ce chaste drame d'héroïque piété conjugale et maternelle, entrelacé à ce terrible drame d'amour meurtrier! Et puis *Andromaque* respire si bien l'ardente et charmante jeunesse du poète! Il y montre l'audace et la sûreté d'un archer divin.—Pas un vers dans les rôles d'Hermione et d'Oreste qui n'exprime, en mots rapides et forts comme des coups d'épée, les illusions, les souffrances, l'égoïsme, la folie et la méchanceté de l'amour: en sorte qu'on y trouverait la psychologie complète de l'amour-passion et de la jalousie.—Et, dans le rôle d'Andromaque, que de beaux vers simples et doux, qui traduisent, sous la forme la plus limpide et la plus noble, les sentiments les plus tendres, les plus fiers, les plus douloureux! Que de vers qui semblent éclos sans effort, comme de grandes fleurs merveilleuses, comme des lis!

Phèdre sera plus complexe, plus macérée dans la passion: mais nous ne retrouverons plus la fraîcheur de cet enchantement.

SIXIÈME CONFÉRENCE

«LES PLAIDEURS».—«BRITANNICUS»

Je crains de ne vous avoir pas encore assez dit à quel point *Andromaque* fut une chose originale et nouvelle. Vraiment, elle introduisit l'amour—l'amour tout entier—non seulement sur notre scène, mais dans notre littérature. Pour vous en faire quelque idée, il faut que vous songiez à un autre très grand poète, étranger, et que Racine ne connaissait probablement pas même de nom. Ce que Shakespeare avait fait pour l'amour dans trois ou quatre de ses drames, là-bas, sous une autre forme et selon une autre poétique, Racine, à vingt-sept ans, l'a fait chez nous. Rien de moins en vérité.

On ne sut pas nettement combien c'était neuf et beau. Néanmoins, on s'en douta. Le succès fut très grand. «*Andromaque*, dit Charles Perrault, fit à peu près autant de bruit que le *Cid*.» La pièce avait d'abord été jouée à la cour, devant «Leurs Majestés» et quantité de seigneurs et de dames. La duchesse d'Orléans l'avait, nous dit Racine, «honorée de ses larmes». Le jeune roi, d'un si grand goût, aime et défend *Andromaque*, comme il défendra *les Plaideurs* et *Britannicus*.

On en fait une parodie: *la Folle Querelle*, de Subligny, que Molière, brouillé avec Racine,—vous vous en souvenez,—joue sur son théâtre. La parodie est stupide, mais elle atteste la vogue extraordinaire de la pièce. Dans la famille où Subligny nous transporte, *Andromaque* est le sujet de toutes les conversations; on en parle au salon, dans l'antichambre, à la cuisine, jusque dans l'écurie. «Cuisinier, cocher, palefrenier, laquais, et jusqu'à la porteuse d'eau en veulent discourir.» «Bientôt, dit un des personnages de la comédie, la contagion gagnera le chien et le chat du logis.» Une maîtresse demande-t-elle sa femme de chambre: celle-ci, répond un laquais, «est occupée à faire l'Hermione contre le cocher dont elle est coiffée». Un maître reproche-t-il à son valet d'avoir mal compris un ordre: «Monsieur, dit le valet, j'ai fait comme Oreste, qui ne laisse pas de tuer Pyrrhus, quoique Cléone lui ait été dire qu'il n'en fasse rien.»

Naturellement, Saint-Évremond, du fond de son exil bavard, dit son mot. Cet homme d'esprit, et qui avait même quelquefois plus que de l'esprit, restait si attaché au Paris de sa jeunesse et à ses admirations des temps heureux, que sans doute il ne pouvait consentir qu'il se fît quelque chose de tout à fait bien depuis qu'il n'était plus là. Il écrit donc, dans sa réponse à Lionne qui lui avait envoyé *Andromaque* (et son jugement est d'un homme qui ne veut absolument pas céder à son plaisir):

> Cette tragédie a bien l'air des belles choses; il s'en faut
> presque rien qu'il n'y ait du grand. Ceux qui n'entreront pas

assez dans les choses l'admireront, ceux qui veulent des beautés pleines y chercheront *je ne sais quoi*[5] qui les empêchera d'être tout à fait contents.

Et je ne vous dirai pas ce que c'est, puisque Saint-Évremond ne le sait pas lui-même.

En somme, Racine ne dut pas, cette fois, trop souffrir des critiques. Il dut jouir de tout ce bruit. Le succès est là, réel, affirmé par le nombre des représentations, concret, retentissant. Au reste, Racine ne s'oublie ni ne s'abandonne. En voilà un qui s'est défendu jusqu'au jour de la conversion et du renoncement! Le duc de Créqui et le comte d'Olonne se faisaient remarquer parmi les détracteurs de la pièce. Racine, très hardiment, fait courir contre ces deux grands seigneurs l'atroce épigramme que l'on connaît:

> La vraisemblance est choquée en ta pièce,
> Si l'on en croit et d'Olonne et Créqui.
> Créqui dit que Pyrrhus aime trop sa maîtresse.
> D'Olonne qu'Andromaque aime trop son mari;

rappelant ainsi que Créqui n'aimait pas les femmes, et que d'Olonne était immensément trompé par la sienne. (Voir Bussy-Rabutin).

Bref, Racine triomphe. Et il est également heureux dans ses amours. Mademoiselle du Parc est publiquement sa maîtresse; elle a quitté la troupe de Molière à Pâques 1667 et s'est engagée à l'hôtel de Bourgogne pour y jouer Andromaque.

Racine, à cette époque, est si content d'être au monde, qu'il s'amuse à écrire *les Plaideurs*.

* * * * *

Ce n'était, à ses yeux, qu'un amusement à l'occasion d'un procès qu'il soutient contre des moines comme prieur de l'Épinay (car il avait fini par attraper un bénéfice); procès, dit-il lui-même, «que ni mes juges ni moi n'avons jamais entendu», et que d'ailleurs il perdit.

Racine emprunte aux *Guêpes* d'Aristophane quelques-uns des traits de sa bouffonnerie, quoique entre les juges d'Athènes et les juges de France, il n'y eût guère de commun que la vénalité quelquefois, et aussi le pli professionnel, la fureur de juger. Vous savez qu'à Athènes, au temps d'Aristophane, tout citoyen pouvait être juge, pourvu qu'il eût trente ans révolus; que les juges, au nombre de six mille (ce qui semble folie pure), étaient annuellement désignés par le sort et répartis entre dix tribunaux criminels ou civils (l'Aréopage, ou cour supérieure, non compris); que les juges recevaient trois oboles par jour, et que, tenant ce salaire du parti au pouvoir, c'est-à-dire des démagogues, et ce salaire, d'autre part, suffisant mal à les faire vivre, il leur était peu habituel de juger soit avec indépendance, soit avec intégrité. C'était un drôle de gouvernement que celui d'Athènes, car c'était un gouvernement parfaitement démocratique. Il est vrai qu'il n'y avait que vingt mille citoyens environ, mais peut-être cent mille esclaves, et un assez riche domaine public. Cela permettait quelques fantaisies. Néanmoins le régime vécut mal et dura peu.

Racine a pris dans *les Guêpes* peu de chose en somme: le juge qui saute par la fenêtre et reparaît à la cave ou au grenier, le chien criminel et les larmes de sa famille. Pour le reste, il se contente de l'intrigue traditionnelle des farces italiennes, de celle même des farces de Molière: l'amoureux déguisé en robin et faisant signer un contrat de mariage au vieux plaideur qui croit signer un procès-verbal. C'est l'Amour commissaire, au lieu de l'Amour peintre ou de l'Amour médecin.

> Moitié en m'encourageant, moitié en mettant eux-mêmes la main à l'œuvre (ceci se passait au cabaret), mes amis me firent commencer une pièce qui ne tarda pas à être achevée.

Furetière dut fournir quelques traits: ceux qui se trouvent dans son *Roman bourgeois* (1666). Despréaux apporta la scène de la dispute de Chicaneau et de la comtesse, qui s'était passée sous ses yeux, chez son frère Boileau le greffier. La comtesse de Pimbêche, c'était la comtesse de Crissé, attachée à la maison de la duchesse douairière d'Orléans, et vieille plaideuse connue pour sa manie. La «pauvre Babonnette», celle qui emporte les serviettes du buvetier du Palais, c'était la femme du lieutenant criminel Tardieu, celle que Boileau placera dans sa dixième satire. Perrin-Dandin à sa lucarne rappelait un vieux juge bizarre du temps du feu roi Louis XIII, un monsieur Portail, conseiller au Parlement, dont Tallemant des Réaux nous dit:

> Il était fort homme de bien, mais fort visionnaire. Il avait retranché son grenier et y avait fait son cabinet et ne parlait aux gens que par la fenêtre de ce grenier.

Et l'éloquence solennelle et ridicule de l'Intimé et de Petit-Jean aidé par le souffleur, c'était l'éloquence de beaucoup d'avocats d'alors, comme on le peut voir dans les *Historiettes* de Tallemant, au chapitre *Avocats*.

L'avocat Galant, après avoir divisé son plaidoyer, commençait toujours par ce vers:

Has meus ad metas currat oportet equus.

Un autre disait: «Messieurs, cette pauvre femme n'a pas de pain, que les Grecs appellent [Grec: ton arton]. (Ceci doit être inventé, mais je n'en suis pas sûr.) L'avocat La Martellière commença un plaidoyer pour l'Université contre les jésuites par la bataille de Cannes. Un autre commença son plaidoyer par «de roi Pyrrhus…» Le président lui dit: «Au fait! au fait!» Un jeune avocat, plaidant contre un homme qui avait coupé quelques chênes, alla rechercher tout ce qu'il y a dans l'antiquité à l'avantage des chênes. Les druides ni les chênes de Dodone n'y furent oubliés. L'autre avocat, qui l'avait laissé jaser, dit: «Monsieur, il s'agit de quatre chêneaux que ma partie a coupés et qu'il offre de payer au dire d'expert.»

Racine se souvint de tout cela. Peut-être songeât-il aussi, tout bas, à son maître Antoine Lemaître, dont les plaidoyers passaient pour chefs-d'œuvre en leur temps, mais qui manquaient vraiment de simplicité. (Le pédantisme, tout chaud encore de la Renaissance, reste énorme pendant la première moitié du XVIIe siècle et encore un peu par delà.) Mais Racine s'est surtout servi de Gautier la Gueule, qui venait de publier deux volumes de ses plaidoyers. L'Intimé reproduit très exactement un de ses exordes (d'ailleurs imité du *Pro Quintio* de Cicéron, où l'on doit dire qu'il est à sa place):

> Messieurs, tout ce qui peut étonner un coupable,
> Tout ce que les mortels ont de plus redoutable
> Semble s'être assemblé contre nous par hasard,
> Je veux dire la brigue et l'éloquence. Car
> D'un côté le crédit du défunt m'épouvante,
> Et de l'autre côté l'éloquence éclatante
> De maître Petit-Jean m'éblouit…

Ainsi *les Plaideurs* étaient une farce débridée, agressive, toute pleine d'allusions à des personnes et où Corneille lui-même était parodié:

> Ses rides sur mon front ont gravé ses *exploits*…
> Viens, mon sang, viens, ma fille!…
> Achève, prends ce sac…

Elle dut faire scandale devant le public d'alors, fort restreint en somme, qui était au courant de toutes les historiettes et anecdotes et comprenait toutes les allusions. En outre, il est assez probable que bon nombre de juges, de procureurs, d'avocats et de basochiens vinrent «cabaler» contre la pièce. Quoi qu'il en soit, Valincour raconte qu'aux deux premières représentations les acteurs furent presque sifflés et n'osèrent pas hasarder la troisième. Nous dirions aujourd'hui que *les Plaideurs* furent «un four noir».

Mais, un mois après, le roi vit *les Plaideurs* à Saint-Germain.

Le roi fut ravi. Le roi savoura ces vers:

> Qu'est-ce qu'un gentilhomme? Un pilier d'antichambre.
> Combien en as-tu vu, je dis des plus huppés,
> À souffler dans leurs doigts dans ma cour occupés,

Le manteau sur le nez ou la main dans la poche,
Enfin pour se chauffer venir tourner ma broche!...

Le roi admira les us et coutumes de la justice dans son beau royaume:

Prends-moi dans mon clapier trois lapins de garenne
Et chez mon procureur porte-les ce matin.
Si son clerc vient céans, fais-lui goûter mon vin.
... Il viendra me demander peut-être
Un grand homme sec, là, qui me sert de témoin
Et qui jure pour moi lorsque j'en ai besoin...

Et encore:

Monsieur, je suis cousin de l'un de vos neveux.
Monsieur, Père Gordon vous dira mon affaire.
Monsieur, je suis bâtard de votre apothicaire.
... Deux bottes de foin, cinq à six mille livres!

Le roi goûta la galanterie du bon juge:

Dis-nous, à qui veux-tu faire perdre la cause?
—À personne.—Pour toi je ferai toute chose,
Parle donc.—Je vous ai trop d'obligation.
—N'avez-vous jamais vu donner la question?
—Non, et ne le verrai, que je crois, de ma vie.
—Venez, je vous en veux faire passer l'envie.
—Hé! monsieur, peut-on voir souffrir des malheureux?
—Bon! cela fait toujours passer une heure ou deux.

Le roi apprécia tous ces traits, qui n'avaient assurément rien de timide. Il n'abolit point la torture, institution de tant de siècles. Il n'ajouta rien, que je sache, à l'ordonnance civile de 1667 par laquelle il avait voulu corriger les dérèglements de la justice. Mais il fut charmé que Racine traitât sa magistrature comme le gouvernement de la troisième République ne laisserait pas traiter la sienne au théâtre; et pourtant!...

Il fit, dit Valincour, de grands éclats de rire. Et toute la cour, qui juge ordinairement mieux que la ville, n'eut pas besoin de complaisance pour l'imiter. Les comédiens, partis de Saint-Germain dans trois carrosses, allèrent porter cette bonne nouvelle à Racine. Trois carrosses après minuit, et dans un lieu où il ne s'en était jamais tant vu ensemble, réveillèrent le voisinage. On se mit aux fenêtres; et comme on vit que les carrosses étaient à la porte de Racine, et qu'il s'agissait des *Plaideurs*, des bourgeois se persuadèrent qu'on venait l'enlever pour avoir mal parlé des juges. Tout Paris le crut à la Conciergerie le lendemain.

Mais, au contraire, *les Plaideurs*, ayant plu au roi et à la cour, furent repris à la ville avec un très grand succès.

Les Plaideurs, que Racine avait destinés d'abord au Théâtre-Italien, ne sont qu'un amusement, oui, mais d'un génie charmant, et au moment où ce génie était dans toute l'ivresse de sa jeune force. Si l'on considère le dialogue, je ne vois rien, au XVIIe siècle, de cette verve et de cet emportement de guignol presque lyrique. Ce dialogue si rapide et si coupé, je crois bien que nous ne le retrouverons plus (sauf dans Dufresny peut-être) jusqu'au dialogue en prose de Beaumarchais. Et puis, je suis bien obligé de remarquer que cette folle comédie est *la seule* de ce temps qui vise, non plus seulement des mœurs, mais une institution.

Mais surtout, la forme des *Plaideurs* est unique. Elle est beaucoup plus «artiste», comme nous dirions aujourd'hui, que celle de Molière. *Les Plaideurs* sont la première comédie (cela, j'en suis très sûr) où le poète tire des effets pittoresques ou comiques de certaines irrégularités voulues ou particularités de versification: enjambements, dislocation du vers, ou rimes en calembour:

Et voilà comment on fait les bonnes maisons. / Va,
Tu ne seras qu'un sot…
Mais j'aperçois venir madame la comtesse
De Pimbêche. / Elle vient pour affaire qui presse
… Bon! c'est de l'argent *comptant.*
J'en avais bien besoin. «Et de ce non content
Aurait avec le pied réitéré…»
… Monsieur ici *présent*
M'a d'un fort grand soufflet fait un petit *présent.*
… Et vous, venez au fait. / Un mot
Du fait…
Et quand il serait vrai que Citron ma *partie*
Aurait mangé, messieurs, le tout ou bien *partie*
Dudit chapon, / qu'on mette en compensation
Ce que nous avons fait avant cette action.
Quand ma partie a-t-elle été réprimandée?
Par qui votre maison a-t-elle été gardée?
Quand avons-nous manqué d'aboyer au larron?
Témoin trois procureurs, dont icelui Citron
A déchiré la robe. On en verra les *pièces.*
Pour nous justifier voulez-vous d'autres *pièces*?…

Et cætera.

Au reste, toute la versification des *Plaideurs* est une joie. Et ces jeux de prosodie, vous ne les trouverez pas dans les comédies de Molière, ni dans celles de Quinault ou de Montfleury, ni dans celles de Regnard. Chose étrange: cette fantaisie prosodique des *Plaideurs*, c'est seulement le drame romantique de Hugo qui la reprendra; et c'est, sur un autre ton et avec une autre couleur, Banville dans ses petites comédies lyriques et funambulesques.

Et je suis désolé, pour ma part, que Racine n'ait point écrit d'autre comédie que les *Plaideurs*.

Mais il croyait avoir mieux à faire. Il était évidemment agacé de deviner partout cette idée:

«Oui, sans doute, ce garçon fait bien parler l'amour: mais tout de même cela n'est pas si fort que notre vieux Corneille. Ah! les tragédies historiques! Ah! les pièces, sur la politique et sur les Romains!» Je suis persuadé qu'une des choses qui ont le plus irrité Racine, ce sont les consultations d'outre-Manche de ce vieux bel esprit de Saint-Évremond, qui, en dernier lieu, avait eu l'aplomb de mettre *Attila* au-dessus d'*Andromaque*. Racine songea: «Vous voulez de l'histoire, et notamment de l'histoire romaine? Eh bien, attendez!»

Mais, naturellement, le réaliste Racine ne choisit pas un sujet à grands sentiments ni à grandes joutes oratoires imitées du *Conciones*. Il ne devait goûter ni les *Mort de Pompée*, ni les *Sertorius*, ni les *Othon*; et ce n'est pas seulement chez les avocats que l'emphase déplaisait à l'auteur du troisième acte des *Plaideurs*. Il feuillette Tacite; et ce qu'il en retient, c'est encore un drame privé. Mais quel drame! Un des plus atroces de tous, et qui a pour protagonistes deux des âmes les plus souillées et les plus scélérates qu'ait jamais formées—avec les trois concupiscences (des yeux, de la chair et de l'esprit)—la folie de la toute-puissance: Agrippine et Néron.

Il choisit merveilleusement leur point de rencontre. C'est le moment de leur premier heurt: Agrippine est à la fin de ses crimes, Néron au commencement des siens. Aux gestes présents d'Agrippine s'ajoute toute une perspective d'ignominies dans le passé; à ceux de Néron toute une perspective de forfaits dans l'avenir. Par un procédé où excelle ce génie, si fort sous une forme qui se contient, il nous fait entendre plus d'horreurs encore qu'il n'en exprime. Chaque scène s'amplifie dans notre esprit, et de toutes les horreurs qu'elle rappelle, et de toutes celles qu'elle présage.

Le drame est tout en scènes familières, presque de comédie, n'était l'image de la mort partout aperçue et l'attente du dénouement sanglant. Le début est bien frappant: cette impératrice mère qui rôde au petit jour dans les couloirs du palais pour tâcher de surprendre au saut du lit son fils qui se cache d'elle... Cela n'est-il pas dans la couleur de certaines scènes de Saint-Simon? Au second acte, c'est le terrible éveil de la passion de Néron, et la scène cruelle où, tout de suite, il torture la femme qu'il veut avoir. Au troisième acte, c'est la généreuse bravade du petit Britannicus, et son assassinat résolu. Au quatrième, la suprême tentative d'Agrippine, l'audacieuse confession générale par où elle essaye d'épouvanter et de reprendre son fils, puis la dernière hésitation de Néron entre les deux voies ouvertes. Au cinquième, l'empoisonnement pendant le dîner, la terreur dans la maison, la rencontre de Néron et d'Agrippine qui, dès lors, se sent perdue, et—seul ressouvenir, indirect et d'ailleurs charmant, de la civilisation chrétienne—la retraite de la pauvre petite Junie dans le couvent des Vestales. L'action est large, sans vaine complication, mais continue, et intense; *Britannicus* est une des tragédies de Racine qu'il vaut mieux avoir vu jouer, fût-ce médiocrement.

Laissons le jeune et fier Britannicus; la mélancolique et comprimée Junie, plus sérieuse que son âge, et qui semble, pour Britannicus, une grande sœur autant qu'une amante; et Burrhus, l'honnête homme circonspect, qui a bien du mal à maintenir son honnêteté parmi les concessions exigées par les nécessités d'État, mais qui la maintient tout de même; laissons aussi Narcisse, le tentateur de Néron, aussi bon psychologue, vraiment, que Iago. Les personnages les plus étonnants, c'est encore Agrippine et Néron.

Racine les a exprimés tout entiers dans le moment où il les a saisis. Ce qu'il nous montre ici pleinement, c'est, d'une part, le caractère féminin dans le crime et l'ambition; et c'est, d'autre part, l'action dissolvante du poison de la toute-puissance dans un jeune homme extrêmement vaniteux et qui se pique d'art.

* * * * *

Agrippine est une femme, belle et encore assez jeune. Je rappelle cela parce que nous nous représentons volontiers les grandes ambitieuses de l'histoire comme des créatures désexuées. C'est une erreur. Si Elisabeth, la reine vierge, fut peut-être une «virago», Catherine, lady Macbeth, et, selon toute apparence, la reine Sémiramis, sur qui j'ai peu de lumières, furent très profondément femmes. Agrippine pareillement.

Elle eut souci, nous dit Tacite, de sa tenue extérieure, et elle ne se prostitua jamais qu'à bon escient. Mais nous voyons que, dans toutes ses entreprises, son sexe fut son principal instrument d'action. Encore enfant, elle se donne au vieux Lépide parce qu'il était riche. Cette orgueilleuse, qui se vantait d'être la seule, jusque-là, qui eût été «fille d'un César, sœur, épouse et mère de César», se donne à l'affranchi Pallas, parce que Pallas a l'oreille de Claude. Pendant des années, avant d'être la femme du vieil empereur, elle est sa maîtresse patiente et soumise. Et plus tard, quand elle sent que Néron lui échappe, vous savez par quels moyens elle essaye de le reprendre… «voluptueusement parée et prête à l'inceste». (Et cela n'est pas seulement dans Tacite et Suétone, mais était dans Fabius Rusticus et dans Cluvius.)

L'espèce même (outre les moyens) de son ambition fut bien féminine. Elle paraît avoir tenu beaucoup plus aux titres, aux honneurs et à l'argent qu'à la réalité du pouvoir. Elle «régna» pendant quelque temps, mais ce fut Pallas qui gouverna.

Après des années d'intrigues ténébreuses et de crimes secrets, tout à coup, femme encore en cela, aussi insolente et intempérante dans le triomphe qu'elle avait été patiente et tenace dans la lutte, elle n'a rien de plus pressé que de compromettre son ouvrage par la façon inconsidérée dont elle en jouit. Elle éclate d'orgueil et d'arrogance. Elle a la niaiserie d'exiger, avant tout, des égards. Ce qu'il lui faut, c'est que Néron donne pour «mot d'ordre» aux prétoriens: «la meilleure des mères», c'est de s'asseoir à côté de lui sur le trône et de recevoir avec lui les ambassadeurs. C'est de croire qu'elle préside le Sénat, derrière son rideau, et de s'y laisser deviner. Elle pousse des cris d'aigle quand Néron lui enlève sa garde germanique. Peut-être en s'effaçant eût-elle continué à gouverner son fils. Mais sa rage de présider et de paraître l'emporte. Le pouvoir, pour elle, c'était le diadème, et des licteurs, et des statues dans les temples.

À mesure que son influence décroît, sa prudence diminue. Elle qui fut si constante et si suivie dans ses desseins, elle s'abandonne à de turbulentes contradictions. Lorsque Néron prend pour maîtresse la bonne Acté (je dis la bonne Acté parce que les historiens la soupçonnent d'avoir été quelque peu chrétienne), Agrippine jette d'abord les hauts cris. Mais, peu après, elle offre à Néron son propre appartement «pour cacher des plaisirs dont un si jeune âge et une si haute fortune ne sauraient se passer», et elle lui donne de l'argent tant qu'il en veut. Une autre fois, la complaisance ne lui ayant pas mieux réussi que la rigueur, elle éclate en colères de femme, en folles et stupides bravades. Elle crie «avec des gestes de forcenée» que Britannicus n'est plus un enfant, que c'est lui le légitime héritier de l'empire, que Néron n'est qu'un intrus: «… Je dirai tout, tout! à commencer par l'inceste et le poison. J'irai au camp, je présenterai Britannicus aux soldats. Ils entendront, d'un côté, la fille de Germanicus, et, de l'autre, ce manchot de Burrhus et ce cuistre de Sénèque. On verra!…» Elle prononce des mots irréparables. Visiblement elle a perdu la tête.

Voilà les traits dont Racine a formé son Agrippine. Tous y sont, excepté les complaisances de la mère pour les plaisirs du fils—et l'abominable geste d'Agrippine «prête à l'inceste». Cela, Racine l'a retranché, non par timidité d'esprit, mais par pudeur. En revanche, c'est lui qui a imaginé Agrippine guettant, le matin, le réveil de l'empereur, et aussi la confession de la mère au fils.

* * * * *

Et sur Néron aussi, il a su ou osé tout dire ou tout insinuer. Il n'a omis que le trait hideux de Néron adolescent souillant l'enfance de Britannicus. À part cela, tout le «monstre naissant» y est bien.

Son hérédité est indiquée:

> Je lis sur son visage
> Des fiers Domitius l'humeur triste et sauvage.

(On peut voir dans Suétone que son quatrième aïeul, son trisaïeul et son grand-père avaient été déjà des prodiges de méchanceté.) Donc, le fonds hérité est atroce. Toutefois, le monstre n'ayant encore que dix-huit ans, il garde quelque enfantillage:

> Narcisse, c'est en fait, Néron est amoureux.
> —Vous?—Depuis un moment, *mais pour toute ma vie.*

répond-il en bon jeune homme. Il se souvient aussi—encore un peu—des leçons de Sénèque, des déclamations d'école sur le juste et l'honnête. Et puis, il y a la décence officielle, les sentiments qu'il convient de paraître avoir. Mais déjà il ne parle qu'avec un dédain ironique de ses «trois ans de vertu». Au reste, son rôle est, pour une bonne moitié, de l'ironie la plus aiguë. Car c'est un garçon fort intelligent. Et c'est un poète et un artiste, cet adolescent vaniteux et sensuel que la toute-puissance rendra monstrueux. Nous voyons passer tour à tour les divers démons qui sont en lui: Plaisir de commander:

Je le veux, je l'ordonne!

Imagination romantique et voluptueuse:

> Excité d'un désir curieux,
> Cette nuit je l'ai vue arriver en ces lieux,
> Triste, levant au ciel ses yeux mouillés de larmes
> Qui brillaient au travers des flambeaux et des armes,
> Belle, sans ornement... Etc.
> J'aimais jusqu'à ces pleurs que je faisais couler...

Galanterie sèche et d'une fatuité élégante; puis, surgie tout à coup dès le premier obstacle qui s'oppose à son désir, cette cruauté dans l'amour, qui, portée à son plus haut degré, s'appellera le «sadisme», du nom d'un sinistre fou; c'est-à-dire le plaisir d'étendre son être en faisant souffrir, les sensations agréables ayant pour mesure la souffrance d'autrui, et le désir de sentir se confondant avec le désir de détruire...

> Et ce sont ces plaisirs et ces pleurs que j'envie...
> Caché près de ces lieux, je vous verrai, madame...
> Je me fais de *sa peine* une image charmante...

Et, après ces ironies et ces méchancetés froides, l'explosion de colère sous les mots dont le flagelle Britannicus, la menace d'arrêter tout le monde, et, dès lors, l'assassinat secrètement résolu; puis, le petit attendrissement devant les larmes et l'agenouillement de ce brave Burrhus; mais enfin, sous l'habile manœuvre de Narcisse, qui, tour à tour, chatouille la vanité de l'homme, l'orgueil du tout-puissant et son besoin de mépriser et, point plus sensible encore, son amour-propre de cocher et de chanteur,—Néron redevenant lui-même et de nouveau consentant au crime.

* * * * *

Oui, tout ce développement de deux âmes brillamment perverses,—Agrippine et Néron,—est très fort et très beau. Mais le plus beau est encore leur rencontre au quatrième acte, la confession de la mère au fils. Car, cette confession d'une audace étrange, Agrippine l'imagine pour arrêter Néron dans la voie criminelle; et il est clair qu'elle ne peut (après réflexion) que l'y précipiter.

Dans ce récit, qui est un pur chef-d'œuvre par la teneur, la contexture, la progression, par la concision éclatante du style, par la hardiesse de ce qui s'y trouve exprimé et par la hardiesse plus grande des sous-entendus, Agrippine confesse à son fils—à son fils!—toutes ses prostitutions et tous ses divers crimes, notamment l'empoisonnement de Claude:

> Je fléchis mon orgueil, *j'allai prier* Pallas…
> Silanus, qui l'aimait, s'en vit abandonné
> *Et marqua de son sang* ce jour infortuné…
> De ce même Pallas j'*implorai le secours*…
> L'exil me délivra des plus séditieux…
> Ses gardes, son palais, *son lit* m'étaient soumis…
> *De ses derniers soupirs je me rendis maîtresse*…
> Il mourut. *Mille bruits en courent à ma honte*…

Ce récit d'une si belle hardiesse apparaît en son lieu comme un moyen dramatique singulièrement puissant. Néron, en l'écoutant, doit se sentir lié par la complicité du crime, par une reconnaissance affreuse, et par la terreur de ce que pourrait faire contre lui une femme qui a fait pour lui tout cela… Agrippine, du moins, se le figure. Car—et ceci est admirable—elle a gardé, malgré tout, des crédulités; elle est mère à sa façon; elle aime Néron comme l'instrument de son pouvoir, mais tout de même aussi, un peu, comme son enfant; et nous la verrons tout à l'heure, après avoir conté ses souillures et ses meurtres à son petit, jouer naïvement à la maternité sentimentale:

> Par quels embrassements il vient de m'arrêter!
> Sa facile bonté, sur son front répandue.
> Jusqu'aux moindres secrets est d'abord descendue.

Il s'épanchait en fils qui vient en liberté
Dans le sein d'une mère oublier sa fierté…

Et cependant, après le grand récit, Néron n'a fait que persifler. Mais elle n'a rien vu, rien compris. Il était bien clair pourtant que Néron se sentait d'avance absous par l'étonnante confession maternelle. Ah! que ce récit donne bien la morale du drame! Comme nous concevons bien, nous, par cette revue du passé d'Agrippine, que les crimes de la mère expliquent, appellent, nécessitent les crimes du fils, et qu'ils auront dans ceux-ci leur fructification naturelle et, à la fois, leur inévitable châtiment! Et enfin, quelle perspective cela nous ouvre sur cette extraordinaire famille des Césars, sur cette famille de déments de la toute-puissance! Quelle superbe toile de fond, si je puis dire à la tragédie de Racine!

* * * * *

Cette «toile de fond» remplace avantageusement, à mon avis, la «couleur locale» chère aux romantiques.

Car, il y a bien, dans *Britannicus*, la couleur historique répandue dans les discours et les sentiments des personnages; il y a aussi, çà et là, des détails qui nous font sentir où nous sommes, dans quelle civilisation et dans quel milieu:

Elle a fait expirer un esclave à mes yeux…

Mais, de couleur locale comme l'entendaient les dramaturges et les romanciers de 1830, il n'y en a pas, Dieu merci! Et c'est une joie de ne trouver, dans *Britannicus*, ni laticlave, ni *rheda*, ni *lectisternium*, ni escargots de Phlionte, ni murènes, ni coquillages du lac Lucrin.

Elle était bien singulière, cette «couleur locale» des romantiques. Je pourrais vous parler de la «couleur locale» espagnole de *Ruy-Blas* ou de la «couleur locale» Renaissance de *Henri III et sa Cour*. Mais, puisqu'il s'agit de la Rome impériale, je préfère emprunter à un consciencieux élève de Hugo et de Dumas un petit morceau d'un drame romain. Le jeune Caligula raconte à son oncle Tibère comment il passait son temps à Rome:

> J'allais tous les jours à la porte Capène, ce rendez-vous
> élégant de l'opulence et de la noblesse romaine; c'est un
> coup d'œil fort brillant… Des sénateurs, drapés de pourpre,
> se promènent en litière…; dans les lourdes rhédas, attelées
> de mules couvertes de lames d'or et de pierres précieuses,
> sont étendues les matrones voilées; et avec elles se croise le
> léger *cisium* où la courtisane grecque, vêtue de robes
> splendides, conduit elle-même ses amants.

Réfléchissez que c'est exactement comme si, chez nous, dans le courant de la conversation, quelqu'un se mettait à dire:

J'allais tous les jours au Bois de Boulogne, ce rendez-vous élégant de l'opulence parisienne; c'est un coup d'œil fort brillant. Des messieurs en jaquette ou en veston se promènent dans leur automobile; des hommes de sport conduisent leur mail...

Et ainsi de suite...

Eh bien, c'est ça, la «couleur locale» dans le théâtre romantique[6]. C'est un peu mieux présenté chez les maîtres: mais c'est bien ça, ou ce n'est guère autre chose. C'est comme si les personnages, atteints d'une manie spéciale, éprouvaient, à certains moments, le besoin irrésistible de nommer et de se décrire les uns aux autres les objets de l'usage le plus familier, et des choses auxquelles personne ne fait plus attention dans la vie réelle: tels les petits enfants, lorsqu'ils commencent à parler, prennent plaisir à nommer par leurs noms, avec émerveillement, les ustensiles dont ils se servent. Oui, on dirait parfois que les personnages du drame romantique découvrent, stupéfaits et charmés, la civilisation où ils vivent... Et la conclusion, c'est qu'à cet égard comme à beaucoup d'autres, la tragédie classique, en s'abstenant presque totalement de cette fameuse «couleur locale», est beaucoup moins loin de la vérité...

Et comme aussi je sais gré à Racine de s'être abstenu de «spectacle» et, par exemple, de n'avoir pas mis en scène le dîner où Britannicus est empoisonné! Notez que Racine l'eût pu faire sans manquer gravement à la règle de l'unité de lieu. Mais il ne l'a pas fait, d'abord, si vous voulez, parce que la scène n'était pas assez grande, étant rétrécie, comme vous savez, par des banquettes où venaient s'asseoir des jeunes gens à la mode; mais surtout il ne l'a pas fait par bon jugement, je pense, et parce qu'il savait que la réalisation, forcément sommaire et grossière, d'une scène de ce genre, eût été un peu ridicule. L'assassinat, invisible et proche, annoncé par un tumulte, et par la fuite de Burrhus éperdu, puis raconté dans un rapide détail, nous est assurément plus présent que si nous l'avions sous les yeux. Et quels figurants, par exemple, eussent bien rendu l'attitude marquée par ces deux vers:

> Mais ceux qui de la cour ont un plus long usage
> Sur les yeux de César composent leur visage?

Je crois, d'ailleurs, qu'en général, les gênes soit des trois unités, soit de l'étroitesse des planches, si elles ont imposé à notre tragédie quelques artifices un peu froids, lui ont épargné beaucoup plus de sottises.

Or, cette forte et sombre tragédie de *Britannicus*—qu'une formule scolaire, qui vient de Voltaire, a qualifiée de «pièce des connaisseurs»—n'eut absolument aucun succès.

D'abord la salle était mal garnie à la première représentation parce qu'à la même heure, il y avait un spectacle apparemment plus intéressant: une exécution en place de Grève.

Et puis, les amis de Corneille et les ennemis de Racine avaient décidé que l'auteur d'*Andromaque* ne pouvait pas faire une bonne tragédie romaine, et que *Britannicus* tomberait. D'après un récit souvent cité de Boursault, «des auteurs qui ont la malice de s'attrouper pour décider souverainement des pièces de théâtre et qui s'asseyaient d'ordinaire sur un banc qu'on appelle le banc formidable, s'étaient dispersés de peur de se faire reconnaître». Le vieux Corneille était seul dans une loge, plein de malveillance contre le jeune intrus qui lui disputait ses Romains.

Boileau aussi était là.

> Son visage, dit Boursault croyant le railler, son visage, qui, au besoin passerait pour un répertoire des caractères, des passions, éprouvait toutes celles de la pièce l'une après l'autre, et se transformait comme un caméléon à mesure que les acteurs débitaient leurs rôles… Je ne sais rien de plus obligeant que d'avoir à point nommé un fond de joie et un fond de tristesse au très humble service de M. Racine.

Et nous disons, nous: «Ah! le brave homme!»

Mais les ennemis du poète étaient trop nombreux et trop acharnés. Ils tournaient tout à la plaisanterie.

… Le jeune Britannicus, dit Boursault, qui avait quitté la bavette depuis peu et qui semblait élevé dans la crainte de Jupiter Capitolin… D'autres, dit-il encore, furent si touchés de voir Junie s'aller rendre religieuse de l'ordre de Vesta, qu'ils auraient nommé cet ouvrage une tragédie chrétienne si l'on ne les eût assurés que Vesta ne l'était pas.

Le vieux Corneille, avec une affectation d'impartialité, faisait des remarques doctes et relevait les anachronismes de la pièce. Il reprochait à l'auteur d'avoir fait vivre Britannicus et Narcisse deux ans de plus qu'ils n'ont vécu (lui qui, dans *Héraclius*, avait prolongé de douze ans le règne de Phocas). Boursault (dans l'introduction du petit roman d'*Arthémise et Poliante*) rapporte les sentiments des malins auprès desquels il se trouvait placé:

> Agrippine leur a paru fière sans sujet, Burrhus, vertueux sans dessein, Britannicus amoureux sans jugement, Narcisse lâche sans prétexte, Junie constante sans fermeté, et Néron cruel sans malice.

Plus loin, il dit «que le premier acte promet quelque chose de fort beau et que le second ne le dément pas, mais qu'au troisième il semble que l'auteur se soit lassé de travailler, et que le quatrième ne laisserait pas de faire oublier qu'on s'est ennuyé au précédent, si, dans le cinquième, la façon dont Britannicus est empoisonné et celle dont Junie se rend vestale ne faisaient pas pitié». Voilà la critique du temps, j'entends celle qui se faisait au théâtre même, puis dans les feuilles. Il lui arrivait d'être aussi peu définitive que celle d'aujourd'hui.

Racine fut ulcéré. Il avait fait un grand effort, et il savait bien ce que valait sa pièce. Il se défendit vigoureusement et sans ménager personne:

> Que faudrait-il faire, dit-il dans sa première préface, pour contenter des juges si difficiles? La chose serait aisée pour peu qu'on voulût trahir le *bon sens*. Il ne faudrait que s'écarter du *naturel* pour se jeter dans l'extraordinaire. Au lieu d'une action simple, chargée de peu de matière, qui se passe en un seul jour, et qui, s'avançant par degrés vers sa fin, n'est soutenue que par les intérêts, les sentiments et les passions des personnages, il faudrait remplir cette même action de quantité d'incidents qui ne pourraient se passer qu'en un mois, d'un grand nombre de jeux de théâtre d'autant plus surprenants qu'ils seraient moins vraisemblables, d'une infinité de déclamations où l'on ferait dire aux acteurs tout le contraire de ce qu'ils devraient dire.

Cela est pour les deux Corneille, pour Quinault, Boyer, Coras et quelques autres. Et voici qui est spécialement pour le grand Corneille:

> Il faudrait, par exemple, représenter «quelque héros ivre, qui se voudrait faire haïr de sa maîtresse de gaieté de cœur» (et c'est Attila), «un Lacédémonien grand parleur» (et c'est Agésilas), «un conquérant qui ne débiterait que des maximes d'amour» (et c'est César dans *la Mort de Pompée*), «une femme qui donnerait des leçons de fierté aux conquérants» (et c'est Cornélie). Voilà sans doute de quoi faire récrier tous ces messieurs.

Et, à la fin de sa préface, Racine assimilait clairement Corneille au «vieux poète malintentionné» dont parle Térence dans le prologue de l'*Andrienne* Racine est sans respect ni charité, comme Corneille avait été sans justice. Il ne faut ni s'en étonner ni s'en indigner. Outre que leurs deux génies étaient foncièrement antipathiques l'un à l'autre, la plus grande souffrance de Corneille, c'était la gloire naissante de Racine, comme le grand agacement de Racine était l'éternelle obstruction qu'on voulait lui faire avec l'œuvre et la gloire de Corneille.

Faiblesses misérables, auxquelles on n'échappe point, et qu'on ne regrette qu'à la mort, ou lorsque tout vous quitte! Il eût cependant été bien que l'ardent jeune homme comprît et respectât la tristesse de l'aventure de Corneille se survivant à lui-même avec un entêtement morose, se traînant dans des ouvrages monotones et malheureux où s'exagéraient toutes ses vieilles manies, et n'ayant plus pour lui que les vieux messieurs et les femmes mûres, ceux et celles du temps de Louis XIII et de la Fronde; alors que lui, Jean Racine, avait la jeunesse, la force, et l'avenir, et les nouvelles générations,—et le roi.

Car le roi fit pour *Britannicus* ce qu'il avait fait pour *les Plaideurs*. Il se déclara hautement pour la pièce; et toute la cour après lui: si bien que *Britannicus*, tombé d'abord à Paris, y fut repris peu après avec un succès assez vif.

Le roi fit plus. Frappé de ces vers du quatrième acte:

Pour toute ambition, pour vertu singulière,
Il excelle à conduire un char dans la carrière,
À disputer des prix indignes de ses mains,
À se donner lui-même en spectacle aux Romains, etc.

le roi renonça dès lors à paraître dans les ballets de la cour. Le fait est raconté par Louis Racine, confirmé par une lettre de Boileau, et n'est point démenti par l'édition des *Amants magnifiques*, où le roi figure parmi les danseurs, car nous savons d'autre part que le roi, qui devait y danser et qui avait étudié son rôle, ne dansa point. Il ne dansa plus, encore que les danses de la cour ressemblassent peu au cancan et fussent solennelles comme des liturgies. Et il laissa dire que, s'il ne dansait plus, c'était à cause des vers de Racine; et il est bien probable qu'il le dit quelque jour à Racine lui-même, avec cette bonne grâce qu'il avait quand il le voulait. Je note tout cela: car, songez-y, quels sentiments l'ardent Racine devait-il éprouver pour un roi charmant qui l'avait soutenu dès ses débuts, qui avait sauvé deux de ses pièces, et que quelques vers de lui avaient empêché de danser!

Cependant, Saint-Évremond avait, comme d'habitude, dans une lettre à M. de Lionne, donné son avis sur la pièce nouvelle, et, naturellement, son avis était défavorable. Il commençait bien par dire (et l'éloge ne paraît pas fort pertinent):

Britannicus passe, à mon sens, l'*Alexandre* et l'*Andromaque*: les vers en sont plus magnifiques, et je ne serais pas étonné qu'on y trouvât du sublime.

Mais il ajoutait:

Je déplore le malheur de cet auteur d'avoir si dignement travaillé sur un sujet *qui ne peut souffrir une représentation agréable*. En effet, l'idée de Narcisse, d'Agrippine et de Néron, l'idée, dis-je, si noire et si horrible qu'on se faisait de leurs crimes ne saurait s'effacer de la mémoire du spectateur, et, quelque effort qu'il fasse pour se défaire de la pensée de leur cruauté, l'horreur qu'il s'en forme détruit en quelque manière la pièce.

Ainsi parle, bizarrement et assez mal, Saint-Évremond, si intelligent et d'esprit si libre par ailleurs.

Et la *Rodogune*? Et l'*Héraclius* de votre Corneille? pourrait-on lui répondre. Mais il est très vrai que ce n'est pas la même chose. Cléopâtre dans *Rodogune*, Phocas dans *Héraclius* sont bien d'abominables criminels; mais ils sont sans nuances, mais leurs actes même sont commandés par la nécessité d'amener telle situation dramatique; et enfin leur scélératesse est comme en dehors du champ de notre expérience personnelle. Ils tiennent de l'ogre et du croquemitaine. Mais Agrippine et Néron sont des criminels compliqués, partagés, et avec qui, si atroces qu'ils soient, nous ne perdons pas le contact. Ils sont plus effrayants d'être vrais. Saint-Évremond a donc raison à sa manière.

Retenons-en ceci, que ce qui, chez Racine, frappe une bonne partie de ses contemporains, ce n'est pas la douceur, ce n'est pas la tendresse, mais c'est la force, c'est le goût du «noir et de l'horrible» et d'un certain tragique âpre et sombre, d'autant plus sombre qu'il est dans les âmes plus encore que dans les situations.

Saint-Évremond était resté un oracle pour ceux de sa génération. Racine voulait «faire vrai» comme on dit aujourd'hui; mais il voulait aussi réussir. Il se donne, dans la dédicace de *Britannicus*, pour «un homme qui ne travaille que pour la gloire», dont, après tout, le succès est une marque. Je ne serais donc pas étonné que l'impression de Saint-Évremond sur ce qu'il y a de «noir» et d'«horrible» dans *Britannicus* ait été une des raisons qui ont amené Racine soit à choisir, soit à accepter le sujet de *Bérénice*, simple histoire d'amour, et non plus atroce ni sanglante, mais héroïque et pure, et, si l'on peut dire, cornélienne avec grâce et tendresse.

SEPTIÈME CONFÉRENCE

«BÉRÉNICE.»—«BAJAZET»

J'ai à vous parler de la plus tendre et de la plus simple des tragédies de Racine,—et de la plus farouche et de la plus fortement intriguée: *Bérénice* et *Bajazet*. Car telle est, sous sa perfection continue, l'extrême diversité du plus sensible et du plus féroce des poètes.

Vous connaissez l'aimable tradition rapportée par Fontenelle dans sa *Vie de Corneille*, par l'abbé du Bos dans ses *Réflexions critiques*, par Louis Racine dans ses *Mémoires* et par Voltaire dans le *Siècle de Louis XIV*: la duchesse d'Orléans aurait indiqué séparément à Corneille et à Racine le sujet de *Bérénice*.

M. Gazier a démontré l'an dernier que cela n'était plus très sûr. M. Michaut l'a établi à son tour dans son livre sur *Bérénice*. Ces deux thèses ont été discutées, en juillet 1907, par M. Emile Faguet, dans deux feuilletons auxquels je vous renvoie.

Non, il n'est certes plus absolument certain qu'Henriette d'Angleterre ait institué cette sorte de concours secret entre Corneille et Racine. Mais il est moins sûr encore que Racine, comme le veut M. Michaut, ait dérobé son sujet à Corneille: procédé qui, d'ailleurs, n'eût point choqué en ce temps-là, les sujets fournis par la mythologie ou l'histoire appartenant à tout le monde, et les exemples étant alors nombreux de deux auteurs traitant, la même année, le même sujet de pièce.

Pour moi, je m'en tiendrais bien volontiers à la tradition, qui, sans être certaine, demeure encore appuyée d'assez bons témoignages et qui, au surplus, n'a rien d'invraisemblable.

Henriette, duchesse d'Orléans, aimait Racine, et elle était curieuse des choses de l'esprit. Racine lui avait lu *Andromaque* en manuscrit et même encore en projet:

> On savait, dit le poète, dans la dédicace d'*Andromaque*, que Votre Altesse Royale avait daigné prendre soin de la conduite de ma tragédie. On savait que vous m'aviez prêté quelques-unes de vos lumières pour y ajouter de nouveaux ornements.

L'idée de faire concourir, à l'insu l'un de l'autre, les deux poètes sur un même sujet semble, assez d'une femme malicieuse et curieuse.—Henriette était alors trop triste, dit-on, venant de perdre sa mère, et trop occupée, pour s'amuser à ce jeu.—Mais la tristesse et les occupations ont des trêves.—Cela, dit-on encore, n'était point trop charitable pour Corneille.—Mais, après tout, Corneille aussi pouvait faire un chef-d'œuvre. Et si Henriette a secrètement espéré que non, c'est sans doute qu'elle était un peu froissée par la façon dont Corneille et ses amis avaient traité *Britannicus*.

Voltaire affirme qu'Henriette, en indiquant à Racine le sujet de *Bérénice*, se souvenait de sa propre aventure avec le roi, et désirait que Racine s'en souvînt. Cela n'est pas tout à fait impossible, bien que, sauf la donnée très générale d'un amour combattu par le devoir, il y ait peu de rapport entre l'histoire de Bérénice et de Titus et celle d'Henriette et du roi son beau-frère. Disons plutôt qu'en proposant ce sujet à Racine, Henriette se souvenait un peu d'elle-même, et davantage de Marie Mancini et du premier amour de Louis XIV. Henriette avait été l'amie d'enfance de Marie et était restée très liée avec elle. Or, après la mort de Mazarin, Louis XIV revit souvent Marie chez sa sœur Olympe, à l'hôtel de Soissons, et Henriette assista plusieurs fois à ces rencontres. Il est fort possible qu'elle ait entretenu Racine de ces détails et qu'elle ait ajouté:—Allez, racontez-nous cette jolie histoire de Bérénice… Ne cherchez pas les allusions, mais ne les craignez pas trop… Cela ne déplaira pas au roi: je le connais… Et moi-même,—quoiqu'il n'y ait pas grande ressemblance entre l'aventure de Bérénice et ce que vous savez peut-être qu'on a dit de moi dans un temps,—eh bien, je me ressouviendrai… et cela m'attendrira…

Sur cette Henriette, madame de La Fayette a écrit un petit livre d'où il ressort: primo qu'elle avait l'esprit romanesque et aventureux et qu'elle aimait le danger; et secundo qu'elle était charmante, justement parce qu'elle avait été malheureuse.

> La reine, sa mère, dit madame de La Fayette, s'appliquait tout entière au soin de son éducation, et le malheur de ses affaires la faisant vivre plutôt en personne privée qu'en souveraine, *cette jeune princesse prit toutes les lumières, toute la civilité et toute l'humanité des conditions ordinaires.*

Et encore:

… Il y avait une grâce et une douceur répandues dans toute sa personne qui lui attiraient *une sorte d'hommage qui lui devait être d'autant plus agréable qu'on le rendait plus à la personne qu'au rang.*

Bossuet a eu certainement un faible pour elle. Elle s'était adressée à lui dans les derniers mois de sa vie, quand elle avait voulu devenir une chrétienne sérieuse; et c'est lui qui l'avait assistée à l'heure de la mort. Des sept personnes (en comptant Nicolas Cornet) dont Bossuet a fait l'oraison funèbre, elle est la seule pour qui il ait eu une affection personnelle et vive, et l'on peut dire de la tendresse. Ce sentiment fait de l'oraison funèbre d'Henriette d'Angleterre un chef-d'œuvre très particulier. Il y a, sous ce grave discours tout plein du dogme chrétien, une sensibilité contenue, mais profonde.

Henriette, avant de mourir, avait donné à Bossuet son crucifix. Bossuet a tenu à ce que ce détail familier, ce mouvement d'elle à lui, et qui le rapprochait d'elle encore plus, fût rappelé parmi l'austère solennité de l'oraison funèbre; et il l'a rappelé, en effet, ce geste intime, dans une délicate parenthèse. Et ce n'est pas tout: il trouve, dans certain mystère hardi du dogme catholique, de quoi glorifier l'exquise princesse comme jamais femme n'a été glorifiée par aucun adorateur profane. Il affirme que Dieu a immolé des milliers de vies humaines et bouleversé tout un peuple pour qu'Henriette fût catholique.

> Pour la donner à l'Église, il a fallu renverser tout un grand royaume. La grandeur de la maison d'où elle était sortie n'était pour elle qu'un engagement plus étroit dans le schisme de ses ancêtres... Mais, si les lois de l'État s'opposent à son salut éternel, Dieu ébranlera tout l'État pour l'affranchir de ces lois. Il met les âmes à ce prix; il remue le ciel et la terre pour enfanter ses élus; et comme rien ne lui est plus cher que ces enfants de sa dilection éternelle, que ces membres inséparables de son Fils bien-aimé, rien ne lui coûte, pourvu qu'il les sauve.

«Il met les âmes à ce prix.» Les âmes? Non pas toutes; il n'y aurait pas moyen. Mais celle-là, oui: et qui osera dire qu'elle n'en valait pas la peine? Voilà ce que je voudrais pouvoir appeler—si je ne craignais de diminuer les choses— un somptueux madrigal théologique.

La pauvre Henriette était morte quand fut jouée cette *Bérénice* qu'elle eût tant aimée; car *Bérénice* est tendre et délicate comme elle. Le roi ne put donc échanger avec «Madame» nul sourire mystérieux et mélancolique. Nous savons seulement, par la préface de Racine, que *Bérénice* eut «de bonheur de ne pas déplaire à Sa Majesté». Cela veut dire que le roi s'y reconnut sans chagrin, et que, dès lors, il y eut donc, entre le roi et Racine, quelque chose de presque intime et confidentiel, quoique inexprimé, qui n'y était pas auparavant...

* * * * *

Mais pourquoi a-t-on pris l'habitude d'appeler *Bérénice* une élégie divine? C'est, bel et bien, une divine tragédie. Il est vrai qu'elle est fort simple, et que toutes les situations y sont uniquement provoquées par les sentiments des personnages, et sans nulle intervention d'un hasard artificieux: ce dont nous ne nous plaindrons point. Mais, au reste, tout y est «en action»; chaque scène nous révèle, chez les personnages, un «état d'âme» qui ne nous avait pas encore été pleinement montré, et les laisse dans une disposition en partie nouvelle; le mouvement est continu, et l'intérêt est des plus puissants qui soient, puisque ce qu'on nous raconte, c'est l'histoire éternelle de la séparation des cœurs aimants. Oui, c'est bien un drame, harmonieux délicieusement, infiniment douloureux.

Mais qui pourrait mieux parler de *Bérénice* que Racine lui-même?

> Ce qui me plut davantage dans mon sujet, c'est, dit-il, que je le trouvai extrêmement simple.

Et plus loin:

> Il y en a qui pensent que cette simplicité est une marque de peu d'invention. Ils ne songent pas qu'au contraire *toute l'invention consiste à faire quelque chose de rien*, et que tout ce grand nombre d'incidents a toujours été le refuge de poètes qui ne sentaient dans leur génie ni assez d'abondance ni assez de force pour attacher durant cinq actes les spectateurs par une action simple, soutenue de la violence des passions, de la beauté des sentiments et de l'élégance de l'expression.

Et enfin:

> Ce n'est point une nécessité qu'il y ait du sang et des morts dans une tragédie: il suffit que l'action en soit grande, que les acteurs en soient héroïques, que les passions y soient excitées, et que tout s'y ressente de *cette tristesse majestueuse qui fait tout le plaisir de la tragédie.*

Définition libérale et souple. À ce compte, oui, *Bérénice* est assurément une tragédie; mais on l'appellerait presque aussi bien une haute et noble comédie ou, comme on dit assez mal aujourd'hui, une «comédie dramatique», tant le ton en est souvent approché de la conversation des honnêtes gens. Nulle part Racine ne s'est mieux souvenu du dialogue en vers iambiques de Sophocle et surtout d'Euripide, dialogue où le rythme soutient les familiarités du langage et, par sa continuité, permet de passer insensiblement de ces familiarités mêmes aux expressions les plus poétiques. Dans *Bérénice*, les vers écrits dans le ton de ceux que je vais citer ne sont point rares:

Non, je n'écoute rien. Me voilà résolue.
Je veux partir; pourquoi vous montrer à ma vue?
Pourquoi venir encor aigrir mon désespoir?
N'êtes-vous pas content? Je ne veux plus vous voir.
—Mais, de grâce, écoutez.—Il n'est plus temps.—Madame.
Un mot.—Non.—Dans quel trouble elle jette mon âme!
Ma princesse, d'où vient ce changement soudain?
—C'en est fait. *Vous voulez que je parte demain.*

Et moi j'ai résolu, de partir tout à l'heure,
Et je pars.—Demeurez…

C'est parfaitement le ton de la comédie en vers de Molière dans ses plus nobles parties. Cela est même plus simple de style que, par exemple, le couplet d'Alceste jaloux au quatrième acte du *Misanthrope*. Mais tout de suite, et par le mouvement le plus naturel, la poésie reparaît:

> —Ingrat! que je demeure?
> Et pourquoi? Pour entendre un peuple injurieux
> Qui fait de mon malheur retentir tous ces lieux?
> Ne l'entendez-vous pas, cette cruelle joie,
> Tandis que dans les pleurs moi seule je me noie?
> Quel crime, quelle offense a pu les animer?
> Hélas! et qu'ai-je fait que de vous trop aimer?…

Qu'avaient donc ces échauffés de romantiques à railler la «pompe» de la tragédie classique, eux, les plus emphatiques des écrivains?

Mais il est temps de voir si *Bérénice* est conforme à la définition qu'en donne Racine dans son ingénieuse préface. Il est temps de voir comment *Bérénice* est «faite», et comment l'ordonnance la plus habile et la plus savante y paraît le développement naturel et nécessaire de la situation une fois donnée.

À première vue, le sujet comportait, outre un ou deux monologues de Titus, deux grandes scènes seulement: la scène d'explication entre les deux amants, et la scène du sacrifice. Racine, chose prodigieuse, a eu l'art de reculer la scène d'explication jusqu'au quatrième acte. Elle est d'autant plus émouvante qu'il nous l'a fait attendre davantage et que, lorsque les deux intéressés se rencontrent enfin, ils savent l'un et l'autre de quoi il retourne et ont été progressivement amenés par le poète au plus haut point de douleur et d'angoisse. Comment s'y est-il pris pour nous rendre à la fois poignants et vrais et ce retardement et cette longue séparation? En connaissant bien ses personnages; en vivant lui-même, profondément, leur vie passionnelle; en se donnant leur âme, car il n'y a pas d'autre secret.

Il a compris que Titus, soit pitié, soit manque d'un affreux courage, devait avoir presque tout de suite l'idée de faire annoncer son malheur à Bérénice par un intermédiaire. D'où le personnage du roi Antiochus. Mais, par une inspiration singulièrement heureuse, il a voulu qu'Antiochus fût amoureux de Bérénice. Et ainsi, non seulement le roi de Comagène sert à reculer le choc décisif entre les deux amants, à accroître, par là, le tragique de ce heurt inévitable, si longtemps souhaité et redouté des spectateurs; non seulement il sert à nous faire connaître Bérénice et Titus en recevant tour à tour leurs confidences: mais, comme ces confidences le crucifient, il nous émeut aussi par lui-même; que dis-je! nous remarquons qu'il est le plus à plaindre des trois, puisqu'il aime, lui, sans être aimé; et pourtant, comme il reste au second plan, sa souffrance discrète ne va point jusqu'à détourner notre attention de ses deux amis: elle nous aide seulement à mieux accepter la cruelle beauté du dénouement, en nous faisant apercevoir, derrière la douleur de Titus et de Bérénice, une douleur plus modeste et peut-être pire.

Dès lors, le drame se déroule tout seul, à ce qu'il semble.

Antiochus, persuadé que Titus, empereur, va épouser Bérénice, vient faire à celle-ci ses adieux et s'accorde, avant de partir pour jamais, la triste satisfaction et de lui avouer et de lui raconter son amour (dans le plus beau peut-être et le plus mélancolique récit amoureux qui soit au théâtre). Et Bérénice veut être douce, et elle est cruelle malgré soi, parce qu'elle aime l'autre et qu'elle croit toucher à son rêve… En vain Phénice, une fine camériste, lui dit: «À votre place, madame, j'aurais retenu ce garçon: car enfin, qui sait?… Titus ne s'est pas encore expliqué.» Mais Bérénice ne veut rien entendre, et nous la plaignons, pauvre petite, d'être si confiante et si gaie. Et c'est le premier acte.

À l'acte suivant, dans l'entretien de Titus et de son confident Paulin, Racine nous expose avec une force et une précision extrêmes les raisons accablantes qu'a le nouveau César de sacrifier Bérénice et de se sacrifier lui-même. Il s'agit de choisir entre une femme et l'empire du monde. L'«obstacle», ici, est donc absolu, en dehors de toute discussion. L'intérêt de Titus, s'il y pouvait songer, se confond avec le premier de ses devoirs. Ce devoir est un peu plus fort, il en faut convenir, que celui qui peut arracher des bras d'une grisette un étudiant que sa famille veut marier et établir, plus fort même que le devoir au nom duquel le père Duval sépare Armand de Marguerite. Quoi qu'elle pense ou croie penser dans le moment, Bérénice elle-même, dans six mois, ou dans un an, ou dans dix ans, mésestimerait Titus d'avoir lâché Rome pour elle. Tout le long du drame vous entendrez ce nom de Rome sonner au commencement des vers ou à la rime inexorablement. Il le fallait pour que Titus échappât à l'odieux. Titus n'est pas libre, et nous savons dès maintenant ce qu'il ne fera pas. Reste à savoir ce qu'il souffrira.

Il vient, il veut parler, et n'en a pas le courage. Il fuit sans avoir rien dit. C'est très simple, et si douloureux! Bérénice ne veut pas comprendre. «C'est sans doute, songe-t-elle, qu'il pleure toujours son père; ou peut-être a-t-il su l'amour d'Antiochus et s'en est-il offensé?» Mais la blessure est faite, et la malheureuse ne croit déjà plus ce qu'elle dit.

Au troisième acte, Antiochus s'acquitte de son triste message auprès de Bérénice. Admirable scène; tous deux souffrent tant! Il a bien, lui, au fond du cœur, un peu d'espoir honteux et inavoué: mais il souffre, premièrement, de faire souffrir celle qu'il aime, et secondement, de savoir que, si elle souffre, c'est qu'elle aime un autre que lui. Et quant à elle… Ah! quelle angoisse d'abord! Puis, quand elle a reçu le coup, le beau cri! Toute sa colère se porte naturellement sur le mauvais messager. Elle lui défend de jamais reparaître devant ses yeux… Mais déjà elle sent bien qu'il ne mentait pas.

Au quatrième acte, la «scène à faire». J'en connais peu qui contiennent autant de douleur humaine. Des pleurs, si brûlants! des plaintes, si mélodieuses et si douces! des cris, si profonds! Il est, lui, torturé d'être une victime qui paraît un bourreau, et d'être obligé de dire des choses qui sont raisonnables et qui semblent atroces. Bérénice s'est retirée, défaillante, dans sa chambre. Presque en même temps, on vient dire à l'empereur qu'elle est mourante et l'appelle— et que le Sénat est réuni et l'attend. Le moment est solennel et souverainement tragique. Il faut opter… Titus se rend au Sénat.

Étant donné la noblesse d'âme et à la fois la violence de passion de nos trois martyrs d'amour, il est certain qu'ils ne peuvent enfin sortir de là que par le sacrifice ou par le suicide. Et c'est pourquoi Bérénice veut mourir; Antiochus veut mourir; Titus lui-même veut mourir: du moins il le dit, et à ce moment-là, il le croit. Elle est bien obligée de reconnaître à ce signe que son amant l'aime toujours, et elle puise dans cette certitude le courage du renoncement. Tous trois feront leur devoir et vivront. Il y a dans cette fin de *Bérénice* comme un grand mouvement ascensionnel, une contagion montante d'héroïsme, qui rappelle, malgré la différence de la matière, le dernier acte de *Polyeucte*, et qui est d'une suprême beauté, et si triste! et si sereine pourtant!

Il est à la mode, ces années-ci, de dire que *Bérénice* est la plus racinienne des tragédies de Racine. Oui, si l'on veut. Car d'abord, elle est, de toutes, la plus rigoureusement conforme aux deux admirables définitions que nous a données Racine de son système dramatique (dans la préface de *Britannicus* et dans celle de *Bérénice* même). Elle est, nous l'avons vu, la plus simple, celle qui est faite avec le moins de matière, celle où l'action est le plus purement intérieure.—Elle est aussi celle où Racine s'est le moins soucié de «couleur locale» ou même de couleur historique (sauf pour préciser l'obstacle qui sépare Titus de sa maîtresse). Les formes de la sensibilité y sont bien nettement celles de la cour de Versailles. Titus, c'est bien le roi, jeune, et idéalisé selon son propre rêve. Bérénice, restée un peu vaine et coquette parmi sa grande passion, c'est bien Marie ou Henriette (Racine avait à ce point oublié que Bérénice est juive, que, dans la première version de la pièce, il lui faisait invoquer «des dieux»). Pour les contemporains, cette tragédie était bien, sous son très léger voile antique, une comédie *moderne*.—Et enfin, si, malgré tout, la «tendresse» est demeurée la marque dominante de Racine aux yeux des générations qui l'ont suivi, *Bérénice* sera donc la plus racinienne de ses tragédies, puisqu'elle en est la plus tendre,—non pas précisément par Titus, ni même par Bérénice, si «femme», si inconsciemment cruelle pour l'homme qu'elle n'aime pas, mais par ce doux et faible Antiochus, qui résume en lui tous les amants mélancoliques et délicats de l'*Astrée* et des romans issus de l'*Astrée*; qui ne sait que gémir et rêver; pèlerin d'amour après le départ de la reine; aisément poète lyrique, dont le romanesque ressemble déjà par l'expression au romanesque des romantiques, et qui revoit Césarée dans le même sentiment que Lamartine reverra le lac du Bourget, et que Musset et Olympio reverront le paysage où ils ont aimé:

Lieux charmants où mon cœur vous avait adorée,

dit Antiochus.

Lieux charmants, beau désert où passa ma maîtresse,

dit le Musset du Souvenir.

> Regarde, je viens seul m'asseoir sur cette pierre
> Où tu la vis s'asseoir,

dit le Lamartine du *Lac*; et le Lamartine du *Vallon*

Un seul être vous manque, et tout est dépeuplé.

Mais, plus magnifiquement, Antiochus:

Dans l'Orient désert quel devint mon ennui!

Une remarque me vient. Les grandes amoureuses de Racine ne sont certes pas inférieures, par l'ardeur et la démence de leur passion, aux autres «femmes damnées» du théâtre ou du roman. Et cependant avez-vous fait attention que toutes les héroïnes raciniennes sont chastes et, pour préciser, qu'aucune d'elles n'a été la «maîtresse», au sens où nous l'entendons aujourd'hui, de l'homme qu'elle aime? Racine dit de Bérénice:

> Je ne l'ai point poussée jusqu'à se tuer comme Didon, parce
> que *Bérénice n'ayant pas ici avec Titus les derniers engagements que*
> *Didon avait avec Énée* (auriez-vous cru cela?) elle n'est pas
> obligée, comme elle, de renoncer à la vie.

Ni Hermione, ni Roxane, ni Phèdre n'ont matériellement péché; et Ériphile a beau avoir été enlevée par Achille et s'être pâmée dans ses bras ensanglantés, elle ne lui a pas appartenu. J'allais rechercher les raisons et les conséquences de cet évident parti pris de Racine. J'allais dire: «C'est peut-être pour cela que toutes ces femmes aiment si fort?» Ou bien j'allais parler de la pudeur de Racine. Mais je m'aperçois que dans le théâtre de Corneille aussi, et, je crois bien, dans tout le théâtre tragique du XVIIe siècle, on ne voit aucune amoureuse—sauf l'Ariane de Thomas—qui ait été déjà possédée par son amant, et que c'est seulement au XIXe siècle qu'on a vu sur la scène des femmes traîner avec soi les souvenirs du lit et les secouer sur le public. La pudeur, justifiée ou non, que je me disposais à attribuer à Racine, appartiendrait donc à tout son siècle.

* * * * *

Bérénice eut un grand succès, non sans soulever d'ailleurs beaucoup de critiques et d'attaques. Il y eut une longue lettre d'un certain abbé de Villars, que madame de Sévigné trouvait charmante, et qui me semble à peu près stupide. Il y eut les vers du ridicule Robinet; il y eut le jugement de l'éternel Saint-Évremond, qui rapproche obligeamment Racine de Quinault:

> Dans les tragédies de Quinault, vous désireriez souvent de la douleur ou vous ne voyez que de la tendresse; dans le *Titus* de Racine vous voyez du désespoir où il ne faudrait qu'à peine de la douleur.

(Comme toujours, Racine paraît trop *violent* à Saint-Évremond.) Et il y eut une comédie en trois actes: *Tite et Titus ou Critique sur les Bérénices*, où l'on accuse le Titus de Racine de «cruauté» et de «perfidie» et sa Bérénice de «bassesse d'âme». Et, au XVIIIe siècle, tout le monde répète que *Bérénice*, c'est très joli sans doute, mais que ce n'est pas une tragédie, que ce serait plutôt une élégie,—comme si cela faisait quelque chose que ce soit ou non une tragédie!

* * * * *

Et le *Tite et Bérénice* de Corneille? C'est à peu près le contraire de la *Bérénice* de Racine.

Embarrassé par la simplicité du sujet, Corneille le complique, d'ailleurs ingénieusement. Il suppose que Titus devait épouser Domitie, mais que, tandis que Titus aime Bérénice, Domitie de son côté aime Domitian. Il s'agit donc, pour Domitie et Domitian, d'amener Titus à épouser quand même Bérénice et le Sénat à l'y autoriser. Et donc, tout en travaillant secrètement le Sénat dans cette pensée, Domitian *feint* d'aimer lui-même Bérénice, afin d'exciter la jalousie de Titus, et pour que cette jalousie le décide à prendre pour femme la belle étrangère. Il suit de là que Domitian et Domitie tiennent une place considérable dans la pièce et relèguent presque Titus et Bérénice au second plan. L'intrigue et les sentiments sont d'une comédie galante.

Autre particularité: c'est Bérénice qui a l'air d'être un homme, comme la plupart des héroïnes de Corneille; et c'est Tite qui parle et agit en femme. Après que le Sénat a donné licence à l'empereur d'épouser Bérénice: «C'est, dit-elle, tout ce que je voulais. Mais je ne vous épouserai pas: adieu.»

Votre cœur est à moi, j'y règne; c'est assez.

Et c'est Tite qui est tendre, faible, incertain. À deux reprises, il se dit prêt à lâcher l'empire et à fuir au bout du monde avec sa maîtresse. Le Titus de Racine déclare tout le contraire:

... Et je dois encore moins vous dire
   Que je suis prêt, pour vous, d'abandonner l'empire...
   Vil spectacle aux humains des faiblesses d'amour.

Chose bien curieuse: si on laisse de côté la forme, c'est plutôt la *Bérénice* de Racine qui serait cornélienne: car c'est bien au devoir, après tout, qu'elle s'immole: au lieu que la Bérénice de Corneille se sacrifie moitié par orgueil, moitié afin de conserver la vie à son amant, pour qui elle craint les assassins s'il osait épouser une étrangère.

* * * * *

Or, Racine, ayant fait une tragédie si tendre que c'était à peine une tragédie, ayant peint l'amour le plus vrai, mais le plus pur, et un amour qui finalement se sacrifie au devoir, Racine se ressouvint, par contraste, de la démence d'Hermione et d'Oreste, choisit la plus atroce des histoires d'amour, et écrivit *Bajazet*.

Cette histoire lui fut apportée par son ami Nantouillet, qui la tenait du comte de Cézy, ancien ambassadeur de France à Constantinople. M. de Cézy avait connu, nous dit Racine, «toutes les particularités de la mort de Bajazet; et il y a quantité de personnes à la cour qui se souviennent de les lui avoir entendu conter lorsqu'il fut de retour en France».

Et dans la deuxième préface:

> M. de Cézy fut instruit des amours de Bajazet et de la
> sultane. Il vit plusieurs fois Bajazet à qui on permettait de
> se promener quelquefois à la pointe du sérail, sur le canal
> de la mer Noire. M. le comte de Cézy disait que c'était un
> prince de bonne mine.

Ce Cézy paraît avoir été un homme à aventures. L'historien anglais Ricaut, ambassadeur extraordinaire auprès de Mahomet IV, parle de la «vanité et de l'ambition qu'avait, comme on le dit, le comte de Cézy de *faire la cour aux maîtresses du Grand Seigneur qui sont dans le sérail*: ce qu'il ne pouvait faire qu'en donnant des sommes immenses aux eunuques». Et c'est pour cela, paraît-il, qu'il était criblé de dettes.

Ainsi Racine put entendre raconter à Nantouillet, d'après Cézy, non seulement l'histoire de Bajazet et de Roxane, mais les aventures de Cézy lui-même, ses rencontres avec les femmes du harem, et mille particularités secrètes des mœurs turques. Et Racine en put retenir tout ce qu'il lui fallait pour son dessein.

* * * * *

Cézy, nous dit Racine, avait raconté la chose «à quantité de personnes». Segrais en était. Il est extrêmement curieux de comparer ce que Segrais avait fait du récit de l'ambassadeur dans une nouvelle intitulée *Floridon ou l'Amour imprudent*, publiée en 1658, et ce que Racine en fit dans *Bajazet*.

Dans la nouvelle de Segrais, Roxane est la mère du sultan Amurat, c'est-à-dire une personne assez mûre et dont la passion pour Bajazet prête un peu au sourire. Acomat est un vieil eunuque qui s'entremet entre Bajazet et la sultane mère. La femme aimée de Bajazet, ce n'est point la princesse Atalide, mais une jeune esclave nommée Floridon. La lettre révélatrice est trouvée dans les vêtements de Bajazet. Et la vengeance de la vieille Roxane est assez modeste: elle établit sa rivale dans un palais à Péra, et elle permet à Bajazet d'aller chaque semaine passer une journée avec sa maîtresse; mais, si les amants ne savent pas se contenter de cette concession, elle les fera périr. Cependant, elle les surveille, suit Bajazet en barque et, sous un déguisement, constate la trahison; et, un messager d'Amurat apportant à ce moment l'ordre de mettre à mort Bajazet, Roxane répond que le sultan est maître absolu; et dès le soir Bajazet est étranglé.

Que Segrais ait reproduit assez fidèlement le récit du comte de Cézy, cela paraît probable. Pourquoi? C'est que, si Segrais avait inventé, il aurait inventé mieux, je l'espère. Il aurait sans doute corrigé l'âge de la sultane; il lui aurait prêté une jalousie plus terrible… Du moins, je le crois. Oui, il me semble que Segrais doit reproduire assez exactement Cézy, quant aux faits.

Et alors on voit ce que Racine, lui, a inventé: l'admirable vizir Acomat (au lieu de l'insignifiant eunuque), le vizir Acomat, de si élégante allure et de philosophie si ironique et si détachée, à la manière, vraiment, d'un Talleyrand ou d'un Morny, si vous voulez; tout le rôle, d'une duplicité si douloureuse, de la tendre et torturée princesse Atalide (au lieu de Floridon la petite esclave); tout le caractère de Roxane, qu'il a eu la faiblesse de rajeunir (mais, sans cela, dans quoi entrions-nous?) et enfin l'effroyable dénouement: Roxane, à l'instant où elle vient de faire étrangler Bajazet, étranglée elle-même par le mystérieux nègre arrivé à la fin du troisième acte. C'est dire que l'essentiel de *Bajazet* est bien de Racine, et aussi que tout ce qu'il a ajouté aux souvenirs de Cézy est justement ce qui, dans sa tragédie, nous paraît le plus «turc» par l'esprit.

Or, lorsque *Bajazet* eut été joué, le mot d'ordre, parmi les ennemis de Racine, fut de dire: «Ce sont des Français sous l'habit turc.» Ce fut leur «tarte à la crème».

> Étant une fois près de Corneille sur le théâtre à une représentation de *Bajazet*, il me dit: «Je me garderais bien de le dire à d'autres que vous, parce qu'on dirait que je parlerais par jalousie mais, prenez-y garde, il n'y a pas un seul

personnage dans le *Bajazet* qui ait les sentiments qu'il doit avoir et que l'on a à Constantinople; ils ont tous, sous un habit turc, les sentiments qu'on a au milieu de la France.»

Qui parle ainsi? Segrais, d'après le *Segraisiana*. Et c'est assez amusant, parce que, s'il y a quelque chose de faiblement «turc», c'est bien la nouvelle inspirée à Segrais par les conversations de Cézy et qui ressemble à toutes les vagues nouvelles espagnoles du temps.

Ce qui est certain, c'est que Racine a très bien profité de Cézy,—et probablement aussi du grand voyageur Bernier qu'il avait vu dans la compagnie de Molière, de Chapelle et de Boileau,—et, en outre, de ses lectures. Ne lui demandez pas l'Orient pittoresque des romantiques: qu'en aurait-il fait? Ne lui demandez pas le bric-à-brac des *Orientales*. *Bajazet* manque évidemment d'«icoglans stupides», de «Allah! Allah!», de yatagans, de minarets et de muezzins. Dans *le Bourgeois gentilhomme*, joué l'année précédente, Cléante, déguisé en fils du Grand Turc, disait à M. Jourdain: «Que votre cœur soit toute l'année comme un rosier fleuri. Que le Ciel vous donne la force des lions et la prudence des serpents.» Racine aurait pu se ressouvenir de cette turquerie facile et l'adapter au style tragique. Je ne crois pas qu'il y ait songé. La couleur locale de Racine reste surtout intérieure. Mais enfin, dès le début, il marque, par quelques détails habilement placés, la civilisation où il nous transporte. Il nous fait connaître ou nous rappelle les us des sultans à l'égard de *leurs frères*, la loi du mariage chez le Grand Turc, et que la favorite n'est sultane qu'après la naissance d'un fils, etc. Il n'oublie ni la position et les dangers habituels des grands vizirs, ni le rôle des janissaires, ni celui des ulémas, ni l'étendard du prophète, ni la porte sacrée, ni les muets. Et même, çà et là, se détachent quelques vers, à demi pittoresques seulement, mais tels que nous achevons facilement les images qu'ils indiquent:

> Et moi, vous le savez, je tiens sous ma puissance
> Cette foule de chefs, d'esclaves, de muets,
> Peuple que dans ses murs renferme ce palais,
> Et dont à ma faveur les âmes asservies
> M'ont vendu dès longtemps leur silence et leurs vies…
> Nourri dans le sérail, j'en connais les détours…
> Orcan, le plus fidèle à servir ses desseins,
> Né sous le ciel brûlant des plus noirs africains…

Au surplus, nous savons que, pour *Bajazet*, on chercha la fidélité du costume avec plus de soin qu'on n'en mettait alors à ces choses. Et enfin, si nous ne demandons à Racine que ce qu'il nous annonce dans sa préface, et qui est déjà beaucoup, à savoir «des mœurs et maximes des Turcs»,—et cela, bien entendu, sous la forme dramatique,—nous trouverons qu'il n'a pas mal tenu sa promesse.

D'abord, l'action est toute turque. C'est l'histoire d'une conspiration de sérail qui échoue et qui se termine par une muette tuerie. Un vizir disgracié veut donner le trône au frère du sultan absent, en s'aidant de l'amour que ce frère a inspiré à la sultane favorite. La maladroite vertu du jeune prince vient déranger les plans du vizir, et le sultan, qui veille de loin, fait tout étrangler.

Nulle tragédie n'est plus enveloppée de mystère et d'épouvante. C'est bien le sérail, tel du moins que nous nous le figurons… Roxane, au moment où commence l'action, n'a pu communiquer avec Bajazet que par l'intermédiaire d'Atalide. Personne, sauf Roxane et Acomat, ne circule librement. Durant quatre actes sur cinq, Bajazet est gardé à vue. Il y a des yeux et des oreilles dans la muraille: les oreilles et les yeux du sultan. Nous sentons cela, dès la première scène, par l'entretien du vizir avec Osmin, son agent secret. Un premier messager, envoyé par Amurat pour demander la tête de Bajazet, a été supprimé sans bruit. Mais voilà qu'à la fin du troisième acte survient silencieusement un nouveau messager, le mystérieux nègre Orcan. Tous les personnages jouent leur tête et le savent. Si Acomat, ayant échoué dans son dessein, ne peut s'échapper à temps, il recevra le cordon de soie. Si Bajazet repousse Roxane, elle le tue, mais elle meurt. Bajazet et Atalide sont entre les mains de Roxane, et Roxane est sous la main du sultan. Sur leurs passions, leurs haines, leurs ambitions, leurs amours, plane une menace générale et impartiale de mort. Ils ont tous la tête dans un nœud coulant qu'on n'aperçoit pas et dont le bout est là-bas, à Bagdad. Et, tandis qu'ils s'agitent dans cette ombre funèbre, nous avons l'impression que quelqu'un des esclaves noirs qu'on voit glisser au fond de la scène conclura le drame.

Cela est déjà assez «oriental», ne croyez-vous pas? Mais les personnages eux-mêmes, surtout Acomat et Roxane, sont-ils donc si «francisés»?

Le subtil Acomat est, par ses principaux traits, le type même d'une certaine espèce d'hommes politiques, et, en même temps, un Turc fort vraisemblable. Ses desseins sont bien ceux d'un vizir expérimenté et du ministre d'un despote soupçonneux et jaloux: ils n'impliquent aucune préoccupation de l'intérêt public, et le vizir ne compte, pour les réaliser, que sur l'intérêt personnel et immédiat de ceux qu'il y associe. Ce plan est hardi et assez compliqué. Comme il sait que le sultan, à son retour, le ferait probablement étrangler, il veut lui substituer son frère, qui est doux, charmant, et «de bonne mine». Roxane, souveraine maîtresse au sérail, a reçu l'ordre de faire tuer Bajazet: mais Acomat lui montre ce brave jeune homme, et elle prend feu. Bajazet épousera Roxane, sera sultan,—puis fera d'elle ce qu'il lui plaira. Acomat doit épouser la cousine de Bajazet, Atalide (c'est pour cela que Roxane, d'abord, ne se méfie point d'elle), et restera le véritable maître de l'empire. Il est bien sûr de son affaire; l'intérêt de Bajazet et de Roxane lui répond du succès.

Mais il a compté sans la fierté du jeune prince et surtout sans son amour pour Atalide. Il n'a pu soupçonner que cette petite fille irait mettre tout ce grand ouvrage à néant. La finesse d'Acomat est courte par un côté: elle ne fait pas la part du désintéressement possible dans les actions humaines. Mais au reste, ce dessein difficile, audacieux et cependant sans grandeur, le vizir en poursuit l'accomplissement avec sérénité. Ce vieil homme ironique et rusé, qui a déjà eu l'esprit de survivre à plusieurs sultans et qu'une barque secrète attend toujours dans le port en cas de malheur, envisage tranquillement la mort; et, comme il en a la duplicité légendaire, il a bien aussi la résignation, le majestueux fatalisme des hommes de sa race. S'il débitait çà et là quelques versets du Coran et s'il émaillait ses propos de quelques métaphores incohérentes, je vous jure qu'il nous paraîtrait Turc avec intensité et de la tête aux pieds.

Je ne sais si la façon d'aimer de Roxane est exclusivement orientale, et, à vrai dire, j'en doute. Mais il est certain que son amour répond assez à l'idée que nous nous faisons de l'amour d'une sultane, d'une femme de harem, d'une personne sensuelle, grasse, aux paupières lourdes, aux lèvres rouges, désœuvrée et totalement dépourvue tendresse, de mièvrerie et d'idéalisme. C'est un amour charnel et furieux, que le danger excite, et qui se tourne en cruauté quand ce qu'il désire lui échappe. Elle adore Bajazet avant de lui avoir jamais parlé: vous pensez donc bien que ce n'est pas de son âme qu'elle est éprise. Les sentiments de Roxane sont simples; elle est naïve et terrible. Elle a cru, sur les rapports d'Atalide et sur quelques faibles apparences, à l'amour de Bajazet. Lorsqu'elle soupçonne qu'elle s'est trompée, elle éclate en transports sauvages; et ce qu'elle trouve de mieux pour persuader et attendrir l'homme qu'elle aime, c'est de lui dire: «Prends garde! ta vie est entre mes mains. Si tu ne m'aimes, je te tue!» Mais elle espère encore, et c'est pourquoi elle l'épargne. Quand elle ne peut plus douter, quand elle sait qu'il aime Atalide et que tous deux la trompaient, elle lui fait cette étonnante proposition: «Je vais faire étrangler ma rivale sous tes yeux. Au reste, je ne te demande pas de m'aimer tout de suite:

Viens m'engager ta foi: *le temps fera le reste.*»

C'est dire qu'elle n'en veut qu'à son corps. (Mais sur quelles étranges caresses compte-t-elle donc pour s'emparer de lui?) Il refuse. Alors, qu'il meure! Au moins, personne ne l'aura! Et elle jette son terrible: «Sortez!»

Roxane est un des animaux les plus effrénés qu'on ait mis sur la scène. Elle est la plus élémentaire et la plus brutale des quatre amoureuses meurtrières de Racine.

Bajazet et Atalide, complexes, d'une humanité plus épurée, plus tendre, je dirai: «plus chrétienne», font avec la sultane un contraste intéressant.

Il ne me paraît point que Bajazet soit un personnage aussi pâle qu'on l'a dit quelquefois.—Il est de son pays et de sa race, lui aussi, par quelques côtés: ainsi il veut bien mentir jusqu'à un certain point,—et il a le mépris absolu de la mort. Mais il n'est Turc qu'à moitié, et c'est ce qui le perd,—et c'est aussi ce qui rend son caractère très attachant. S'il était tout à fait de chez lui, il mentirait jusqu'au bout, il épouserait Roxane sans hésitation,—quitte à la faire coudre après dans un sac,—et il n'aimerait pas Atalide de cet amour chaste, délicat, profond, immuable.

Mais les mœurs du harem lui sont odieuses, et la passion farouche et toute sensuelle de la sultane lui répugne. Il compare cette bête voluptueuse, qui halète de désir autour de lui, à sa petite compagne d'enfance, à la gracieuse et modeste princesse Atalide. Il est évidemment spiritualiste et monogame. Il faut avouer que Racine l'a beaucoup tiré à nous.

Mais alors, dira-t-on, qu'il soit tout à fait vertueux! Ce pur jeune homme n'en joue pas moins, avec l'impure sultane, un rôle d'une fâcheuse duplicité et qui lui donne une assez plate allure.—Mais d'abord, cette duplicité se borne à des réticences et à des silences: il laisse Roxane croire ce qu'elle veut.—C'est pire, réplique-t-on.—Attendez; voici par où Bajazet se relève. Cette dissimulation aurait quelque chose d'assez bas s'il s'y pliait par crainte de la mort. Mais la mort, comme j'ai dit, il n'en a point peur; il la connaît; il vit avec elle; depuis qu'il est au monde, il l'a vue assise à son chevet. Entendez-le répondre à Acomat qui le presse d'épouser Roxane:

… Acomat, c'est assez.
  Je me plains de mon sort moins que vous ne pensez.
  La mort n'est pas pour moi le comble des disgrâces.
  J'osai, tout jeune encor, la chercher sur vos traces;
  Et l'indigne prison où je suis enfermé
  À la voir de plus près m'a même accoutumé.
  Amurat à mes yeux l'a vingt fois présentée:
  Elle finit le cours d'une vie agitée…

Non, s'il craint, ce n'est point pour sa vie, c'est pour son amour, c'est pour Atalide. C'est pour elle qu'il consent à mentir comme il fait.

Et alors, à y regarder de près, son cas paraît digne d'une sympathie et d'une pitié immenses. Bajazet, c'est l'honnête homme engagé dans une situation fausse, contraint de s'abaisser moralement à ses propres yeux pour faire ce qu'il croit être son devoir,—et de revêtir des apparences équivoques au moment même où il est en réalité le plus héroïque. Le type devient ainsi très général. Tous ceux-là aimeront et comprendront Bajazet, qui ont été obligés de mentir et de soutenir péniblement leur mensonge, par amour, fidélité, «loyalisme», compassion, et pour épargner des douleurs à une autre créature. Ce rôle si compliqué, si gêné, si peu «avantageux» contient donc plus de tragique peut-être que les grands rôles des héros de tragédie. Je voudrais seulement que Bajazet nous dît mieux,—oh! tout simplement dans quelque monologue,—à quel point il souffre des hontes et des abaissements qu'un devoir supérieur lui impose. On verrait tout de suite sous un autre jour ce personnage calomnié.

Dans ce drame où tout le monde ment, la petite princesse Atalide est encore celle qui ment le plus. Mais, outre qu'elle a la même excuse que Bajazet, on lui en veut moins parce qu'elle est femme. Je crois bien, d'ailleurs, que nul ne souffre plus qu'elle: elle a constamment le cœur dans un étau. Songez à ce que doivent être les sentiments d'une femme amoureuse qui s'entremet, pour son amant, auprès d'une autre femme, et le lui vante, et le lui offre, et le lui envoie; songez quel horrible effort, et quelles craintes, quels soupçons, quelle jalousie! La scène où elle supplie son amant de se prêter à ce jeu et, tout de suite après, celle où elle croit qu'il s'y est trop prêté, sont d'une vérité particulièrement poignante. Avec cela, elle est délicieuse. Racine a voulu l'opposer fortement à l'esclave Roxane. Elle est comme la sœur-fiancée de Bajazet; ils ont été élevés ensemble dans un coin du sérail, tels que deux colombes dans une cour de mosquée. Cette petite princesse qui ment si bien, qui défend son amant avec tant d'énergie et qui, enfin, le perd parce qu'elle l'aime trop, a pourtant des grâces réservées et chastes de religieuse égarée dans un harem.

* * * * *

En résumé, de même que *Bérénice* est la plus racinienne des tragédies de Racine parce qu'elle en est la plus tendre, *Bajazet* est la plus racinienne des tragédies de Racine parce qu'elle en est la plus féroce, et que nulle n'offrit jamais (avec un tel entrecroisement de duplicités) un plus épouvantable jeu de l'amour et de la mort.

Mais, comme j'ai dit, le mot d'ordre était donné: il était convenu que la pièce (défaut impardonnable!) n'était pas turque. Apparemment *la Sultane* de Gabriel Bonnyn (1561), *le grand et dernier Soliman* de Mairet (1639), le *Soliman* de Dalibray (1637), la *Roxelane* de Desmares (1643), *le Grand Tamerlan* et *Bajazet* de Magnon, et l'*Osman* de Tristan l'Hermite (1656) l'étaient davantage? Le ridicule Robinet, ami de Molière, s'égaya sur le peu de turquerie de *Bajazet*. Donneau de Visé, autre ami de Molière, découvrit dans des livres, tels que les *Voyages du sieur Le Loir contenus en plusieurs lettres écrites du Levant* ou l'*Abrégé de l'histoire des Turcs* de Du Verdier, que la tragédie de Racine était pleine d'erreurs, qu'Amurat s'était défait de Bajazet en même temps que de son frère Orcan, et que Roxane avait été avec Amurat au siège de Bagdad. Et la grosse Sévigné, après avoir assez vivement admiré *Bajazet*, n'osa plus le faire quand son odieuse fille l'en eut réprimandée.

Racine, cette fois, ne répliqua ni ne discuta. Il répondit froidement dans sa première préface:

> C'est une aventure arrivée dans le sérail. Je la tiens du chevalier de Nantouillet, qui la tenait du comte de Cézy. J'ai été obligé de changer quelques circonstances. Mais, comme ce changement n'est pas fort considérable; je ne pense pas qu'il soit nécessaire de le marquer au lecteur. La principale chose à quoi je me suis attaché, ç'a été de ne rien changer ni aux mœurs ni aux coutumes de la nation.

Rien de plus. Pour le reste, allez-y voir, ou interrogez ceux qui ont entendu M. de Cézy. Et la façon péremptoire et ironique dont il se dérobe ici, parce qu'il sait que, cette fois, on n'ira pas voir, nous montre tout ce qu'il devait y avoir de concession aux pédants et sans doute de moquerie secrète dans les passages de ses préfaces où il se donnait tant de mal pour prouver l'existence historique de tel ou tel personnage secondaire qu'il aurait pu simplement inventer.

Mais ici, je le répète, il dédaigne de répondre. Ce n'est même que quatre ans plus tard (préface de 1676) qu'il aura cette belle et ingénieuse remarque sur «d'éloignement du pays qui répare en quelque sorte la trop grande proximité du temps» et qu'il expliquera comment la vie du harem est propre à rendre les femmes plus savantes en amour. En 1672, il ne dit rien. *Bajazet* n'en a pas moins un très grand succès. Racine sent, à ce moment, toute sa force. Il va entrer à l'Académie. Il n'a plus grand'chose à désirer; et il semble qu'une sorte de détachement commence à s'opérer en lui. Il sait qu'il n'écrira rien de plus violent ni déplus tragique que *Bajazet*. Que va faire maintenant cette âme dévorante?

HUITIÈME CONFÉRENCE

«MITHRIDATE»—«IPHIGÉNIE»—«PHÈDRE»

On sait bien que

Dans un objet aimé tout nous devient aimable.

Je vous avoue que j'aime Racine tout entier et que je ne voudrais rien perdre de lui, pas même *Alexandre* ni même cette *Thébaïde*, qui est l'exercice d'un écolier aimé des dieux. Et, d'autre part, si je me permettais d'exprimer une préférence pour tel ou tel des ouvrages profanes de sa maturité, je craindrais presque de l'offenser et de lui faire de la peine, et je craindrais aussi de me tromper. Toutefois, ne puis-je vous dire que si, par une hypothèse d'ailleurs absurde, je me trouvais absolument forcé de faire un choix, les deux tragédies que je sacrifierais avec le moins de désespoir, ce serait peut-être *Mithridate* (malgré Mithridate et Monime) et *Iphigénie* (malgré Iphigénie et Ériphile), et que celles que je voudrais sauver, si tout le reste devait être détruit (supposition fort peu raisonnable), ce serait *Andromaque, Bajazet* et *Phèdre,*— et *Bérénice*, qui est à part.

Et sans doute je me contente d'exprimer ici des prédilections personnelles, et l'on peut me dire que ce n'est plus de la critique; comme s'il n'y avait pas toujours, au fond et à l'origine de la critique, l'émotion involontaire de notre sensibilité en présence d'une œuvre, et cette simple et irréductible déclaration: «j'aime» ou «je n'aime pas». Mais, au surplus, je pourrais ici donner des raisons. *Andromaque, Bajazet, Phèdre* me paraissent les trois drames où Racine est lui-même jusqu'au bout; où il l'est avec hardiesse et violence; les trois drames de la passion totale, qu'on n'avait pas faits avant Racine, et que je doute un peu qu'on ait refaits après lui. *Andromaque, Bajazet, Phèdre* ne sont que très partiellement influencés par les mœurs, le goût, les préjugés du XVIIe siècle. Au contraire, *Mithridate* et surtout *Iphigénie* me semblent les deux pièces où le poète s'est le plus plié, sciemment, ou non, aux mœurs et au goût de son temps, et à l'idée que ce temps se faisait de la beauté. *Mithridate* et *Iphigénie* sont, parmi les tragédies de Racine, les plus «pompeuses» (je ne donne pas à ce mot le sens un peu défavorable qu'il a pris, et qu'il n'avait pas alors); celles qui s'appareillent le mieux aux autres formes de l'art du XVIIe siècle, aux tableaux de Lebrun, aux statues de Girardon ou de Coysevox, aux jardins de Le Nôtre, au palais de Versailles; bref les plus «louis-quatorziennes», si je puis dire.

Aussi sont-ce les deux tragédies que le roi aima le mieux, et celles qui (*Andromaque* mise à part) eurent le plus de succès en leur temps. Toutes deux eurent en outre une magnifique carrière officielle (comme nous dirions aujourd'hui), firent partie de divertissements, de fêtes données à l'occasion d'événements royaux et nationaux (c'était alors même chose), de mariages ou de victoires royales et françaises. Toutes deux, peut-être à cause de cela, furent ménagées par la critique.

* * * * *

Dans ces années de *Mithridate* et d'*Iphigénie*, Racine, qui vient d'entrer à l'Académie, le 12 janvier 1673, à trente-trois ans, apparaît un peu «poète-lauréat» au sens anglais, poète de la cour: ce qui, je me hâte de le dire, n'a rien de désobligeant pour lui; car il y a dans cette cour bien de l'esprit et un bien grand goût; et les admirateurs les plus déclarés de Racine, c'est le grand Condé, c'est Colbert, c'est le duc de Chevreuse, et ce sont les Mortemart, si renommés pour leur esprit Vivonne, madame de Thianges, madame de Montespan.

Donc, on lit dans le *Journal de Dangeau* (dimanche 5 novembre 1684): «Le soir, il y eut comédie française; le roi y vint, et l'on choisit *Mithridate*, parce que c'est la comédie *qui lui plaît le plus.*»

Mithridate fut joué très souvent à la cour: à Saint-Germain, à Fontainebleau, à Chambord, à Versailles,—et à Saint-Cloud (1680) pour la dauphine nouvellement mariée.

Iphigénie fut jouée pour la première fois à l'Orangerie, dans les «Divertissements de Versailles donnés par le roi à toute sa cour, au retour de la conquête de la Franche-Comté en l'année 1675». Et voici la description des lieux, d'après le *Mercure galant*:

> La décoration représentait une longue allée de verdure, où, de part et d'autre, il y avait des bassins de fontaines, et d'espace en espace des grottes d'un travail rustique, mais travaillées très délicatement. Sur leur entablement régnait une balustrade où étaient arrangés des vases de porcelaine pleins de fleurs; les bassins des fontaines étaient de marbre blanc, soutenus par des tritons dorés; et dans ces bassins on en voyait d'autres pins élevés qui portaient de grandes statues d'or. Cette allée se terminait dans le fond du théâtre par des tentes qui avaient rapport à celles qui couvraient l'orchestre; et au delà paraissait une longue allée, qui était l'allée même de l'Orangerie, bordée des deux côtés de grands orangers et de grenadiers entremêlés de vases de porcelaine remplis de diverses fleurs. Entre chaque arbre il y avait de grands candélabres et des guéridons d'or et d'azur qui portaient des girandoles de cristal allumées de plusieurs bougies. Cette allée finissait par un portique de marbre; les pilastres qui en soutenaient la corniche étaient de lapis, et la

porte paraissait toute d'orfèvrerie. Sur ce théâtre, orné de la manière que je viens de dire, la troupe des comédiens du roi représenta la tragédie d'*Iphigénie*.

Je ne dis que ce que je dis, et ce n'est pas moi, comme vous le pensez bien, qui méconnaîtrai la force et la vérité d'*Iphigénie* et de *Mithridate*. Mais enfin on sent qu'entre ce décor et *Mithridate* ou *Iphigénie*, entre ce décor et ces vers d'*Iphigénie*, par exemple:

Mon respect a fait place aux transports de la reine,

ou bien:

Vous n'avez pas du sang dédaigné les faiblesses,

il n'y a pas de profonde disconvenance. Mais il me semble qu'il y en aurait, ou que du moins on en pourrait apercevoir, entre ce décor et certains cris d'Hermione, de Roxane et de Phèdre. Ces cris auraient fêlé les girandoles sur les guéridons d'or et d'azur.

Et c'est pourquoi *Mithridate* et *Iphigénie* me semblent les deux seules tragédies auxquelles se puissent appliquer, avec quelque apparence peut-être de justesse, les vers de Voltaire sur ces amoureux que l'Amour «croit des courtisans français»—et aussi les éternelles railleries de Taine, dont c'était la manie de ne voir dans les tragédies de Racine qu'une reproduction de Versailles, par exemple ce passage des *Nouveaux Essais de critique et d'histoire*:

> Mettez (dit-il après avoir parlé de l'Achille grec), mettez en regard le charmant cavalier de Racine, à la vérité un peu fier, de sa race et bouillant comme un jeune homme, mais discret, poli, du meilleur ton, respectueux pour les captives… leur demandant permission pour se présenter devant elles, tellement qu'à la fin il ôte son chapeau à plumes et leur offre galamment le bras pour les mettre en liberté… Une des causes de l'amour d'Iphigénie, c'est qu'Achille est de meilleure maison qu'elle (?); elle est glorieuse d'une telle alliance: vous diriez une princesse de Savoie ou de Bavière, qui va épouser le dauphin de France.

Il y a du vrai, un peu. Racine, en faisant parler ou de légendaires héros d'il y a trois mille ans, ou, comme dans *Mithridate*, des rois à demi barbares d'il y a deux mille ans, leur a prêté quelque chose du langage, des sentiments et des manières qui passaient pour les plus nobles en son temps. Mais j'ajoute: «Pourquoi non?» ou «Qu'est-ce que cela fait? En quoi cela est-il si ridicule? Est-ce que l'âme d'un gentilhomme accompli de la cour de Louis XIV ne peut pas être quelque chose de fort intéressant? Est-ce que ses façons ne sont pas de fort belles façons, et qui supposent délicatesse morale, respect de la femme, fierté disciplinée, maîtrise de soi?» Mais, en réalité, il y a dans Racine une harmonieuse fusion de la noblesse et de l'élégance morales comme on les entendait au XVIIe siècle, avec l'allure et la grandeur héroïques comme elles nous sont présentées dans le théâtre grec. Racine mêle et combine l'humanité supérieure de l'antiquité avec l'humanité supérieure de son temps. Cette combinaison est belle. Elle n'est point absurde, le fond de l'âme humaine persistant sous les différences de costumes,—et Achille révolté (dans l'*Iliade*) étant assez proche parent de Condé rebelle.—Tout ce qu'on peut dire, c'est que l'un des éléments de cette combinaison, l'élément «Louis XIV», domine un peu plus dans *Mithridate* et surtout dans *Iphigénie* que dans les autres pièces de Racine.

Et maintenant, quelques remarques séparées sur chacune de ces deux tragédies «pompeuses».

* * * * *

Disons-nous bien que Corneille ne pensait qu'à Racine, et que Racine ne pensait qu'à Corneille, et que ce n'était pas pour s'entr'aimer.

L'épine au cœur d'Eschyle s'appelle Sophocle, et au cœur de Corneille Jean Racine. Oh! le délaissement du grand poète qui a oublié de mourir jeune! La douleur de survivre à ses succès, de se voir passé de mode et remplacé par une génération d'écrivains qui semblent avoir le cerveau fait autrement que lui! «Ma veine, dit Corneille dans une *Épître au roi* de 1667 (l'année d'*Andromaque*),

> N'est plus qu'un vieux torrent qu'ont tari douze lustres;
> Et ce serait en vain qu'aux miracles du temps
> Je voudrais opposer l'acquit de quarante ans.
> Au bout d'une carrière et si longue et si rude,
> On a trop peu d'haleine et trop de lassitude;
> À force de vieillir un auteur perd son rang:
> On croit ses vers glacés par la froideur du sang;
> Leur dureté rebute, et leur poids incommode
> Et la seule tendresse est toujours à la mode!»

Il ne veut point convenir, d'ailleurs, qu'il y a autre chose que de la tendresse dans Racine. Racine l'irrite, le scandalise,—et l'attire. S'il pouvait, lui aussi, ou s'il voulait!... De ce trouble, je pense, naîtra *Suréna*, au lendemain du triomphe royal d'*Iphigénie*. On peut, sans y mettre trop de complaisance, distinguer comme un reflet racinien sur la dernière tragédie de Corneille. Il y a, du reste, quelque analogie de situation entre *Suréna*, qui est de 1674, et *Bajazet*, qui est de 1672. Même, la pauvre Eurydice, moins nerveuse et moins douloureuse, est en réalité plus faible qu'Atalide. Eurydice sait qu'il dépend d'elle de sauver la vie de son amant Suréna, en lui commandant d'épouser Mandane, fille du roi Orode, lequel s'est mis en tête de faire Suréna son gendre pour s'assurer la fidélité d'un serviteur trop puissant. Mais Eurydice—contrairement à l'habitude des héroïnes de Corneille dans la moitié de ses tragédies—n'a pas le courage de donner son amant à une autre femme. Ses incertitudes remplissent trois actes; et, quand elle se décide, il est trop tard: Suréna vient d'être assassiné par l'ordre du roi. Nous voyons ici une héroïne de Corneille qui n'est plus cornélienne qu'en discours. Que dis-je! la forme elle-même s'attendrit en plus d'un endroit de cette lente mais souvent charmante tragédie. À un moment, Suréna ayant dit qu'il veut mourir pour se tirer d'embarras, Eurydice répond mélodieusement:

Vivez, seigneur, vivez afin que je languisse,
Qu'à vos feux ma langueur rende longtemps justice.
Le trépas à vos yeux me semblerait trop doux,
Et je n'ai pas encore assez souffert pour vous.
Je veux qu'un noir chagrin à pas lents me consume,
Qu'il me fasse à longs traits goûter son amertume;
Je veux, sans que la mort ose me secourir,
Toujours aimer, toujours souffrir, toujours mourir.

Il y a là quelque chose de plus ardent que la langueur fade de Quinault. Et la fin est belle. Eurydice, qui vient d'apprendre la mort de Suréna, «demeure immobile et sans larmes». Palmis, la sœur du héros, s'en indigne:

Quoi! vous causez sa perte et n'avez point de pleurs!

Alors, Eurydice, simplement:

Non, je ne pleure point, madame; mais je meurs.
Généreux Suréna, reçois toute mon âme.

Et elle meurt.—Un peu auparavant, dans *Psyché* (1671), Corneille avait su mieux encore faire parler l'amour. Et je crois que la concurrence du jeune et odieux Racine a pu être pour quelque chose dans ce suprême renouvellement du vieux poète.

De son côté, Racine ne pense qu'à Corneille. Il sait bien tout ce que disent les partisans du bonhomme. Ils abandonnent à son jeune rival les histoires d'amour: mais pour les tragédies politiques, pour les machines romaines, il n'y a encore que Corneille! Racine a bien fait *Britannicus*, mais *Britannicus* n'est qu'un drame privé, et n'a eu, d'ailleurs, presque aucun succès. Et alors Racine cherche… Il veut montrer que, lui aussi, il est capable de grandes vues et de belles discussions et délibérations historico-politiques. Il lui faut absolument un sujet qui comporte l'équivalent du grand dialogue d'Auguste avec Cinna et Maxime, ou de la première scène de *la Mort de Pompée*, ou de la grande scène entre Pompée et Sertorius dans *Sertorius*. Il feuillette les historiens et les compilateurs d'histoires: Florus, Plutarque, Dion Cassius, Appien,—et les chapitres de Justin où Pierre Corneille avait trouvé la situation du cinquième acte de *Rodogune*, et d'où Thomas Corneille avait tiré sa *Laodice*, ce curieux mélodrame qui fait songer tantôt à *la Tour de Nesle* et tantôt à *Lucrèce Borgia*. Et Racine finit par rencontrer ce qu'il lui faut: Mithridate, vaincu, mais irréductible, exposant son projet d'attaquer les Romains dans Rome même. La voilà, la grande scène historique, celle qui lui donnera l'occasion d'être mâle, sérieux, sévère, et d'égaler Corneille sur son propre terrain!

Et d'une autre façon encore il rivalisera avec le vieux maître, et lui fera même la leçon.—Corneille a été amoureux toute sa vie, mais particulièrement à partir de la cinquantaine. On connaît ses innocentes et grondeuses amours avec mademoiselle Du Parc, quelques années avant la liaison beaucoup plus effective de cette belle personne avec Racine lui-même. On connaît surtout les stances absurdes et délicieuses à *la Marquise*, où Corneille la somme impérieusement de l'aimer malgré ses rides, parce qu'il a du génie. À partir de là, Corneille se complaît à mettre dans son théâtre des vieillards amoureux: Sertorius dans *Sertorius* (1662), Syphax dans *Sophonisbe* (1663) et Martian dans *Pulchérie*, qui sera joué trois mois avant le *Mithridate* de Racine. Quand je dis «des vieillards…» ils n'ont guère que de cinquante à soixante ans; mais, vous le savez, les gens du XVIIe siècle étaient si simples qu'un homme leur paraissait vieux, passé la cinquantaine. Et le vieux Sertorius et le vieux Syphax disent des choses touchantes, et même le vieux Martian parle quelquefois en grand poète lyrique: mais tous trois sont des amoureux platoniques et singulièrement soumis. Le plaintif Syphax se laisse tout temps injurier par Sophonisbe parce qu'il ne hait pas assez les Romains; Sertorius, qui dit aimer Viriathe, veut néanmoins la marier à son lieutenant Perpenna; et Martian accepte sans protestation et même avec reconnaissance d'être auprès de l'impératrice Pulchérie un mari qui n'usera pas de ses droits.

Sur quoi Racine se dit: «Je vais leur montrer, moi, ce que peut être l'amour chez un sexagénaire: le sentiment le plus fort, le plus exigeant, le plus douloureux, le plus féroce.» Il était d'ailleurs assez naturel qu'aux autres variétés de l'implacable amour il voulût ajouter celle-là, qui n'avait pas encore été peinte dans toute sa vérité. Racine complétait ainsi sa ménagerie de fauves bien disants. Et donc il conçoit et réalise Mithridate, rival de ses fils à cinquante-sept ans, et du premier coup ramasse et fait vivre en lui tous les terribles caractères du lamentable amour des hommes trop vieux.

Car vraiment tout y est bien: le désir d'autant plus furieux, qu'il se sent anormal, et que le vieillard épris sait bien qu'il ne pourra satisfaire que médiocrement la jeune femme qu'il aime et risque même d'y échouer tout à fait: d'où une sorte de honte qui l'empêche de parler directement de cet amour dont il est consumé. Mithridate ne déclare point en face à Monime qu'il l'aime: il attend d'être tout seul pour dire avec un râle: «Je brûle, je l'adore.» (Acte IV.) Oui, tout y est: le manque de clairvoyance, qui vient justement d'une attention et d'une défiance trop soutenues: celui que Mithridate charge de veiller sur Monime et de la disposer à ce qu'il veut, c'est précisément Xipharès, celui de ses fils qui est aimé de Monime.—Tout y est: la torture continuelle du soupçon et, quand le soupçon est devenu certitude, la jalousie forcément meurtrière, par la rage de sentir que ce qu'un autre donnera à la jeune femme, on ne pourrait le lui donner; et cette inévitable pensée: «Si ce n'est moi qui la possède, que du moins ce ne soit personne.» Et c'est pourquoi Mithridate, à l'insupportable idée que, lui mort, Monime serait à Xipharès, n'hésite pas un moment à envoyer du poison à celle qu'il adore. Tout cela, compliqué par ce fait, que le rival de Mithridate est un fils pour qui il a de l'estime et de l'affection; et tout cela, en outre, poussé à l'atroce par la condition, la race et le passé de Mithridate, sultan oriental vaguement teinté d'hellénisme, habitué au sang, traqué comme une bête dans sa jeunesse, et qui a dû, de bonne heure, répondre aux crimes par des crimes, et trahir pour se défendre de la trahison: à la fois homme de désir et de volonté indomptables, et homme de dissimulation et de ruse. (Celle par laquelle il arrache à Monime l'aveu de son amour pour Xipharès convient singulièrement à son personnage.)

Mais si torturé, avec cela! Rappelez-vous les choses qu'il se dit quand il est seul:

> Non, non, plus de pardon, plus d'amour pour l'ingrate.
> Ma colère revient, et je me reconnais.
> Immolons, en partant, trois ingrats à la fois...
> Sans distinguer entre eux qui je hais ou qui j'aime,
> Allons, et commençons par Xipharès lui-même.
> Mais quelle est ma fureur! et qu'est-ce que je dis?
> Tu vas sacrifier qui, malheureux? Ton fils!
> Un fils que Rome craint, qui peut venger son père
> Pourquoi répandre un sang qui m'est si nécessaire?
> Ah! dans l'état funeste où ma chute m'a mis,
> Est-ce que mon malheur m'a laissé trop d'amis?
> Songeons plutôt, songeons à gagner sa tendresse.
> J'ai besoin d'un vengeur, et non d'une maîtresse.
> Quoi! ne vaut-il pas mieux, puisqu'il faut m'en priver,
> La céder à ce fils que je veux conserver?
> Cédons-la. Vains efforts qui ne font que m'instruire
> Des faiblesses d'un cœur qui cherche à se séduire!
> Je brûle, je l'adore, et loin de la bannir...
> Ah! c'est un crime encor dont je la veux punir...
> Quelle pitié retient mes sentiments timides?
> N'en ai-je pas déjà puni de moins perfides?
> Ô Monime! ô mon fils! inutile courroux!

Et vous, heureux Romains, quel triomphe pour vous,
Si vous saviez ma honte et qu'un avis fidèle
De mes lâches combats vous portât la nouvelle!
Quoi! des plus chères mains craignant les trahisons,
J'ai pris soin de m'armer contre tous les poisons;
J'ai su, par une longue et pénible industrie,
Des plus mortels venins prévenir la furie.
Ah! qu'il eût mieux valu, plus sage et plus heureux,
Et repoussant les traits d'un amour dangereux,
Ne pas laisser remplir d'ardeurs empoisonnées
Un cœur déjà glacé par le froid des années!…

(Ainsi il se débat en vieil homme mordu, mais en homme qui, dans sa souffrance même, n'oublie pas son rôle et ses devoirs publics. Ruy Gomez n'est qu'un «gaga» lyrique auprès de lui.)

Songez-y bien: autant peut-être qu'Hermione et que Roxane, Mithridate amoureux était alors un personnage tout neuf. Et longtemps il restera isolé: ce n'est guère qu'au XIXe siècle que nous reverrons sur le théâtre l'amour dans de vieux cœurs et dans de vieilles chairs.

Et d'une troisième façon encore Racine pense à Corneille,—pour faire le contraire de ce que Corneille a fait. Aux Cornélie, aux Viriathe, aux Sophonisbe, aux Pulchérie, aux orgueilleuses et aux déclamatrices, il oppose les pudiques: Andromaque déjà, et Junie, et Bérénice, et Atalide,—mais surtout Monime: Monime, qui nous offre, pour ainsi dire, le sublime de la décence, et à la fois de la fierté intérieure et de la modestie et de la «tenue»; Monime, fine Grecque parmi ces demi-barbares; aimée de Mithridate et son épouse de nom en attendant qu'il ait le loisir de célébrer et de consommer le mariage; aimée en même temps des deux fils du vieux roi et aimant secrètement l'un d'eux; et qui,—les choses se compliquant encore par la fausse mort et la résurrection du vieux tyran,—se trouve, d'un bout à l'autre du drame, dans la situation la plus difficile, la plus comprimée, la plus délicate,—la plus fausse,—et qui semble la porter légèrement à force de franchise et de grâce, et de respect de soi, et d'héroïsme sans gestes: admirable de «tenue» (il faut répéter le mot, qui implique dignité et silencieux empire sur soi-même) depuis son exquise entrée au premier acte et sa douce requête à Xipharès:

Seigneur, je viens à vous: car enfin aujourd'hui
Si vous m'abandonnez, quel sera mon appui?

jusqu'à ses divins adieux à sa servante grecque, après qu'elle a reçu de Mithridate le poison libérateur:

> … Si tu m'aimais, Phédime, il me fallait pleurer
> Quand d'un titre funeste on me vint honorer
> Et lorsque, m'arrachant du doux sein de la Grèce,
> Dans ce climat barbare on traîna ta maîtresse.
> Retourne maintenant chez ces peuples heureux;
> Et, si mon nom encor s'est conservé chez eux,
> Dis-leur ce que tu vois, et de toute ma gloire,
> Phédime, conte-leur la malheureuse histoire…

Adorable créature qui sait dire tant de choses par des mots si discrets:

À Xipharès:

> Pour me faire, seigneur, consentir à vous voir,
> Vous n'aurez, pas besoin d'un injuste pouvoir;

Et plus loin:

> Je fuis; souvenez-vous, prince, de m'éviter.
> Et méritez les pleurs que vous m'allez coûter!

et qui enfin, offensée par l'indigne ruse de Mithridate, déconcerte, humilie et fait rougir le vieux sultan par ce simple cri:

> … Quoi, seigneur! Vous m'auriez donc trompée!

Monime (et plus tard Iphigénie) après Cornélie et Viriathe, c'est l'héroïsme qui a de la pudeur et de la grâce après l'héroïsme qui n'en avait pas. Monime fait des choses plus difficiles et plus dures que Viriathe et Pulchérie: mais elle les fait sans emphase. Racine introduit dans l'héroïsme le *goût*. (Je pense que madame de La Fayette se souviendra de Monime dans la *Princesse de Clèves*, et des femmes de Racine en général dans *la Princesse de Montpensier* et, dans *la Comtesse de Tende*, ce petit récit d'un tragique si fort et si contenu.)

À la vérité, le drame privé qui se joue entre Mithridate, Monime et Xipharès fait un peu tort, selon moi, à la tragédie historique, à l'histoire de Mithridate ennemi des Romains, préméditant de porter la guerre en Italie, et finalement léguant sa vengeance à Xipharès. Oh! cette partie historique et politique est fort belle. C'est, dans son genre, tout aussi bien que du Corneille: mais le drame privé est encore mieux. Je dois dire toutefois que c'est peut-être ce qu'il y a dans *Mithridate* d'histoire, de politique et de «casque» qui plut davantage en son temps. Le succès de la pièce fut considérable et incontesté, et Racine eut, cette fois, ce que nous appellerions «une très bonne presse».

Que va-t-il faire maintenant?

* * * * *

Racine, qui aime tant les poètes grecs et qui les connaît si bien, ne leur a pas emprunté un seul sujet depuis *Andromaque*. Il avait suivi Corneille dans le monde romain. Mais à présent, il ne craint plus Corneille qui est en train d'écrire sa dernière tragédie (*Suréna*). Racine peut faire ce qu'il veut. Évidemment il va revenir à ses chers Grecs.

Il y revient. Mais pourtant deux années s'écoulent entre la première représentation de *Mithridate* et celle d'*Iphigénie*. Qu'a-t-il fait pendant ce temps-là? Je crois que tout simplement il s'est replongé avec délices dans le théâtre grec, et qu'il a dû, avant d'écrire *Iphigénie en Aulide*, tenter quelques autres sujets. C'est probablement en ce temps-là qu'il songe à cette *Iphigénie en Tauride* dont nous avons le plan du premier acte, et à cette *Alceste* que, d'après une tradition, il aurait composée entièrement et, plus tard, brûlée par scrupule.

Remarquez ceci. Les autres pièces grecques de Racine, *la Thébaïde* (sauf l'oracle et le bref sacrifice de Ménécée) et *Andromaque*, sont sans «merveilleux». (Et encore plus les tragédies empruntées à l'histoire, *Britannicus, Bérénice, Bajazet, Mithridate*.) Mais *Alceste, Iphigénie en Tauride, Iphigénie en Aulide*, le merveilleux y abonde. Ce sont d'admirables légendes tragiques, oui, mais poétiques aussi. Il y a, dans les deux *Iphigénie*, oracles, prodiges, sacrifices humains, dans *Alceste* intervention d'un demi-dieu et résurrection; et, dans les trois légendes, une mythologie luxuriante. Il semble qu'après *Mithridate*, Racine, repris par les Grecs, libre de suivre ses prédilections jusqu'au bout, ait été plus sensible à la poésie proprement dite, épique, lyrique ou descriptive, et disposé à en mettre davantage dans ses pièces. (Cela se marquera surtout dans *Phèdre*.) Il n'est pas moins tragique: il est peut-être plus «artiste» comme nous disons, plus curieux de beauté plastique et de pittoresque.

Bien entendu, je n'indique ici qu'une nuance, car, tout en goûtant et conservant la belle couleur mythologique de l'*Iphigénie* d'Euripide, il n'en retient pas plus d'une soixantaine de vers; et il introduit dans la fable le plus qu'il peut de «bienséance» (par la suppression du rôle un peu choquant de Ménélas, l'oncle inhumain) et le plus qu'il peut de «raison» (par la substitution finale d'Ériphile à Iphigénie).

Il se félicite extrêmement, dans sa préface, de l'invention, fort ingénieuse en effet, de ce personnage d'Ériphile:

> Quelle apparence, dit-il, que j'eusse souillé la scène par le meurtre horrible d'une personne aussi vertueuse et aussi aimable qu'il fallait représenter Iphigénie? Et quelle apparence encore de dénouer ma tragédie par le secours d'une déesse et d'une machine, et par une métamorphose

qui pouvait trouver quelque créance du temps d'Euripide,
mais qui serait trop *absurde* et trop incroyable parmi nous.

Et plus loin il parle du plaisir qu'il a fait au spectateur «en sauvant Iphigénie
par une autre voie que par un miracle que le spectateur n'aurait pu souffrir,
parce qu'il ne saurait jamais le croire».

Voilà, soit dit en passant, un bien bel exemple du choix totalement arbitraire
que, tous, nous faisons souvent, sans nous en douter, dans l'«incroyable».
D'après Racine lui-même, il est «incroyable et absurde» qu'une jeune fille soit
changée en biche ou enlevée par une déesse: mais sans doute (puisqu'il ne fait
pas d'objection sur ce second point) il n'est pas si absurde ni si incroyable que
la mort sanglante d'une jeune fille ait pour effet de faire souffler les vents.—
Racine, un peu plus loin, explique, il est vrai, par cette autre raison,
l'introduction du personnage d'Ériphile: «Ainsi, le dénouement de ma pièce
est tiré du fond même de ma pièce.» Et je préfère cette raison-là.

Il n'en reste pas moins que la question agitée d'un bout à l'autre d'*Iphigénie* est
celle-ci: «Égorgera-t-on une jeune fille pour obtenir des dieux un vent
favorable?» Et là-dessus il m'est arrivé de dire autrefois: «L'action d'*Iphigénie*
est d'un temps où l'on faisait des sacrifices humains; les mœurs, les sentiments
et le langage sont du XVIIe siècle. Cela décidément s'accorde mal. Et cette
discordance est unique dans le théâtre de Racine. Car, deux frères qui se
haïssent (la *Thébaïde*), un homme entre deux femmes, ou l'inverse (*Bajazet,
Andromaque*), la lutte d'une mère et d'un fils (*Britannicus*), deux amants qui se
séparent (*Bérénice*), un père rival de son fils (*Mithridate*), même une femme
amoureuse de son beau-fils (*Phèdre*), cela est de tous les pays et de tous les
temps. Mais ce sacrifice humain! Cela ne peut même se transposer, ni
s'assimiler, par exemple, à la mise en religion d'une princesse dans un intérêt
politique… J'ai beau songer cette contradiction trop forte entre l'action et le
langage ou les façons me gâte cette magnifique *Iphigénie*.»

Oh! que j'avais tort! Les Grecs de la lointaine légende croyaient que le sang
d'une jeune fille peut apaiser les dieux; mais quoi! cette idée de la vertu
expiatrice du sang était-elle donc étrangère aux chrétiens du XVIIe siècle?
Ignoraient-ils l'histoire du sacrifice d'Abraham? et, dans le présent, madame
de Montespan ne croyait-elle pas que le sang d'un enfant égorgé par un
mauvais prêtre pouvait lui assurer l'amour du roi et la délivrer de madame de
Fontanges? et madame de Montespan n'était-elle pas une personne
intelligente, spirituelle, de façons raffinées et d'un très beau langage? Ou, si
madame de Montespan a été calomniée, assurément quelque autre dame du
temps a connu cet état d'esprit. Ni la superstition ni le crime n'ont rien
d'incompatible avec la perfection des manières, la politesse du discours, la
délicatesse de la sensibilité, et la finesse même de l'observation
psychologique: voilà la vérité très simple qui absout quand il y a lieu, dans le

théâtre de Racine, l'union—d'ailleurs savoureuse—de l'horreur du fond et de l'élégance de la forme.

Et enfin, si vous réduisez le sacrifice de la fille d'Agamemnon à ce qu'il est essentiellement: un meurtre politique, et dans un intérêt dynastique et national, vous comprendrez qu'*Iphigénie*—cette pièce où il n'y a que des rois et des reines et où chaque personnage doit opter entre un sentiment privé et un intérêt public—est par excellence la «tragédie royale», et à quel point lui convenait le décor décrit par le *Mercure galant*. Et vous comprendrez aussi pourquoi, tandis qu'Euripide avait fait d'Iphigénie une jeune fille, d'abord faible, puis exaltée, Racine en fait exclusivement une fille de roi, une princesse, et qui a d'autres devoirs que ceux d'une jeune fille, et qui, d'emblée, accepte la mort par obéissance à son père et par dévouement à la grandeur de sa maison.

Racine, cependant, devait être tenté par la seconde partie, si brillante, du rôle d'Iphigénie dans Euripide, quand la jeune fille apparaît et se considère elle-même comme une héroïne nationale:

> Je suis condamnée à mourir glorieusement, en repoussant
> loin de moi toute faiblesse. C'est sur moi qu'en ce moment
> toute la Grèce a les yeux fixés, et c'est de moi que dépendent
> le départ de la flotte et la ruine de Troie.

Puis la note philosophique, qui ne manque jamais chez Euripide:

> Dois-je tenir tant à la vie? C'est pour l'intérêt commun que
> tu me l'as donnée, ma mère, non pour toi seule…

Et enfin:

> Je donne mon sang à la Grèce; immolez-moi, allez renverser
> Troie. Voilà les monuments éternels de mon sacrifice, voilà
> mes enfants, mon hymen, ma gloire.

Oui, cela était bien tentant. Mais Racine a résisté. Ni son Iphigénie n'injurie son père comme fait celle d'Euripide, ni elle ne se pose ensuite en héroïne qui sauve son peuple. Ces propos, à son avis, manqueraient de bienséance et de goût chez une princesse royale. L'Iphigénie de Racine ne supporte même pas que son fiancé parle sévèrement de son père. Et, d'autre part, elle ne se glorifie pas elle-même. Elle a moins d'enthousiasme que de résignation et de sérénité. Tout ce qu'elle se permet, vers la fin, c'est de se réjouir à la pensée que sa mort assure la gloire d'Achille et la victoire de son pays.

Bref, elle songe aux autres (et à sa race) beaucoup plus qu'à elle-même; ce qui est la marque d'une parfaite éducation. Iphigénie est une héroïne merveilleusement bien élevée. À ce degré, c'est très beau,—beau de décence, de possession de soi, de discipline intérieure. Cela est virginal et royal.

Et, si elle vous apparaît tout de même par trop princesse, par trop contenue dans sa première scène avec Agamemnon, je vous renvoie à l'*Entretien sur les tragédies de ce temps* par l'abbé de Villiers (1675); car vous y verrez qu'il y avait des gens qui lui trouvaient trop d'abandon et qui «n'approuvaient pas qu'une fille de l'âge d'Iphigénie courût après les caresses de son père»; tout cela, à cause de ces vers, empreints pourtant d'une irréprochable modestie:

> Seigneur, où courez-vous? et quels empressements
> Vous dérobent si tôt à mes embrassements?

En violent contraste avec cette fille si disciplinée, Racine a mis l'effrénée, la romantique Ériphile, dont le foudroyant petit roman est une si saisissante invention; Ériphile, vraie sœur du romantique Oreste; Ériphile, amoureuse perverse d'Achille, pour s'être sentie pressée dans les bras «ensanglantés» de ce jeune homme et y avoir un instant perdu connaissance (car nous sommes dans un temps où les guerriers enlèvent les femmes et n'en sont pas moins capables de générosité et très beaux parleurs; et cela n'a rien d'incompatible); Ériphile, qui se croit maudite (comme Hernani et Didier), et d'ailleurs s'en vante, et, à cause de cela, se croit tous les droits; orgueilleuse du secret de sa naissance, du mystère de sa destinée, et du don fatal qu'elle possède, à ce qu'elle dit, de répandre le malheur autour d'elle; Ériphile dévorée à la fois de jalousie et d'envie; qui dénonce à Calchas la fuite d'Iphigénie, et qui, la poussant au bûcher, s'y condamne elle-même sans le savoir;—et qui cependant, tout le long de son rôle, dit des choses si étrangement belles:

> Je le vis: son aspect n'avait rien de farouche.

(Elle s'éveille d'une syncope dans les bras d'Achille.)

> Je sentis le reproche expirer dans ma bouche.
> Je sentis contre moi mon cœur se déclarer;
> J'oubliai ma colère et ne sus que pleurer...

Ou bien:

> ... Ou plutôt leur hymen me servira de loi.
> S'il s'achève, il suffit, tout est fini pour moi.
> Je périrai, Doris, et par une mort prompte
> Dans la nuit du tombeau j'enfermerai ma honte,
> Sans chercher des parents si longtemps ignorés
> Et que ma folle amour a trop déshonorés...

Ou bien:

> Orgueilleuse rivale, on t'aime, et tu murmures...
> Elle l'a vu pleurer et changer de visage,
> Et tu la plains, Doris!

Cette tragédie vraiment royale est d'ailleurs un chef-d'œuvre de composition—et de forme. Racine, je l'ai dit, accorde davantage à la couleur, à la magnificence mythologique. Le «récit du cinquième acte» est, pour la première fois, très développé et très travaillé. Il contient ces vers étonnants:

> Entre les deux partis Calchas s'est avancé,
> L'œil farouche, l'air sombre et *le poil hérissé...*
> Le ciel brille d'éclairs, s'entr'ouvre, et parmi nous
> *Jette une sainte horreur qui nous rassure tous...*

Nous arrivons à la merveille de *Phèdre*:

Phèdre et Hippolyte (c'est le premier titre) fut joué le 1er janvier 1677, près de deux ans et demi après *Iphigénie*. Racine avait-il fait autre chose pendant ces deux ans? Je crois qu'il avait beaucoup songé, nous verrons à quoi.

Phèdre est la plus enivrante de ses tragédies Dans aucune il n'a mis plus de paganisme ni plus de christianisme à la fois; dans aucune il n'a embrassé tant d'humanité ni mêlé tant de siècles; dans aucune il n'a répandu un charme plus délicieux et plus troublant; dans aucune, à ne considérer que la forme, il n'a été plus poète et plus artiste[7],—à faire envie à André Chénier.

Racine est parti de l'*Hippolyte porte-couronne* d'Euripide et, un peu, de l'*Hippolyte* de Sénèque. Mais il ne faut point parler d'imitation. Racine est, à mon avis, celui des poètes dramatiques qui a le plus réellement «inventé». Comme il avait repétri l'*Iphigénie*, il a totalement «renversé» l'*Hippolyte*.

Dans la tragédie d'Euripide, qui pourrait s'intituler, très sérieusement, *Hippolyte vierge et martyr*, c'est, comme l'indique le titre, le fils de Thésée qui est le principal personnage. Hippolyte est initié à l'orphisme, à cette religion secrète qui enseignait et symbolisait en ses rites la purification et le rachat par la douleur. C'est une sorte de jeune moine chasseur, de jeune Templier qui a consacré sa virginité à la déesse Artémis (la Diane des Latins). Il lui offre des fleurs et des couronnes, et lui adresse des prières qui rappellent de très près les cantiques qu'on chante dans les catéchismes de persévérance. Vénus, qui a pour Diane les sentiments que pourrait avoir le démon Astarté pour la Vierge Marie, se venge des dédains d'Hippolyte en inspirant à Phèdre cette passion furieuse, d'où sortira la perte du jeune prince. Et quand Hippolyte est ramené mourant, Diane lui apparaît, comme fait la Vierge à ses serviteurs dans la *Légende dorée*; elle le plaint, le console, lui apporte presque les espérances de la vie éternelle. Dans le drame ainsi conçu, la passion de Phèdre n'est qu'un «moyen». Son rôle est peu développé, et le poète ne craint pas de la rendre abominable: c'est elle qui dénonce elle-même Hippolyte par une lettre qu'elle écrit à son mari avant de se pendre.

La conception de Racine est toute différente, presque contraire: c'est Phèdre qui est le personnage central et favori, et voici comment il l'a vue.

Rappelez-vous que les autres grandes passionnées de Racine, Hermione, grande fille orgueilleuse, Roxane, femme de harem dévorée de sensualité, Ériphile, vaniteuse et perverse, ne savent pas, ne se demandent pas si elles sont coupables. Nous les aimons parce qu'elles sont belles, vraies, et qu'elles souffrent. Mais il est certain qu'elles n'ont pas la notion du péché.

Phèdre est la seule douce et la seule pure parmi ces «femmes damnées»; Phèdre est une conscience tendre et délicate; elle sent le prix de cette chasteté qu'elle offense: elle est torturée de remords; elle a peur des jugements de Dieu. Victime d'une fatalité qu'elle porte dans son corps ardent et dans le sang de ses veines, pas un instant sa volonté ne consent au crime. Le poète s'est appliqué à accumuler en sa faveur les circonstances atténuantes. Elle ne laisse deviner sa passion à Hippolyte que lorsque la nouvelle de la mort de Thésée a ôté à cet amour son caractère criminel, et cet aveu lui échappe dans un accès de délire halluciné. Plus tard, c'est la nourrice qui accuse Hippolyte: Phèdre la laisse faire, mais elle n'a plus sa tête et ne respire plus qu'à peine. Pourtant elle allait se dénoncer, lorsqu'elle apprend qu'elle avait une rivale; et sa raison part de nouveau. Enfin elle se punit en buvant du poison et vient, avant de mourir, se confesser publiquement; et le mot sur lequel son dernier soupir s'exhale est celui de «pureté».

Pâle et languissante, n'ayant dormi ni mangé depuis trois jours, jalousement enfermée dans ses voiles de neige, pareille à quelque religieuse consumée au fond de son cloître d'une incurable et mystérieuse passion… on la plaint, on l'aime, on l'absout. Boileau, qui était un cœur droit et un ferme esprit, parle de la «douleur vertueuse» de Phèdre et la déclare «perfide et incestueuse malgré soi». Et pour Arnauld, le rôle de Phèdre était un exemple excellent de l'impuissance où nous sommes de résister à certaines tentations par nos seules forces et sans le secours de la grâce.—Phèdre a, du reste, toute la sensibilité morale d'une princesse du XVIIe siècle et en parle, naturellement, la langue nuancée. Mieux encore on imagine très bien qu'une jeune dame pieuse d'aujourd'hui, tentée de la même façon que Phèdre, éprouverait les mêmes sentiments, aurait les mêmes troubles, les mêmes appels à Dieu. Si Julia de Trécœur était meilleure chrétienne, et de plus de tenue, elle ne ressemblerait pas mal à Phèdre.

Si vraie avec cela! Tout est indiqué, même les effets physiologiques:

> Je sentis tout mon corps et transir et brûler…
> Que ces vains ornements, que ces voiles me pèsent!

même les choses les plus difficiles à exprimer; même ce que Phèdre sent, dans les bras du père, en songeant au fils:

Mes yeux le retrouvaient dans les traits de son père;

même cette manie qu'ont les femmes, mères d'enfants déjà grands, de faire des amalgames de leur amour maternel avec la passion coupable, soit pour la purifier, soit pour la justifier et l'élargir. Vous savez ce qu'elles disent: «Nous élèverons mon fils ensemble. Je me figurerai que vous êtes son père.» Ainsi Phèdre:

> Il instruira mon fils dans l'art de commander;
> Peut-être il voudra bien lui tenir lieu de père;
> Je mets sous son pouvoir et le fils et la mère.

Tout le roman de la femme de trente ans et par delà est dans cette tragédie.

Pour Hippolyte et pour Aricie, je n'ai pas besoin de dire à quel point ils sont contemporains de Racine. Ils le sont même un peu trop, vraiment: et malgré moi, je regrette le farouche et beau chasseur d'Euripide. Mais peut-être Racine n'a-t-il pas senti la beauté de la chasteté masculine. Ou plutôt, il a craint les railleries des hommes de son temps, qui n'auraient pas compris. Par un renversement singulier, il a fait une Phèdre chaste et un Hippolyte amoureux.

Mais, tandis qu'il rajeunissait les personnages, il a conservé intacte leur généalogie et tous les détails de l'antique légende. D'où les plus surprenants contrastes. Cette Phèdre chrétienne du XVIIe siècle et d'aujourd'hui est fille de Minos et de Pasiphaé et petite-fille du Soleil. Cette coquette et fringante Aricie, si spirituelle et si avisée, et qui ne veut s'enfuir avec Hippolyte que «la bague au doigt», est l'arrière-petite-fille de la Terre. Et toutes deux citent leurs ascendants avec tranquillité. On nous parle de Scirron, de Procuste, de Sinnis et du Minotaure. On nous rappelle que le mari de Phèdre est allé un beau jour, dans le Tartare, «déshonorer la couche» de Pluton. Nous sommes dans un monde où les dieux tiennent des monstres à la disposition de leurs amis, et où la mer vomit d'énormes serpents à tête de taureau. Certains vers nous révèlent subitement que ces personnages, qui tout à l'heure nous semblaient si proches, appartiennent à une époque extraordinairement lointaine, pleine du souvenir de grands cataclysmes naturels et où vivaient peut-être des espèces animales maintenant disparues, au temps des premières cités, au temps des monstres et des héros. Le drame poignant, et qui pourrait aussi bien être d'aujourd'hui, traîne après soi des lambeaux de légendes trente ou quarante fois séculaires. Aricie, fine comme la duchesse d'Orléans, Hippolyte, continent et timoré comme le duc de Bourgogne, Phèdre, tendre et chaste comme La Vallière, nous apparaissent à certains moments (ô surprise!) comme les vagues personnages sidéraux d'un vieux mythe inventé par les anciens hommes.

L'effet total devrait être déconcertant. Il ne l'est point. Je ne citerai qu'un passage, où le mythe primitif et le drame tout moderne, quoique séparés par tant de siècles, se mêlent et se fondent harmonieusement dans l'imagination du spectateur subtil. Rappelez-vous ces vers; c'est Phèdre qui parle:

> Misérable! et je vis! et je soutiens la vue
> De ce sacré soleil dont je suis descendue!
> J'ai pour aïeul le père et le maître des dieux;
> Le ciel, tout l'univers est plein de mes aïeux.
> Où me cacher? Fuyons dans la nuit infernale.
> Mais que dis-je! Mon père y tient l'urne fatale…

Ainsi, au moment le plus douloureux du drame, Phèdre nous fait ressouvenir que Jupiter est son bisaïeul, le Soleil son aïeul et Minos son père. Cet état civil la reporte à quelque trois mille ans en arrière, et cela, quand nous aurions le plus besoin de la croire une de nous. Toute cette mythologie devrait nous refroidir. Mais non, car tout aussitôt cette mythologie se transforme. Jupiter, le Soleil, «l'univers plein des aïeux» de la coupable, évoquent pour nous l'idée de l'œil de Dieu partout présent, partout ouvert sur notre conscience; Minos est le juge éternel qui attend l'âme après la mort; et, quand Phèdre, écrasée de terreur, tombe sur ses genoux en criant: «Pardonne!» c'est bien, si vous voulez, vers Minos qu'elle crie, mais nous comprenons que c'est surtout vers le Dieu de Racine.

Là est l'intérêt profond de quelques-unes de nos tragédies classiques. Comme le fond en est, si je puis dire, de beaucoup antérieur à la forme, elles embrassent d'immenses parties de l'histoire des hommes et présentent simultanément, à des plans divers, l'image de plusieurs civilisations. Phèdre a peut-être quatre mille ans par le Minotaure et les exploits de Thésée; elle a vingt-quatre siècles par Euripide; elle en a dix-huit par Sénèque; elle en a deux par Racine, et enfin elle est d'hier par tout ce qu'elle nous suggère et que nous y mettons. Elle est de toutes les époques à la fois; elle est éternelle, entendez contemporaine de notre race à toutes les périodes de son développement. Et voyez quelle grandeur et quelle profondeur donne à l'œuvre la mythologie primitive dont elle est toute pénétrée. Quand Phèdre nomme son aïeul le Soleil, quand Aricie nomme son aïeule la Terre, nous nous rappelons soudain nos lointaines origines, et que la Terre et le Soleil sont en effet, nos aïeux, que nous tenons à Cybèle par le fond, mystérieux de notre être, et que nos passions ne sont en somme que la transformation dernière de forces naturelles et fatales et comme leur affleurement d'une minute à la surface de ce monde de phénomènes…

Les tragédies classiques sont charmantes parce qu'elles sont infiniment suggestives de souvenirs et de rêves…

NEUVIÈME CONFÉRENCE

ENCORE «PHÈDRE».—RETRAITE DE RACINE. «ESTHER».— «ATHALIE».

Après *Phèdre*, Racine, à trente-sept ans, renonce au théâtre. Ceci est un fait extraordinaire, et peut-être unique de son espèce dans toute l'histoire de la littérature.

Car songez! Racine était aimé. Il avait la gloire; il était dans toute la force de son génie. Il avait ses tiroirs pleins de beaux projets de tragédies. Il devait être persuadé que son art était la plus haute des occupations humaines. La poésie devait être vraiment sa vie et son tout. Or, en pleine jeunesse, en pleine force et en pleine joie de production poétique, non seulement il se range tout à coup à une vie pieuse et à une pratique exacte de la morale chrétienne, ce qui serait déjà remarquable et singulier; mais il répudie entièrement et sans retour ce qui avait été pour lui, jusque-là, la principale raison de vivre. Il fait une chose plus difficile encore, la plus difficile de toutes: il brûle, il anéantit les œuvres commencées,—il les anéantit, les sachant belles. Ce qu'il tue en lui, ce n'est pas seulement la vanité, l'orgueil, l'amour de la gloire; il cherche, tout au fond de lui-même, quelque chose de plus intime et de plus cher encore à immoler. Ce qu'il tue en lui, c'est l'attachement de l'artiste à son œuvre, le désir invincible de réaliser le beau qu'il conçoit. Et c'est ce sacrifice qui me paraît prodigieux. Un moment, il songe à se faire chartreux. Mais chartreux, c'est trop aisé. Puis il trouve sans doute que ce dénouement sentirait encore son homme de théâtre. Et alors il découvre un genre d'immolation plus humble: il se marie, il épouse une bourgeoise simple d'esprit,—non pas sotte (nous avons d'elle des lettres pleines de bon sens)—qui n'avait pas lu une seule de ses tragédies. Son fils Louis nous dit ce mot admirable: «*L'amour* ni l'intérêt n'eurent pas de part à ce choix.» Et désormais «d'auteur» est bien mort en lui. Le chrétien écrira un jour *Esther* et *Athalie*; mais l'auteur, c'est-à-dire la bête la plus vivace, la plus longue à mourir et la plus prompte à ressusciter que nous portions dans nos entrailles, se taira pour toujours.

Ce sacrifice inouï, Racine le fait un peu par dégoût, beaucoup par scrupule, peut-être par remords.

* * * * *

Par dégoût.—Jamais écrivain, je ne dis pas à propos de religion ou de politique, mais à propos de littérature pure, ne paraît avoir été plus détesté, plus attaqué, ni avec plus d'acharnement, que l'auteur de *Phèdre* et d'*Athalie*. Vous en trouverez le détail dans le bon vieux livre de M. Deltour: *les Ennemis de Racine*. Molière fut assurément honni et poursuivi par les dévots ou même par de bons chrétiens, par le clergé de Paris, les jansénistes, les protestants, les confrères du Saint-Sacrement, à l'occasion de l'*École des femmes*, de *Don Juan* et de *Tartuffe*: mais il s'agissait de religion et non plus de littérature. L'Académie avait critiqué le *Cid*, mais courtoisement; d'ailleurs, le caractère solennel et officiel de cette critique la faisait honorable pour celui qui en était l'objet. On avait été assez malveillant pour *Polyeucte*. Mais ensuite, si Corneille avait eu des échecs, jamais il n'avait été critiqué violemment. Il était passé *tabou*. Corneille n'excita jamais de haine.

Racine était sans doute de ceux qu'on aime ou qu'on exècre. Il excitait l'envie bien plus naturellement que Corneille. Racine était beau, élégant, brillant, causeur charmant et adroit, très répandu, homme du monde et homme de cour; d'ailleurs d'esprit mordant et qui rendait les coups. À cause de tout cela, il y avait beaucoup de gens qui ne pouvaient pas le souffrir. Le vieux Corneille était timide, gauche, terne, maussade, et vivait à l'écart. Les gens qui haïssaient Racine se donnaient l'air et le mérite facile de protéger un vieil homme de génie sans défense,—mais qui, du reste, n'avait plus besoin d'être défendu et dont la gloire, consacrée et un peu sommeillante, ne portait point ombrage aux jeunes auteurs.

Mais Racine avait contre lui presque toute la vieille génération et, dans la nouvelle, tous les auteurs tragiques. Il avait contre lui Pierre et Thomas Corneille, et leur neveu Fontenelle, et le vieux Boyer, et le vieux Leclerc, et Quinault, Boursault et Pradon, et tous les gens qui s'intéressaient à eux, et presque tous les anciens frondeurs et les anciennes frondeuses, et la moitié de l'Académie, et presque toute la «presse théâtrale» de ce temps-là, de l'inepte Robinet à ce pince-sans-rire de Donneau de Visé, et Saint-Évremond, et Subligny, et Barbier d'Aucour, et l'intrigante madame Deshoulières, et le duc de Nevers, cet homme de lettres fieffé, et des gens qui le détestaient sans trop savoir pourquoi… parce qu'il les «agaçait», et cette duchesse de Bouillon, pédante et disputeuse à tel point que La Fontaine lui-même s'en aperçoit:

> Les Sophocles du temps et l'illustre Molière
> Vous donnent lieu toujours d'agiter quelque point;
> Sur quoi ne disputez-vous point?

une gaillarde qui, dans la réalité, eût été fort capable de commettre les crimes d'Hermione, de Roxane et d'Ériphile, mais qui, peut-être à cause de cela même, préférait à la vérité de Racine l'héroïsme et le romanesque de Corneille.

Pour *Iphigénie*, on s'avisa de faire fabriquer une autre *Iphigénie* par le bonhomme Leclerc aidé de son ami Goras, et d'assurer une espèce de succès factice à cette platitude. Cela était vraiment d'une méchanceté assez savante. Car la préférence, ou seulement l'égalité, accordée contre nous à un sot, nous est plus sensible que la critique la plus violente de notre œuvre.

Et vous savez qu'on fit mieux à l'occasion de *Phèdre*. Vous connaissez l'histoire: la *Phèdre* commandée à Pradon; la duchesse de Bouillon retenant toutes les loges pour les six premières représentations de l'une et de l'autre pièce, afin de faire le vide autour de celle de Racine; la guerre de brutales épigrammes qui s'ensuivit; Racine et Boileau menacés de la bastonnade par ce plat duc de Nevers, et le grand Condé prenant ses deux amis sous sa protection.

J'ai voulu connaître ce Pradon, voir si par hasard il était intéressant et intelligent. Eh bien, non: c'était réellement un imbécile.

On ne sait à peu près rien de sa vie. On n'a de lui ni un autographe, ni une signature, ni un portrait. Mais ce qu'on sait bien, c'est que cet être mystérieux fut un sot. Il est, par là, immortel à sa manière. J'ai lu de lui une *Réponse à la Satire X du sieur Despréaux* (1694). Ce morceau est d'une rare niaiserie. Pradon écrit gravement:

> Réponds, que prétends-tu? Que le monde finisse?
> Examinons un peu ce projet insensé
> Dont l'un et l'autre sexe est enfin offensé.

On y lit des vers comme ceux-ci:

> Il n'est point de mortel *qui fût* assez hardi,
> À moins que d'être né téméraire, étourdi,
> *Qui, voyant* les croquis de ta Muse effrénée,
> Osât subir le joug de l'affreux hyménée,
> Tel *tu nous le dépeins*! C'est ton intention
> Qui choque la nature et la religion.
> Tu fais sur l'Opéra des notes curieuses,
> Mais tes réflexions sont trop luxurieuses.

Et tout est de ce style et de cette force. Sa tragédie de *Phèdre et Hippolyte* est à l'avenant. De la terrible histoire il fait une espèce de petit roman bourgeois. Il dispose les événements de façon à excuser Thésée et à décharger Phèdre sans charger Hippolyte. «Messieurs, ami de tout le monde»! Phèdre n'est plus que la fiancée de Thésée: ce qui supprime l'inceste, mais aussi le drame. Lorsque Phèdre a découvert qu'Hippolyte aime Aricie, elle la fait arrêter et «garder dans son cabinet». Sur quoi, Hippolyte vient supplier Phèdre d'épargner Aricie, et se jette à ses genoux. Thésée le surprend dans cette attitude, croit qu'il fait à Phèdre une déclaration d'amour, et charge les dieux de le punir. Tout le crime de Phèdre est de n'avoir pas le courage, à ce moment-là, de dire la vérité; mais elle conjure Thésée d'épargner son fils, et, prise de remords, elle délivre Aricie et veut la donner à Hippolyte. Hippolyte, pour n'être pas en reste de générosité, quitte Trézène afin d'aller, au loin, oublier sa maîtresse. Et c'est alors qu'un monstre marin effraye ses chevaux et cause sa mort: dénouement dont le tragique et le merveilleux paraissent sans proportion ni rapport avec la fade historiette.

Quant à la forme... Je cite véritablement au hasard:

Traverser le Cocyte avec Pirithous,
Bien qu'ils soient des héros, Idas, c'est un abus.

PHÈDRE

Cette fierté charmante et ce grand caractère,
Tel que (*sic*) porte le front de son auguste père
Éblouissaient mes yeux...
Il n'est plus si souvent dans le fond des forêts,
Il va moins à la chasse et demeure au palais.

THÉSÉE

Je ne m'attendais pas, à mon triste retour,
De trouver dans son cœur ce criminel amour.

Et ils s'expriment tous avec une tranquillité!

HIPPOLYTE

Je répète à regret que j'adore Aricie.
Mais pour vous en venger je vous offre ma vie.

PHÈDRE

Tu fais ce que tu dois, je fais ce que je puis.
Je connais ton devoir et le mien. *Pour m'y rendre,*
Je tâche en vain... Pourquoi *rends-tu* mon cœur si tendre?

À la fin:

IDAS

Ah! Seigneur, apprenez l'aventure funeste
D'Hippolyte.

ARICIE

Quoi donc?

THÉSÉE

Parle, achève le reste!

Grâce à la duchesse de Bouillon (il lui en coûta quinze mille livres), l'ineptie de Pradon fut jouée seize fois. Valincour (*Histoire de l'Académie française*) dit avoir vu alors Racine au désespoir. Il affirme que «durant plusieurs jours Pradon triompha», et que «la pièce de Racine fut sur le point de tomber».

Je vous avoue que cela m'indigne encore au bout de deux cent trente ans! Oui, Racine dut beaucoup souffrir. Une injustice si atroce, s'ajoutant à douze années de critiques stupides et méchantes, c'était trop, vraiment. Être poursuivi d'une haine acharnée et déloyale, on a beau faire, cela est pénible à concevoir et à sentir: mais surtout la sottise triomphante fait mal. On enrage d'avoir raison. Et l'on se dit que les sots ne sauront jamais qu'ils sont des sots, excepté peut-être dans l'autre monde, quand cela nous sera égal... Il faut en prendre son parti, c'est entendu. Mais quoi! si Pradon était peut-être l'homme le plus bête de son temps, Racine en était l'homme le plus sensible. Il disait à son fils: «La moindre critique, quelque mauvaise qu'elle ait été, m'a toujours causé plus de chagrin que toutes les louanges ne m'ont fait de plaisir.» Cela nous exaspère qu'une platitude comme celle de Pradon ait pu être mise seulement en regard de la *Phèdre* de Racine: jugez si cela dut l'exaspérer, lui, et de quel fiel cela dut l'abreuver! Oui, il a fort bien pu renoncer au théâtre par dégoût, parce qu'il en avait assez, et pour qu'on le laissât tranquille.

Ce fut aussi, et surtout, par scrupule religieux.

Racine, jeune, s'était révolté contre Port-Royal, parce que Port-Royal prétendait l'empêcher de chercher la gloire. Mais la gloire, il l'avait maintenant; il savait ce que c'est, et qu'elle n'assouvit jamais une âme. Et puis, même dans les années des pires enivrements, il avait continué de recevoir, de temps à autre, des lettres de sa vénérable tante la mère Agnès de Sainte-Thècle, que nul silence ne rebutait, et qui s'était juré de ramener à Dieu cette âme précieuse. Dans la fameuse lettre qu'il écrivit à madame de Maintenon au moment où il se croyait en disgrâce, parlant de sa tante, alors supérieure de Port-Royal:

> C'est elle, dit-il, qui m'apprit à connaître Dieu dès mon
> enfance, et c'est elle aussi dont Dieu s'est servi pour me tirer
> de l'égarement où j'ai été engagé pendant quinze années.

Depuis *Iphigénie*, et peut-être depuis *Bérénice*, le souvenir de Port-Royal le travaillait secrètement. Faible encore, il crut d'abord trouver le moyen de purifier la tragédie, de la mettre d'accord avec la religion, et ainsi d'apaiser ses anciens maîtres sans renoncer au théâtre. C'est dans cette pensée qu'il écrivit *Phèdre*.

> Ce que je puis assurer, dit-il dans la préface de la pièce, c'est
> que je n'ai point fait de tragédie où la vertu soit plus mise

au jour que dans celle-ci... La seule pensée du crime y est regardée avec autant d'horreur que le crime même.

Et, plus loin, il se montre jaloux de «réconcilier la tragédie avec quantité de personnes célèbres par leur piété et leur doctrine, qui l'ont condamnée dans ces derniers temps».

Ainsi,—chose inattendue et pourtant absolument vraie,—*Phèdre* est la première étape de la conversion de Racine.

Il veut que sa tragédie soit une illustration de l'un des points de la doctrine de Port-Royal.—Il réunit, dans le personnage de Phèdre, la passion, la passion la plus criminelle par définition,—la claire conscience de la culpabilité, du démérite, de la souillure, du péché,—et enfin la crainte de Dieu représenté par le Soleil en tant que Dieu clairvoyant et par Minos en tant que Dieu punisseur. Il entendait montrer que nous ne pouvons rien, dans l'ordre du salut, sans la grâce de Dieu: c'était donc fortifier sa thèse que de supposer Phèdre «humainement» honnête, de lui prêter toutes les excuses, de multiplier autour d'elle les circonstances atténuantes; bref, de ne pas la faire odieuse. Car, plus il marquait la noblesse d'âme de la malheureuse sur tout le reste, plus aussi il marquait, par là même, le caractère fatal de sa passion, et plus il nous persuadait que nous avons en effet besoin d'un secours surnaturel pour vaincre les tentations mauvaises.

Ah! qu'il y a donc réussi! Et que sa Phèdre est peu haïssable! Il l'aimait tant qu'il n'a pu voir qu'elle dans sa pièce, et qu'il lui a subordonné tous les autres rôles, de façon qu'ils ne fussent que des dépendances et des explications du sien. C'est uniquement pour que Phèdre puisse passer par certains sentiments que Thésée ne paraît qu'une brute crédule. C'est uniquement pour excuser Phèdre que Racine charge la nourrice. Et si vous cherchez pourquoi il a fait Hippolyte amoureux, c'est bien parce qu'Hippolyte misogyne et chaste eût égayé les «petits-maîtres» et leur eût fait dire des sottises; mais c'est surtout, d'une part, pour ajouter une note plus douloureuse que toutes les autres au rôle de Phèdre, et, d'autre part, pour absoudre la pauvre femme du silence meurtrier qu'elle garde au quatrième acte. Il fallait qu'elle fût jalouse pour nous faire encore plus pitié et nous paraître, peu s'en faut, innocente.

«Innocente!» C'est cette impression-là qui a épouvanté Racine après coup. Le poëte a si bien atteint son but; il est si évident que Phèdre succombe, non par sa volonté, mais parce que Dieu lui refuse la grâce efficace, qu'elle nous semble réellement irresponsable; plus douloureuse seulement et, par suite, plus sympathique par la conscience inutile qu'elle a de son péché.

Une singulière volupté se dégage de ce rôle. Nous sentons qu'une image hante cette femme damnée; une image dont elle jouit, malgré elle, avec d'autant plus d'intensité qu'elle sait que ce plaisir non consenti la perd éternellement. Et ainsi, tandis qu'il pensait nous démontrer la nécessité de la grâce, Racine n'est arrivé qu'à nous démontrer la fatalité terrible et délicieuse de la passion.

Cela échappait au grand Arnauld. Il disait naïvement, après que Boileau lui eut fait lire la pièce:

> Il n'y a rien à reprendre au caractère de Phèdre, puisque, par ce caractère, le poète nous donne cette grande leçon que lorsqu'en *punition de fautes précédentes*, Dieu nous abandonne à nous-mêmes et à la perversité de notre cœur, il n'est point d'excès où nous ne puissions nous porter, même en les détestant.

Le malheur, c'est que nous ne voyons pas du tout «en punition de quelles fautes précédentes» Phèdre est entraînée au péché: nous voyons seulement qu'elle y est entraînée quoi qu'elle fasse. Et dès lors elle ne nous inspire qu'une pitié amoureuse.

Arnauld parlait en théologien et sur la seule lecture de la pièce. Il ne l'avait pas *vue*. Mais sans doute, quand Racine *vit* Phèdre sous les espèces de la Champmeslé, il conçut pour la première fois ce qu'il y a de contagieux dans la représentation de l'amour-maladie, et aussi ce que la religion peut ajouter de piment aux choses de l'amour. Il conçut avec horreur que la notion même du péché peut devenir un élément de volupté… L'inquiétude que lui inspira sa première tragédie chrétienne acheva de faire de lui un chrétien. Il renonça, dis-je, au théâtre, à trente-sept ans et en pleine gloire—parce que Phèdre était décidément plus troublante qu'il ne l'avait pensé.

Car sans doute il entra là-dessus en réflexion. Le désir de la gloire et la vivacité des passions ne faisant plus obstacle à sa foi religieuse, il se ressouvint de la doctrine janséniste sur le théâtre; de cette doctrine qui l'avait tant irrité onze ans auparavant et qui, aujourd'hui, ne lui paraissait que trop vraie.

Il avait dû être ému déjà par les *Pensées* de M. Pascal *sur la religion et quelques autres sujets*, publiées en 1670, et, notamment, par les réflexions sur les «divertissements». Les éditeurs avaient écarté la fameuse page sur la comédie: mais la substance de cette page était éparse dans le *Traité* de Nicole, qu'elle ne fait que résumer:

> Tous les grands divertissements sont dangereux pour la vie chrétienne; mais, entre tous ceux que le monde a inventés, il n'y en a point qui soit plus à craindre que la comédie. C'est une représentation si naturelle et si délicate des passions, qu'elle les émeut et les fait naître dans notre cœur, et surtout celle de l'amour; principalement lorsqu'on le représente fort chaste et fort honnête. Car plus il paraît innocent aux âmes

innocentes, plus elles sont capables d'en être touchées; sa violence plaît à notre amour-propre, qui forme aussitôt un désir de causer les mêmes effets que l'on voit si bien représentés; et l'on se fait en même temps une conscience fondée sur l'honnêteté des sentiments qu'on y voit, qui ôte la crainte des âmes pures qui s'imaginent que ce n'est pas blesser la pureté, d'aimer d'un amour qui leur semble si sage.

Ainsi l'on s'en va de la comédie le cœur si rempli de toutes les beautés et de toutes les douceurs de l'amour, et l'âme et l'esprit si persuadés de son innocence, qu'on est tout préparé à recevoir ses premières impressions, ou plutôt à chercher l'occasion de les faire naître dans le cœur de quelqu'un, pour recevoir les mêmes plaisirs et les mêmes sacrifices que l'on a vus si bien dépeints dans la comédie.

(Et la même thèse sera reprise par Bossuet avec beaucoup de force dans les *Maximes et Réflexions sur la comédie*, 1694.)

Ainsi la représentation même de l'amour innocent était funeste aux âmes. Que dire des peintures de l'amour d'Hermione ou de Roxane? Et les peintures de l'amour désordonné, mais, en quelque façon, normal dans son désordre, n'avaient pas suffi à Racine. Il en était venu à décrire avec complaisance des cas singuliers et morbides: l'amour d'un vieillard pour une jeune fille, et d'un vieillard jaloux de son fils; l'amour d'une fille pour l'homme couvert de sang qui l'a violemment enlevée, et enfin l'amour incestueux d'une femme pour son beau-fils. Et sans doute Phèdre haïssait son mal, mais elle l'aimait aussi; secrètement elle espérait l'assouvissement de son désir; et sans doute elle n'accusait pas elle-même, sinon indirectement,

> Vous êtes offensé, la fortune jalouse
> N'a pas en votre absence épargné votre épouse,

mais elle laissait lâchement accuser l'innocence. Et Phèdre avait parti aimable; et Boileau avait parlé de sa «douleur vertueuse»! Et, sous prétexte qu'ils souffraient et qu'elle était belle, Mithridate et Ériphile n'avaient inspiré que fort peu d'horreur. Qu'avait fait Racine, que rendre intéressants les pires effets de la concupiscence? Il était allé contre la doctrine chrétienne la plus assurée. Il avait été, bel et bien, «empoisonneur d'âmes»; il le reconnaissait maintenant.

Et une autre chose le tourmentait: le souvenir de ses propres péchés.

On est tenté de supposer que, si Racine a si bien peint la passion extrême, l'amour-maladie, c'est qu'il l'a ressenti pour son propre compte. Cela n'est point nécessaire. Il suffit que le poète en ait pu étudier en lui-même les commencements, et chez d'autres les extrémités. Même, il est permis de croire qu'il a pu décrire ce mal avec d'autant plus de clairvoyance que, tout en le comprenant entièrement, il n'en était lui-même qu'à demi possédé.—En réalité, la vie passionnelle de Racine nous est peu connue. Il semble avoir aimé beaucoup mademoiselle Du Parc; ce fut probablement sa première liaison. Elle avait trente-quatre ans, et il en avait vingt-six ou vingt-sept quand il la rencontra. Elle était fort jolie et, vous vous le rappelez, très courtisée. Racine avait eu le plaisir de l'enlever à Molière, et même à Corneille. Boileau, dans une conversation recueillie par Mathieu Marais, nous dit «qu'elle mourut en couches». Robinet, dans sa gazette en vers du 15 décembre 1668, raconte les funérailles de la comédienne. Parmi

> Les admirateurs de ses charmes
> Qui ne la suivaient pas sans larmes,

il n'oublie pas les poètes de théâtre,

> Dont l'un, le plus intéressé,
> Était à demi trépassé.

C'est à n'en pas douter, Racine, qui est désigné ainsi.

Son amour pour la Champmeslé parait avoir été moins sérieux, quoiqu'il ait duré de 1670 à 1677. Elle n'était pas très jolie et n'avait pas la peau blanche (on tenait alors beaucoup à la blancheur de la peau); mais elle était bien faite et avait la voix la plus touchante. Je crois que Racine l'aima surtout à cause de cette voix qui rendait si pénétrantes les intonations qu'il lui avait serinées. Mais ce furent des amours plus joyeuses que profondes. «Il y a, dit madame de Sévigné qui savait les choses par son fils Charles, une petite comédienne, et les Despréaux et les Racine avec elle; ce sont des soupers délicieux, c'est-à-dire des diableries.» (*À madame de Grignan*, 1er *avril* 1671.) Racine devait être l'amphitryon de ces soupers; Boileau lui écrira plus tard (21 août 1687): «Ce ne serait pas une mauvaise pénitence (il s'agit de boire du vin de Pantin) à proposer à M. Champmeslé, pour tant de bouteilles de Champagne qu'il a bues chez lui, *vous savez aux dépens de qui.*» Car Champmeslé, le mari, était de ces «diableries». Racine avait dans cet amour bien des concurrents, tous heureux. Il n'était que le préféré, et s'en contentait… Il faisait souvent au mari de grosses plaisanteries. On connaît l'amusante et cynique épigramme, qui est très probablement de Racine:

> De six amants contents et non jaloux
> Qui tour à tour *servaient* madame Claude,
> Le moins volage était Jean son époux.
> Un jour pourtant, d'humeur un peu trop chaude,
> Serrait de près sa servante aux yeux doux,
> Lorsqu'un des six lui dit: «Que faites-vous?
> *Le jeu n'est sûr* avec cette ribaude;
> Ah! voulez-vous, Jeanjean, nous *gâter* tous?»

(Je pense que vous comprenez: «Le jeu n'est sûr» et «nous gâter tous», et que vous donnez à ces mots tout leur sens.)

Évidemment l'amour de Racine pour la Champmeslé n'eut rien de tragique. On a donc bien tort de lui reprocher la tranquillité avec laquelle, *dix-neuf* ans plus tard, il parle—en chrétien et, si vous voulez, en dévot—des derniers moments et de la mort de son ancienne maîtresse.

> M. de Rost m'apprit hier que la Chamellay était à l'extrémité, de quoi il me parut fort affligé; mais ce qui est plus affligeant, c'est de quoi il ne se soucie guère apparemment, je veux dire l'obstination avec laquelle cette pauvre malheureuse refuse de renoncer à la comédie.

Et quelques jours après:

> Le pauvre M. Boyer est mort fort chrétiennement; sur quoi je vous dirai *en passant* que je dois réparation à la mémoire de la Champmeslé, qui mourut aussi avec d'assez bons sentiments, après avoir renoncé à la comédie, très repentante de sa vie passée, mais surtout fort affligée de mourir: (24 juillet 1696.)

On s'est étonné et un peu indigné de cet: «en passant». On oubliait, entre autres choses, que Racine écrivait cela à son fils aîné, alors âgé de dix-neuf ans.

En somme, les désordres de Racine, tout en étant de ceux qu'un véritable chrétien doit pleurer, ne paraissent avoir eu rien d'exorbitant.

Mais je dois tout vous dire et qu'il y eut dans sa vie une heure mystérieuse et tragique, suivie d'une heure d'épouvante.

Un peu plus d'un an après qu'il eut pris sa retraite, éclata l'«Affaire des poisons». Le 21 novembre 1679, la principale accusée, la Voisin, déclara que la Du Parc, dont elle était la bonne amie depuis quatorze ans, «devait» avoir été empoisonnée par Racine. Voici d'ailleurs, sur ce point, la partie essentielle de l'interrogatoire de la Voisin, d'après le procès-verbal (Frantz Funck-Brentano: le *Drame des poisons*):

> De Gorle (belle-mère de la Du Parc) lui a dit (à la Voisin) que Racine, ayant épousé secrètement la Du Parc, était jaloux de tout le monde et particulièrement d'elle, Voisin, dont il avait beaucoup d'ombrage, et qu'il s'en était défait (de la Du Parc) par poison et à cause de son extrême jalousie, et que pendant la maladie de la Du Parc, Racine ne partait point du chevet de son lit; qu'il lui tira de son doigt un diamant de prix et avait aussi détourné les bijoux et

principaux effets de la Du Parc qui en avait pour beaucoup d'argent; que même *on* n'avait pas voulu la laisser parler à Manon, sa femme de chambre, qui était sage-femme, quoiqu'elle demandât Manon et qu'elle lui fit écrire de venir à Paris la voir, aussi bien qu'elle, la Voisin.

Puis on lui demande «si de Gorle ne lui a point dit de quelle manière l'empoisonnement avait été fait, et de qui on s'était servi pour cela. Elle répond: «Non.»

Voilà le texte. Jugez vous-même ce que vaut le témoignage d'une femme comme la Voisin, qui, au surplus, parle onze ans après les événements, et n'en parle, de son propre aveu, que par ouï-dire, et en parle après la torture, quand, ayant commencé à parler, on dit n'importe quoi.—Toutefois, il resterait ceci:—Racine avait empêché la Manon, sage-femme, d'approcher de sa maîtresse malade, et de même la Voisin, sage-femme et avorteuse; et c'est de quoi celle-ci lui aurait gardé rancune. D'un autre côté, la Du Parc, d'après Boileau, est morte en couches; Racine, en suivant son convoi, était à demi trépassé, d'après Robinet.—La Du Parc serait-elle morte de manœuvres abortives? Et dans cette hypothèse, Racine aurait-il conseillé—ou seulement toléré—ces manœuvres? Ou ne les aurait-il connues que plus tard? Cela est le plus probable, puisqu'il écarte les avorteuses du lit de la mourante, ce qui eût été singulièrement imprudent s'il avait été leur complice.

Ce qui est sûr, c'est qu'une lettre, écrite le 11 janvier 1680 par Louvois au conseiller d'État Bazin de Bezons, se termine ainsi: «Les ordres du roi pour l'arrêt du sieur Racine vous seront envoyés aussitôt que vous les demanderez.» Il est difficile d'en douter qu'il soit ici question du poète.

Il n'y eut pas d'arrestation: Racine avait sans doute pu se justifier auprès du roi et de Louvois.

Mais quel frisson de petite mort dut le parcourir ce jour-là! Et quelles réflexions il dut faire ensuite! Innocent, il pouvait l'être selon la morale du siècle. Mais cependant, s'il avait vécu selon la morale chrétienne, il n'aurait pas été l'amant de la Du Parc, et cette malheureuse n'aurait pas été obligée, par son fait, de recourir à la Voisin. Quel remords! Et quelle nausée!…
Épouvantable, cette «Affaire des poisons», ces histoires d'empoisonnements, d'avortements, de proxénétisme, de breuvages érotiques et de sorcellerie blanche, mais aussi de messes noires avec égorgements d'enfants; ces histoires où se trouvent compromises des centaines de personnes de tous les mondes, et particulièrement (et c'est pourquoi le roi dut arrêter les poursuites) de personnes du grand monde,—depuis la feue Henriette d'Angleterre, probablement trop curieuse, jusqu'à madame de Montespan, en passant par madame de Polignac, madame de Gramont, la comtesse de Soissons (Olympe Mancini), la duchesse d'Angoulême, madame de Vitry, la duchesse

de Vivonne, madame de Dreux, la duchesse de Bouillon, la princesse de Tingry, la maréchale de la Ferté, la comtesse de Roure, la marquise d'Alligre, la vicomtesse de Polignac, le comte de Clermont-Lodève, le marquis de Cossac et le maréchal de Luxembourg. Ce qui les avait menés tous et toutes dans l'antre des sorcières, ce qui en avait poussé plusieurs au sacrilège ou au meurtre, et ce qui leur donnait aujourd'hui figure de criminels attendus par le bourreau, n'était-ce pas le même désir, la même concupiscence dont halètent les Hermione, les Oreste, les Roxane, les Ériphile et les Phèdre, criminels harmonieux pour qui lui, Racine, avait beaucoup moins sollicité la réprobation du public que l'émotion, la pitié, même une espèce de sympathie? Hélas! qu'avait-il fait, dans sa folle vanité d'auteur et dans son désir de gloire? Oh! non, non, plus de théâtre! mais une vie simple, une vie pieuse, une vie d'honnête homme, de père de famille et de chrétien.

Il aime sa bonne femme. Il a deux fils et cinq filles, qu'il élève pieusement.— Nommé, avec Boileau, historiographe du roi, il se donne tout entier à sa tâche, suit les armées, prend des notes, interroge les Vauban et les Louvois et tous les chefs compétents.—On a dit que cette histoire, détruite dans l'incendie de la maison de Valincour, eût été trop convenue, trop «officielle». On n'en sait rien.—Il va tous les jours à la messe. Il pratique les vertus chrétiennes. Il s'efforce d'être humble…

Mais une dernière et délicieuse tentation le guettait.

Vous savez comment madame de Maintenon, qu'il voyait souvent chez le roi et dans une sorte d'intimité, et qui était encore belle, et qui avait de l'esprit et de la mesure, et qui devait lui plaire, demanda un jour à Racine d'écrire une pièce pour les pensionnaires de cette maison de Saint-Cyr où, se souvenant de son enfance pauvre et humiliée, elle élevait, sous la conduite de trente-six dames, deux cent cinquante jeunes filles pauvres et nobles, à qui l'on remettait trois mille écus à leur sortie pour les aider à se marier ou à vivre en province. Madame de Maintenon jugeait bon que ces demoiselles jouassent la comédie, «parce que ces sortes d'amusements donnent de la grâce, apprennent à mieux prononcer et cultivent la mémoire» (madame de Caylus). Mais les pièces édifiantes qu'écrivait pour elles leur supérieure, madame de Brinon, étaient vraiment par trop plates; et, d'autre part, quand on avait essayé de leur faire jouer du Corneille et du Racine, elles avaient trop mal joué *Cinna* et trop bien *Andromaque*. Madame de Maintenon pria donc Racine «de lui faire, dans ses moments de loisir, quelque espèce de poème moral ou historique dont l'amour fût entièrement banni, et dans lequel il ne crût pas que sa réputation fût intéressée puisqu'il demeurerait enseveli dans Saint-Cyr; ajoutant qu'il ne lui importait pas que cet ouvrage fût contre les règles, pourvu qu'il contribuât aux vues qu'elle avait de divertir les demoiselles de Saint-Cyr en les instruisant».

Racine ne put résister longtemps au plaisir d'écrire pour des jeunes filles. Il était naturel qu'il cherchât dans la Bible, et presque inévitable qu'il choisît Esther. Car quel autre sujet eût fait l'affaire? Lia ou Rachel, Déborah, Judith, Bethsabée, Suzanne, même Ruth et son mariage avec un vieillard, toutes ces histoires n'eussent guère convenu à des demoiselles. Esther, la jeune reine qui sauve son peuple, à la bonne heure!

Et pourtant!

Relisez le livre d'*Esther*.

C'est un conte, un conte voluptueux et sanglant, et un poème de fanatisme juif.—Le roi Assuérus, qui règne sur cent vingt-sept provinces, donne à tout le peuple de Suze un festin qui dure sept jours… Le septième jour, étant ivre, il commande à ses sept eunuques d'amener la reine Vasthi, pour montrer sa beauté aux peuples et aux grands. Vasthi refuse, il la chasse… Alors ceux qui servaient le roi dirent:

«Qu'on cherche pour le roi des jeunes filles vierges et belles. Qu'on les rassemble à Suze, dans la maison des femmes, sous la surveillance du grand eunuque…» Chaque jeune fille, après avoir mariné six mois dans la myrrhe et six mois dans d'autres aromates, est présentée au roi, le soir; et, le lendemain matin, elle passe dans la seconde maison des femmes, et ne retourne au roi que si le roi en a le désir… Mais, parmi toutes ces belles filles, Esther plut davantage, d'abord à l'eunuque Hégaï, qui lui donne pour servantes sept jeunes filles choisies dans la maison du roi; puis au roi lui-même, qui la retient et la fait reine à la place de Vasthi.

Et telle est la matière du chaste et même édifiant récit du premier acte d'*Esther*:

Enfin on m'annonça l'ordre d'Assuérus.
Devant ce fier monarque, Élise, je parus…

C'est bien étrange.

Vous trouverez ensuite dans le saint livre ces détails amusants de conte oriental: l'ogre Aman obtenant de son maître, qui ne sait point qu'Esther est juive, l'arrêt d'extermination de tous les juifs, parce que Mardochée a refusé de se prosterner devant Aman; le naïf *quiproquo* qui fait qu'Aman est obligé, sur ses propres paroles, de conduire le triomphe de son ennemi Mardochée; puis le banquet dans les jardins de la reine, etc.

Et vous lirez enfin la vengeance d'Esther. Aman pendu ne lui suffit pas. Elle exige que l'on pende les dix fils d'Aman. Puis elle obtient du roi des lettres qui donnent aux Juifs la permission de massacrer leurs ennemis y compris les femmes et les petits enfants, et de piller leurs biens. Et ces lettres sont portées dans les villes par des courriers montés sur des chevaux et des mulets. À Suze les Juifs tuèrent cinq cents hommes. Esther demande un nouveau massacre. Et les Juifs tuèrent encore dans Suze trois cents hommes. «Mais ils ne mirent pas la main au pillage.» Et dans les provinces «des Juifs tuèrent soixante-quinze mille de ceux qui leur étaient hostiles. Mais ils ne mirent pas la main au pillage». (Le saint rédacteur, qui a l'âme délicate, tient beaucoup à ce détail.) «Et Mardochée fut le premier après le roi... Et il n'y avait pour les Juifs que bonheur, allégresse, gloire. Et beaucoup de gens du pays se faisaient Juifs, car la crainte des Juifs les avait saisis.»

Voilà un récit d'une forte saveur et d'une belle férocité. Mais, dans la tragédie de Racine, Esther est une colombe gémissante; elle se contente de dire à Aman:

Misérable, le Dieu vengeur de l'innocence,
Tout prêt à te juger, tient déjà la balance.
Bientôt son juste arrêt te sera prononcé.
Tremble; son jour approche, et ton règne est passé.

Et tous les massacres du récit biblique sont pudiquement résumés dans ce vers d'Assuérus qui passe inaperçu:

Je leur livre le sang de tous leurs ennemis.

On serait néanmoins curieux de savoir ce que pensait Racine de ces égorgements et des démesurées vengeances de la reine Esther. Il pensait apparemment, comme Sacy dans ses explications de la Bible, «qu'on a quelque lieu de s'étonner que Mardochée et Esther, qui procurent cet édit, aient pu se porter à un excès si cruel *en apparence*», mais que ces choses se passaient durant le temps de l'ancienne loi qui était un temps de rigueur, et que d'ailleurs «on peut présumer que l'esprit de Dieu, qui avait conduit jusqu'alors tant la reine que Marchodée, leur inspira aussi bien qu'au roi d'en user ainsi pour des raisons qu'on est plus obligé d'adorer que de pénétrer». *Amen.*—Qui ne sait, au reste, que les chrétiens lisent la Bible avec des yeux particuliers et qu'il est excellent qu'il en soit ainsi? Et enfin l'action de la tragédie de Racine s'arrête à la délivrance des Juifs et à la punition de l'abominable Aman, et il a pu se dire que le reste ne le regardait pas.—Puis, l'antisémitisme était inconnu au XVIIe siècle, et parce que le livre sacré des Juifs est aussi celui des chrétiens, et parce que les Juifs, sans être aucunement persécutés, étaient maintenus, politiquement, dans la situation qui convenait à des gens que l'on considérait comme des «métèques», et paraissaient s'en accommoder.

C'est égal, dire que c'est de ce farouche livre d'*Esther* que Racine a pu tirer ce délicieux poème, où la Muse de la tragédie paraît enveloppée des voiles neigeux et ceinte des rubans bleus d'une élève de «catéchisme de persévérance», et qui est finalement comme un conte des *Mille et une nuits* suave et pieux!

Ce fut un succès fou. Le roi ne s'en rassasiait pas. Cette grâce, cette douceur, cette piété, ces chœurs, cette musique, ces petites filles… Il y trouvait sans doute une volupté innocente, un chatouillement sans péché. Oh! madame de Maintenon savait bien comment il fallait l'amuser!

Esther fut jouée six fois de suite à Saint-Cyr, au second étage du grand escalier des demoiselles, dans le spacieux vestibule des dortoirs. Deux amphithéâtres adossés au mur, le plus petit pour les dames de Saint-Cyr, le plus grand pour les pensionnaires; aux gradins d'en haut, la classe rouge, celles qui avaient moins de onze ans; au-dessous, les vertes (moins de quatorze ans); puis les jaunes (moins de dix-sept ans); enfin, sur les gradins d'en bas, les plus grandes, les bleues. Entre les deux amphithéâtres étaient les sièges pour les spectateurs du dehors. La salle était magnifiquement éclairée; les décors peints par Borin, décorateur des spectacles de la cour; les chœurs accompagnés par les musiciens du roi. Les habits des actrices avaient coûté plus de quatorze mille livres: c'étaient des robes à la persane, ornées de pierres précieuses, qui avaient autrefois servi au roi dans ses ballets. Les plus grands seigneurs, les ministres se disputaient les invitations: c'était une façon de faire sa cour. On cherchait les allusions (à madame de Montespan, à madame de Maintenon, à Louvois, à Port-Royal), et on en découvrait auxquelles Racine n'avait pas pensé. Bossuet assista à la «première». Le roi lui-même «se mettait à la porte de la salle et, tenant sa canne haute pour servir de barrière, il demeurait ainsi jusqu'à ce que tous les invités fussent entrés. Alors il faisait fermer la porte». Cette fois, la glace de madame de Sévigné pour Racine se fondit:

> Je ne puis vous dire l'excès de l'agrément de cette pièce: c'est une chose qui n'est pas aisée à représenter et qui ne sera jamais imitée: c'est un rapport de la musique, des vers, des chants, des personnes, si parfait et si complet qu'on n'y souhaite rien, etc.

Racine fut repris. Il avait eu de vifs plaisirs pendant les répétitions, où il tamponnait, avec son mouchoir, les yeux des petites filles que ses observations avaient fait pleurer. Après le triomphe si spécial, si joli, si grisant de la pièce, il eût été surprenant qu'il s'en tînt à *Esther*.

Il fit *Athalie*. Mais, dans l'intervalle, il s'était plus clairement rendu compte de ce qu'il pouvait et voulait faire de nouveau. Il avait écrit *Esther* pour les demoiselles de Saint-Cyr: il écrivit *Athalie* pour lui-même.

Il disait dans la préface d'*Esther*:

J'entrepris donc la chose, et je m'aperçus qu'en travaillant sur le plan qu'on m'avait donné (c'est-à-dire en faisant «une espèce de poème où le chant fût mêlé avec le récit»), j'exécutais en quelque sorte un dessein qui m'avait souvent passé par l'esprit, qui était de lier, *comme dans les anciennes tragédies grecques*, le chœur et le chant avec l'action, et d'employer à chanter les louanges du vrai Dieu cette partie du chœur que les païens employaient à chanter les louanges de leurs fausses divinités.

Ce dessein, alors entrevu, de faire «comme dans les anciennes tragédies grecques», il le réalise pleinement dans *Athalie*, qui, si nous avions les yeux frais, nous paraîtrait l'œuvre la plus étonnante de notre théâtre: car elle ne rappelle pas seulement, par l'introduction du chœur, les grandes œuvres d'Eschyle ou de Sophocle: elle les égale sans leur ressembler, par la largeur de l'exécution et par la nature et la grandeur de l'intérêt.

Je ne vous répéterai pas ce que vous savez. Je vous renvoie particulièrement à ce que dit Sainte-Beuve d'*Athalie* dans son *Port-Royal*, et à une très belle étude de Faguet dans son *XVIIe siècle*.

Tout dans *Athalie* était nouveau: la participation du chœur à l'action, participation plus étroite que dans la plupart des tragédies grecques; la beauté des «chœurs» eux-mêmes, qui valent moins par l'expression que par le mouvement lyrique; l'action continue (car *Athalie* n'a pas d'entr'actes); la magnificence extérieure du spectacle; la marche impétueuse du drame; le rôle de l'enfant Joas, la terreur religieuse, et ce que Racine appelle, dans *Iphigénie*, «une sainte horreur qui rassure», Jéhovah étant visiblement le conducteur de l'action:

Impitoyable Dieu, toi seul as tout conduit!

l'amour, sans lequel la tragédie ne se concevait pas auparavant, remplacé par des passions aussi fortes et plus grandes par leur objet; la façon superbement simple dont les caractères sont peints, je voudrais dire «brossés» à larges traits (si bien qu'*Athalie* semble faite, non plus pour un étroit théâtre fermé, mais pour quelque amphithéâtre antique, en plein air); le naïf et imperceptiblement comique Abner; Mathan, gonflé de la haine propre aux apostats; la maternelle et naturelle Josabeth; le joli petit fanatique Zacharie; Athalie, la vieille criminelle fatiguée, devenue hésitante et presque sentimentale; et le terrible Joad, le plus beau type d'entraîneur d'hommes, fort, enthousiaste et rusé, imaginatif (voyez sa «prophétie») comme les grands hommes d'action, avec un certain mépris pour la foule:

Peuple lâche en effet, et né pour l'esclavage!

mais aussi une foi indomptable en lui-même et en Dieu; c'est-à-dire, en somme, dans la beauté de son rêve et de son œuvre: foi absolue et qui va jusqu'au sublime du sacrifice, puisque, ayant entrevu, dans son accès prophétique, le meurtre de son fils Zacharie par ce Joas qu'il est en train de faire roi, il détourne les yeux («Poursuivons notre ouvrage!») et sacrifie donc à son Dieu et à ses desseins la vie de son propre enfant.

On l'a dit souvent: quand *Athalie* ne serait que l'histoire d'une conspiration et d'une restauration, elle serait encore la plus émouvante des tragédies politiques. Mais c'est encore une tragédie chrétienne, et, considérée ainsi, dans un esprit de foi ou tout au moins de religieuse sympathie, elle grandit encore. Car ce qui s'agite dans ce drame, ce sont les destinées mêmes du christianisme. Songez un peu que Joas est l'aïeul du Christ, et que la restauration de Joas est, en quelque sorte, une condition matérielle du salut du monde. *Athalie* rejoint les plus grandes œuvres, et les plus religieuses, du théâtre grec. De même qu'*Œdipe à Colone* enseignait aux Grecs que la faute n'est pas dans l'acte matériel, mais dans la volonté et l'intention; de même que nous voyons, dans l'*Orestie*, l'avènement d'une morale nouvelle, la substitution d'une loi clairvoyante et miséricordieuse à la loi aveugle et impitoyable du talion qui perpétue les violences: de même, ce que prépare le drame d'*Athalie*, c'est le remplacement de la petite Jérusalem de chair par la Jérusalem nouvelle et universelle; la Jérusalem intérieure, la Jérusalem des âmes, l'Église:

Quelle Jérusalem nouvelle
Sort du fond du désert brillante de clartés
Et porte sur le front une marque immortelle?
Peuples de la terre, chantez!
Jérusalem renaît, plus charmante et plus belle.
D'où lui viennent de tous côtés
Ces enfants qu'en son sein elle n'a pas portés?
Lève, Jérusalem, lève ta tête altière;
Regarde tous ces rois de ta gloire étonnés.
Les rois des nations, devant toi prosternés,
De tes pieds baisent la poussière...

Oui, si nous n'étions de si faibles chrétiens «venus trop tard dans un monde trop vieux», *Athalie* serait vraiment pour nous ce que fut pour les Athéniens l'*Orestie* ou *Œdipe à Colone*.

Athalie est unique chez nous. *Athalie* est une sorte de miracle.

Athalie n'eut aucun succès.

Madame de La Fayette écrit dans ses *Mémoires de la cour de France*:

Quelquefois les choses les mieux instituées dégénèrent considérablement, et cet endroit (Saint-Cyr) qui, maintenant que nous sommes dévots, est le séjour de la vertu et de la piété, pourra quelque jour, sans percer dans un profond avenir, être celui de la débauche et de l'impiété. Car de songer que trois cents jeunes filles qui y demeurent jusqu'à vingt ans, et qui ont à leur porte une cour remplie de gens éveillés, surtout quand l'autorité du roi n'y sera plus mêlée; de croire, dis-je, que de jeunes filles et de jeunes hommes soient si près les uns des autres sans sauter les murailles, cela n'est presque pas raisonnable.

Madame de La Fayette exagère et prévoit les malheurs de trop loin. Mais enfin, les jeunes actrices avaient beau s'agenouiller dans les coulisses et réciter le *Veni Creator* avant d'entrer en scène, les représentations d'*Esther* n'avaient pas été bonnes aux demoiselles de Saint-Cyr. Les applaudissements, les compliments démesurés qu'on leur faisait, la présence des plus brillants gentilshommes de la cour, même quelque inévitable familiarité avec les chanteuses de la musique du roi que l'on mêlait aux demoiselles pour fortifier les chœurs, tout cela les avait affolées... On le reprocha à madame de Maintenon. Et *Athalie* ne fut jouée, du vivant de Racine, que dans la chambre de cette dame, sans costumes, sans décors, et ne fit aucun bruit.

À la vérité, si madame de Maintenon étouffa *Athalie*, ce fut moins pour protéger l'innocence des demoiselles de Saint-Cyr que parce que Racine lui était devenu suspect par ses amitiés jansénistes[8]. Et la preuve, c'est que, Racine écarté, la fameuse éducatrice s'obstina, pendant des années encore, à faire jouer la comédie aux élèves de la sainte maison. De Racine, elle se rabattit tranquillement—et sans bien en voir la différence—sur le vieux Boyer, qui fit pour Saint-Cyr une tragédie de *Jephté*, inepte et inconsciemment indécente, puis sur Duché qui lui fournit un *Jonathan* et un *Absalon*. Et, après l'inévitable excitation de ces divertissements, elle faisait apprendre à ces petites filles un bizarre et imprudent Poème de la virginité (d'un auteur inconnu), sans doute pour les détourner du mariage.

La singulière femme que cette Maintenon!

Il y a eu, au XVIIe siècle, un abbé qui, pour s'être déguisé en sauvage un jour de carnaval et avoir pris dans cet état un bain nocturne et forcé, est finalement devenu cul-de-jatte, et qui, tordu et cloué sur sa chaise, n'a cessé de crier de douleur que pour éclater de rire; a, peu s'en faut, inventé la poésie burlesque; a passé pour le plus gai des hommes, et a été plus célèbre à son heure et plus réellement populaire que Corneille ou que Victor Hugo.—Il y a eu, à la même époque, une petite fille née dans une prison, élevée à la Martinique, qui, revenue en France, a gardé les dindons chez une parente méchante et avare, qui a connu la misère et presque la faim,—et qui est devenue la femme du plus grand roi du monde. Et certes, ces deux destinées, prises chacune à part, seraient déjà assez étranges; mais que dirons-nous de leur rencontre? Il y a quelque chose de plus extraordinaire que la personne de Scarron et que la fortune de Françoise d'Aubigné: c'est l'union du cul-de-jatte et de la «belle Indienne», future maîtresse de la France.

Et une chose plus amèrement plaisante encore, c'est de voir le grand roi, à quarante-cinq ans, épouser les cinquante ans sonnés d'une dévote dont un bouffon infirme avait cueilli jadis (comme il avait pu) la jeunesse en fleur, et ce monarque glorieux vivre trente ans des restes de ce stropiat. Quel joli parallèle un bon rhéteur pourrait faire entre les deux maris de Françoise! N'est-il pas admirable que la même femme ait épousé ce misérable et ce tout-puissant, ce phénomène de foire et ce premier grand rôle historique, le plus bouffon des hommes et le plus solennel, l'empereur du burlesque et le roi de France, le roi Mayeux et le roi Soleil, et qu'elle ait donné ses frais dix-sept ans au monstre et sa maturité sèche au demi-dieu?

Mais plaignons la belle Indienne malgré son extraordinaire fortune. Plaignons-la de s'être mise constamment, avec tous ses mérites, dans le cas de ne pouvoir être aimée ni estimée en pleine sécurité.—Femme d'un infirme qui ne pouvait être son mari; amie intime d'une courtisane (Ninon); amie de plusieurs grandes dames, mais à la façon d'une demoiselle de compagnie; gouvernante des enfants du roi, mais de ses enfants naturels; épouse du roi, mais son épouse secrète... c'est le malheur de cette femme distinguée, intelligente et probablement vertueuse, de n'avoir jamais eu de situation parfaitement franche. Et on dirait (nous l'avons vu) que ce qu'il y a eu, dans sa vie, de gêné, d'équivoque, de mal défini, a passé jusque dans ses procédés et ses théories d'éducatrice.

Étouffée par madame de Maintenon, *Athalie*, lorsqu'elle fut imprimée en 1691, dérouta le public parut sans intérêt, et valut à l'auteur les plus plates injures de ses ennemis ordinaires.

C'était trop dur et trop injuste. «Dégoûté plus que jamais de la poésie, nous dit son fils Louis, par le malheureux succès d'*Athalie*, Racine se précipite dans la sainteté.

DIXIÈME CONFÉRENCE

DERNIÈRES ANNÉES DE RACINE.—CONCLUSION

Un véritable malheur, c'est que, pour la période la plus brillante et sans doute la plus agitée de sa vie (de 1665 à 1687), nous n'avons de Racine que quelques billets insignifiants et, de 1681 à 1685, quelques lettres seulement, de peu d'intérêt, à sa sœur mademoiselle Rivière. Mais, pour ses dernières années (de 1687 à 1699), il nous reste de lui une correspondance assez abondante et suivie, surtout avec son fils Jean-Baptiste et avec Boileau. Et cela est fort heureux, et pour nous et pour lui.

Je ne vous ai rien caché de ses défauts, de ses faiblesses, de ses erreurs. Je vous l'ai montré susceptible, irritable, vindicatif, ingrat même à un moment, avide de renommée et de plaisir et mordant avec fureur à tous les fruits de la vie. J'en suis plus à l'aise pour vous dire à quel point, dans ses quinze ou vingt dernières années, il apparaît bon et vertueux, et d'une vertu charmante, son excessive sensibilité s'étant épurée par les épreuves et le repentir.

Sa correspondance avec Boileau et son fils Jean-Baptiste est délicieuse de candeur, de bonhomie—et de sincérité (sauf quelques pages faites évidemment pour être montrées). C'est la plus parfaitement simple et familière des correspondances illustres. L'excellent Boileau, dans ses lettres, cherche quelquefois l'esprit. Racine, jamais. Cette correspondance est «unique».

(«Unique», j'ai déjà appliqué cette épithète à plus d'un ouvrage de Racine: je ne crois pas l'avoir fait jamais par complaisance et sans raison. Car il est bien vrai que les *Lettres contre Port-Royal* sont uniques, que les *Plaideurs* sont uniques, et presque toutes ses tragédies profanes, et *Esther* et *Athalie*. Et cela veut dire qu'il n'y a pas chez Racine de redites fatigantes et d'imitations de soi-même, comme chez Corneille. Il avait une délicatesse un peu dédaigneuse et inquiète, qui ne lui permettait pas de faire plusieurs fois la même chose, de se répéter commodément.)

Racine et Boileau se sont solidement aimés. Pourtant, après plus de trente ans d'intimité et quand ils étaient continuellement l'un chez l'autre et que Boileau traitait les enfants de Racine comme il eût traité ses propres enfants, ils continuaient à se dire «vous» et à s'appeler «mon cher monsieur». Mais quelle tendresse sous cette forme prudente et contenue, imposée par la politesse du temps et par la pudeur chrétienne!—Boileau, envoyé par les médecins à Bourbon, écrit à Racine:

> L'offre que vous me faites de venir à Bourbon est tout à fait
> héroïque et obligeante: mais il n'est pas nécessaire que vous
> veniez vous enterrer dans le plus vilain lieu du monde, et le

chagrin que vous auriez infailliblement de vous y voir ne ferait qu'augmenter celui que j'ai d'y être. Vous m'êtes plus nécessaire à Paris qu'ici, et j'aime encore mieux ne vous point voir que de vous voir triste et affligé. Adieu, mon cher monsieur (13 août 1687).

Et, coïncidence touchante, le même jour (en sorte que les deux lettres se sont croisées), Racine écrivait à Boileau:

… Plus je vois décroître le nombre de mes amis, plus je deviens sensible au peu qui m'en reste. Et il me semble, à vous parler franchement, qu'il ne me reste plus que vous. Adieu. *Je crains de m'attendrir follement en m'arrêtant trop sur cette réflexion.*

Il serait curieux de comparer ses lettres de direction paternelle et chrétienne à son fils aîné avec les lettres élégamment cyniques de Lord Chesterfield à son bâtard. Les conseils de Racine à Jean-Baptiste sur ses lectures, sur ses divertissements, sur sa conduite dans le monde, sur les moyens d'avancer honnêtement dans sa carrière (qui était la diplomatie), offrent un mélange exquis de fermeté et de tendresse, de piété chrétienne et de sens pratique, quelquefois d'ironie indulgente. Quand il l'a réprimandé, il craint toujours de lui avoir fait de la peine:

… Que tout ce que je vous dis ne vous chagrine point: car du reste je suis très content de vous, et je ne vous donne ces petits avis que pour vous exciter à faire de votre mieux en toutes choses.

On voit dans cette correspondance, parmi l'abondance des détails familiers, ce que c'est qu'une famille d'autrefois, chrétienne et disciplinée. Et cela est d'autant plus beau, que les enfants de Racine paraissent avoir été tous des natures originales et que ses cinq filles, toutes jolies et vivaces, eurent, semble-t-il, des âmes singulièrement ardentes. Il écrit un jour de l'aînée, Marie, revenue de chez les Carmélites:

… Elle est toujours fort farouche pour le monde. Elle pensa hier rompre en visière à un neveu de madame Le Challeux qui lui faisait entendre, par manière de civilité, qu'il la trouvait bien faite, et je fus obligé, quand nous fûmes seuls, de lui en faire une petite réprimande. Elle voudrait ne bouger de sa chambre et ne voir personne.

Cette intransigeante Marie, qui avait été novice, aux Carmélites, finit par se marier: âme tourmentée, tantôt à Dieu, tantôt au monde. Nanette fut Ursuline, et Babet aussi après la mort de son père; Fanchon et Madelon moururent filles, assez jeunes encore et tout embaumées de piété et de bonnes œuvres… Racine sanglotait à la vêture de ses deux aînées, quoiqu'il sût bien que, par les leçons dont il avait nourri sa nichée de colombes, il était sans le vouloir le vrai prêtre de ce sacrifice.

De très petites choses, souvent, révèlent la qualité d'une âme. Un jour (3 avril 1691), Racine, historiographe du roi, ayant assisté à un assaut devant Mons, écrit à Boileau:

> J'ai retenu cinq ou six actions de simples grenadiers, dignes d'avoir place dans l'histoire, et je vous les dirai quand nous nous reverrons… Je voyais l'attaque tout à mon aise, d'un peu loin à la vérité; mais j'avais de fort bonnes lunettes, que je ne pouvais presque tenir fermes, tant le cœur me battait à voir tant de braves gens dans le péril.

Une fois (5 octobre 1692), il veut offrir les *Fables* de La Fontaine à son fils aîné qui est encore au collège:

> On ne trouve, écrit-il de Fontainebleau, les *Fables* de M. de La Fontaine que chez M. Thierry ou chez M. Barbin. Cela m'embarrasse un peu, parce que *j'ai peur qu'il ne veuille pas prendre de mon argent.* Je voudrais que vous en pussiez emprunter (un exemplaire des *Fables*) à quelqu'un jusqu'à mon retour. Je crois que M. Despréaux les a, et il vous les prêterait volontiers; ou bien votre mère pourrait aller avec vous sans façon chez M. Thierry et les lui demander en les payant.

Sa renonciation au théâtre est totale. Non seulement il n'écrit plus de pièces, mais il ne va plus à la comédie, même à la cour, peut-être pour n'être pas tenté, mais surtout par scrupule religieux. Continuellement il détourne Jean-Baptiste d'aller au théâtre. Un jeune régent du collège Louis-le-Grand, dans une cérémonie scolaire, avait examiné (en latin) cette double question: *Racinius an christianus? an pœta?* et conclu que Racine n'était ni chrétien ni poète. À ce sujet Racine écrit à Boileau (4 avril 1696):

> … Pour mes tragédies, je les abandonne volontiers à sa critique. Il y a longtemps que Dieu m'a fait la grâce d'être assez peu sensible au bien et au mal qu'on en peut dire, et de ne me mettre en peine que du compte que j'aurai à lui en rendre quelque jour…

Il prépare soigneusement son histoire du roi, mais il a renoncé à la littérature d'imagination. Ce n'est que par accident et dans une pensée d'édification qu'il écrit pour les demoiselles de Saint-Cyr les quatre *Cantiques spirituels*, si harmonieux et si purs, et qu'il revoit ses souples traductions des hymnes du *Bréviaire romain*, ces charmantes hymnes pour Matines, pour Laudes, pour Vêpres, etc…, où le rapport de chaque prière avec l'heure du jour est si gracieusement indiqué, et où l'on dirait que pénètre un peu de la nature, comme un rayon de soleil qui vient tomber sur le tabernacle ou comme une branche de feuillage aperçue par le vitrail entr'ouvert:

Tandis que le sommeil, réparant la nature,
Tient enchaînés le travail et le bruit,
Nous rompons ses liens, ô clarté toujours pure,
Pour te louer dans la profonde nuit…

L'oiseau vigilant nous réveille, etc…

Un peu auparavant, Corneille, meurtri lui aussi, écrivait douze ou quinze mille vers, traduits soit dû latin liturgique, soit du latin de l'*Imitation de Jésus-Christ*. Tous deux, Corneille puis Racine, diversement, mais douloureusement désabusés, vieillirent dans une tristesse intérieure, d'où la poésie lyrique personnelle eût pu jaillir, qui sait? cent cinquante ans avant les romantiques. Mais, étant pieux et même dévots, l'expression des sentiments qui les agitaient, et surtout de ceux qu'ils voulaient avoir, leur semblait toute trouvée d'avance: et c'est pourquoi ils traduisent des hymnes et des psaumes.

Ce qu'était Racine dans ses dernières années, Saint-Simon, témoin difficile, clairvoyant, et d'autant moins suspect qu'il détestait madame de Maintenon dont Racine était l'ami,—Saint-Simon nous le dira:

> Personne n'avait plus de fond d'esprit, ni plus agréablement tourné; rien du poète dans son commerce; tout de l'honnête homme, de l'homme modeste, et sur la fin, de l'homme de bien.

«Tout de l'honnête homme», ceci est à rapprocher des propos que Louis Racine rapporte au commencement de ses *Mémoires*:

> Ne croyez pas, disait Racine à son fils aîné, que ce soient mes pièces qui m'attirent les caresses des grands. Corneille fait des vers cent fois plus beaux que les miens, et cependant personne ne le regarde; on ne l'aime que dans la bouche de ses acteurs: au lieu que, sans fatiguer les gens du monde du récit de mes ouvrages, *dont je ne leur parle jamais*, je les entretiens des choses qui leur plaisent. Mon talent avec eux n'est pas de leur faire sentir que j'ai de l'esprit, mais de leur apprendre qu'ils en ont.

«Tout de l'homme modeste et, sur la fin, de l'homme de bien.» Saint-Simon aurait pu ajouter: «tout du chrétien». Racine s'efforçait d'être humble, ce qui est, je crois, le commencement de la sainteté. Je ne sais s'il croyait vraiment les vers de Corneille «cent fois plus beaux que les siens», mais enfin il le disait. Un détail bien significatif:—En 1685, dans son éloge de Corneille, il avait écrit: «La France se souviendra… que sous le règne du plus grand de ses rois a fleuri *le plus célèbre de ses poètes*.» Évidemment il n'a pas encore eu le courage d'écrire «le plus grand». Mais, en 1697, dans la réédition de son discours, il corrige bravement, et il écrit: «*le plus grand* de ses poètes». Cela n'a l'air de rien, et cela est peut-être héroïque.

(Je vous signale en passant, dans la seconde partie de ce discours, sur les négociations et les manœuvres qui précédèrent la trêve de Ratisbonne, une des plus belles et des plus vivantes périodes de la prose française au XVIIe siècle.)

Les ennemis de Racine l'accusaient d'être trop bon courtisan. Et pourtant il restait publiquement l'ami des jansénistes et des religieuses de Port-Royal. Il négociait pour elles. Pour elles et dans l'espérance de leur rendre leur archevêque favorable, il écrivit cet *Abrégé de l'Histoire de Port-Royal*, qui est une merveille de limpidité et d'élégance sévère. Il recommençait dans les jardins de Port-Royal-des-Champs les promenades de son enfance. Tous les ans il y menait sa famille à la procession de la Fête-Dieu. Lorsque le cœur d'Arnauld fut rapporté à Port-Royal, Racine fut, parmi les amis du dehors, le seul qui ne craignît pas d'assister à la cérémonie. Il voulut, vous vous en souvenez, être enterré dans le cimetière des Champs, aux pieds de la tombe de M. Hamon, le plus humble de ses anciens maîtres. De bonne heure, je vous l'ai dit, il s'abstint, lorsqu'il était à la cour, d'aller à l'opéra et à la comédie, et il ne craignait point de déplaire par ce scrupule.—Seulement, voilà! il avait l'imprudence d'aimer le roi!

* * * * *

Vous connaissez le récit de Louis Racine, de ce Louis Racine, dévot et solitaire dans le siècle, maussade, malheureux, d'une tristesse vraiment janséniste, mais qui a écrit, dans ses poèmes de la *Religion* et de la *Grâce*, les plus beaux vers de philosophie religieuse, et une prière presque sublime: *Les Larmes de la Pénitence.*

> Madame de Maintenon, dit Louis Racine, qui avait pour lui une estime particulière, ne pouvait le voir trop souvent, et se plaisait à l'entendre parler de différentes matières, parce qu'il était propre à parler de tout. Elle l'entretenait un jour de la misère du peuple: il répondit qu'elle était une suite ordinaire de longues guerres; mais qu'elle pourrait être soulagée par ceux qui étaient dans les premières places, si on avait soin de la leur faire connaître. Il s'anima sur cette réflexion; et comme dans les sujets qui l'animaient il entrait dans cet enthousiasme dont j'ai déjà parlé, qui lui inspirait une éloquence agréable, il charma madame de Maintenon, qui lui dit que, puisqu'il faisait des observations si justes sur-le-champ, il devrait les méditer encore et les lui donner par écrit, bien assuré que l'écrit ne sortirait pas de ses mains. Il accepta malheureusement la proposition, non par une complaisance de courtisan, mais parce qu'il conçut l'espérance d'être utile au public. Il remit à madame de

Maintenon un mémoire aussi solidement raisonné que bien écrit. Elle le lisait, lorsque le roi, entrant chez elle, le prit, et après en avoir parcouru quelques lignes, lui demanda avec vivacité qui en était l'auteur. Elle répondit qu'elle avait promis le secret. Elle fit une résistance inutile: le roi expliqua sa volonté en termes si précis, qu'il fallut obéir. L'auteur fut nommé.

Vous savez le reste du récit; le mot du roi: «Parce qu'il sait faire parfaitement les vers, croit-il tout savoir? et parce qu'il est grand poète, veut-il être ministre?» Madame de Maintenon éplorée, et évitant Racine; le rencontrant un jour dans le jardin de Versailles et lui promettant de tout arranger; puis, le bruit d'une calèche: «C'est le roi qui se promène, s'écria madame de Maintenon, cachez-vous.» Il se sauva dans un bosquet. Dès lors sa santé s'altéra tous les jours. Etc..

Des critiques très sûrs d'eux-mêmes ont voulu que ce Mémoire sur les souffrances du peuple ait été confondu par Louis Racine avec un autre Mémoire, une demande de dégrèvement de la taxe extraordinaire imposée sur les charges de secrétaires du roi. (Racine en possédait une, qu'il avait achetée en février 1696. Ne nous scandalisons point de cette demande de dégrèvement: l'ancien régime était le régime de la faveur,—comme tous les régimes.)

Pour moi, je vois peu de raisons de contester l'existence de ce «Mémoire sur la misère du peuple». Pourquoi et comment Jean-Baptiste, de qui Louis tenait cette tradition de famille, et dans un tel détail, l'aurait-il inventée? Jean-Baptiste ni Louis n'avaient l'âme révolutionnaire. Et Jean-Baptiste avait su les choses directement: il les avait entendu raconter à son père lui-même. Jean-Baptiste, alors âgé de vingt ans, n'a guère pu se tromper, et, fort honnête homme, n'a pu ensuite tromper son frère. (Et je ne parle point des souvenirs et du témoignage présumé des grandes sœurs de Louis.)—Je tiens l'histoire vraie. Mais, en outre, elle ne me paraît nullement invraisemblable.

* * * * *

1° Car, d'abord, Racine n'était point incapable de concevoir et d'écrire ce généreux *Mémoire*.

Je ne vous le donne point pour un «précurseur de la Révolution», oh! non. Mais son christianisme, très effectif, se souciait des pauvres. On le voit, dans sa correspondance, très libéral et aumônier, d'ailleurs fort simple de mœurs. Les paysans de Port-Royal s'adressaient à lui pour leurs affaires. Il était ami de Vauban et, très probablement, connaissait et partageait les idées de l'auteur de la *Dîme Royale* (1707). Quand il écrivait ce vers:

Entre le pauvre et vous, vous prendrez Dieu pour juge,

il en concevait tout le sens.

Chose à remarquer, nous le voyons très discret sur la révocation de l'Édit de Nantes.—La séance de réception de Bergeret et de Thomas Corneille à l'Académie avait eu lieu quelques mois seulement avant cette révocation que tout le monde prévoyait. Or Bergeret, dans son discours, louait dans le roi «un zèle pour la religion qui fait chaque jour de si grands progrès». Et Thomas Corneille, venant à l'éloge de Louis XIV, disait à Racine: «*Vous parlerez...* de ce zèle ardent et infatigable, qui lui fait donner ses plus grands soins à détruire entièrement l'hérésie et à rétablir le culte de Dieu dans toute sa pureté.» Racine, dans sa réponse, ne répondit point à cette invitation: non pas, j'imagine, qu'il blâmât le projet du roi, ni qu'il ne comprît, comme le roi et toute la France d'alors, le bienfait de l'unité religieuse... Mais qui sait s'il ne se souvenait pas de ces huguenots d'Uzès qui, seuls, lisaient les *Provinciales* et avaient de jolies filles?... Et surtout il songeait qu'il était lui-même l'ami, et qui ne s'en cachait point, d'autres persécutés. Il est bon pour un chrétien d'être lié personnellement avec quelques hétérodoxes...

Cela n'empêcha point Racine de louer le roi avec l'exagération qui était d'usage. Toutefois les louanges qu'il lui décerna peuvent passer pour une exhortation à les mériter: car il le loue, à la veille de la Révolution, d'être «plein d'équité, plein d'humanité, toujours maître de lui».—Il avait l'âme fière. Dans ce même discours, il a le courage (je dis le courage, car tout est relatif) de proclamer égaux devant la postérité les grands écrivains et les grands rois:

> Du moment (dit-il à Thomas) que des esprits sublimes s'immortalisent par des chefs-d'œuvre comme ceux de monsieur votre frère, quelque inégalité que durant leur vie la fortune mette entre eux et les plus grands héros, après leur mort cette différence cesse. La postérité... fait marcher de pair l'excellent poète et le grand capitaine.

Et l'on sait que, quelques jours après, il lut son discours chez le roi, et que le roi s'en montra ravi.

* * * * *

2° En second lieu, Racine pouvait croire qu'il ne risquait rien à soumettre son *Mémoire*, je ne dis pas seulement à madame de Maintenon, mais au roi lui-même. Le roi jusque-là ne lui avait su mauvais gré ni de son attachement avoué aux «Messieurs» et aux religieuses, ni des allusions transparentes d'Esther aux malheurs et à l'innocence de Port-Royal.—Puis Racine adorait le roi et croyait être aimé de lui. Ils s'étaient connus, ne l'oublions pas, quand ils étaient très jeunes tous les deux (vingt-quatre et vingt-six ans) et quand le roi était gai et facile, quand il n'était pas du tout l'idole ennuyée qu'il devint peu à peu. Au reste, en 1687 encore, Racine écrivait à Boileau:

Vous ne sauriez croire combien cette maison de Marly est agréable; la cour y est, ce me semble, tout autre qu'à Versailles. *Le roi même y est fort libre et caressant.*

Vous vous rappelez aussi que le roi, avec son très grand goût, et très sûr, avait toujours été le défenseur de Racine; qu'il avait accepté la dédicace d'*Alexandre*, qu'il avait, contre l'erreur du public, défendu et relevé les *Plaideurs* et *Britannicus*; que quelques vers de *Britannicus* l'avaient fait renoncer à la danse; qu'il avait souffert et même goûté, dans *Bérénice*, de secrètes allusions à un épisode de sa vie sentimentale; enfin qu'il comblait Racine de ses dons et de ses faveurs. Racine était de tous les Marly; avait un appartement à Versailles; entrait quand il le voulait au lever du roi,—à la grande surprise de l'huissier Rousseau, «qui avait toujours envie de me fermer la porte au nez», écrit-il à son fils Jean-Baptiste (25 avril 1691).—Saint-Simon nous dit:

> Cet emploi (celui d'historiographe), ces pièces dont je viens de parler (*Esther* et *Athalie*), ses amis lui acquirent des privances. Il arrivait même quelquefois que, le roi n'ayant point de ministres chez madame de Maintenon, ils envoyaient chercher Racine pour les amuser.

Et d'autres fois le roi le faisait venir pour lui faire la lecture. Même, en 1696, pendant une maladie qui lui ôtait le sommeil, il avait voulu que Racine couchât dans sa chambre.

Racine avait (nous l'avons déjà vu) une conversation charmante, et était en outre un lecteur étonnant et un commentateur enflammé de ses lectures. Il avait facilement la parole ardente et passionnée. Louis Racine nous dit:

> À la prière qu'il faisait tous les soirs au milieu de ses enfants et de ses domestiques quand il était à Paris, il ajoutait la lecture de l'Évangile du jour, que souvent il expliquait lui-même par une courte exhortation… prononcée avec *cette âme qu'il donnait à tout ce qu'il disait.*

Un jour, étant chez Boileau avec Valincour, Nicole et quelques autres amis, il prend un Sophocle grec et lit la tragédie d'*Œdipe*, en la traduisant sur-le-champ:

> Il s'émut à tel point (dit Valincour) que tous les auditeurs éprouvaient les sentiments de terreur et de pitié dont cette pièce est pleine. J'ai vu nos meilleures pièces représentées par nos meilleurs acteurs: rien n'a jamais approché du trouble où me jeta ce récit; et, au moment que j'écris, je m'imagine voir encore Racine le livre à la main et nous tous consternés autour de lui.

Jugez des fêtes secrètes qu'il pouvait ainsi donner au roi!

Des relations de cette sorte, et pendant trente ans, doivent amener une espèce de familiarité et d'intimité, même entre un roi et un bourgeois. Racine était vraiment fondé à croire que le roi lui rendait quelque affection, et que le *Mémoire* ne le fâcherait pas.

Mais le roi, avec les années, s'était sans doute desséché et endurci. Puis, peut-être le *Mémoire* lui fut-il remis dans un mauvais moment. À coup sûr il fut remis d'une façon maladroite, et comme une chose qu'on voulait cacher. Il se peut que ce *Mémoire* ait réveillé chez le roi des griefs endormis. Il se dit sans doute: «Voilà bien l'esprit janséniste. Ces gens-là critiquent tout». Racine ne peut s'être mépris tout à fait sur les causes de la bouderie du roi: or, dans la fameuse lettre à madame de Maintenon, où il déclare qu'il n'a «jamais rougi ni de Dieu ni du roi» (parole qui semblerait courtisanesque si elle n'était une parole de loyalisme amoureux), Racine, sans renier ses anciens maîtres, se défend surtout de l'accusation de jansénisme.

Enfin, et quoi qu'il en soit, le roi eut un mouvement d'humeur, dont les suites furent aggravées par la pusillanimité de madame de Maintenon. Cela ne dura pas. Il ne faut point parler de la «disgrâce» de Racine, mais d'un petit refroidissement passager de la part de Louis XIV. Néanmoins, Racine fut profondément peiné; et, comme il souffrait alors d'une maladie de foie, on peut croire, avec Louis Racine, que son chagrin hâta le progrès du mal, et qu'il «y a grande apparence que sa trop grande sensibilité abrégea ses jours».

Il mourut un an après, d'une mort très sainte. Dieu le consola du roi.

Ainsi, l'auteur de *Bajazet* et de *Phèdre*, l'écrivain le plus sensible du XVIIe siècle, le plus savant peintre des plus démentes passions, revenu des amours terrestres et continuant toujours d'aimer, mais d'autre façon, après avoir payé sa dette à Dieu en lui donnant quatre vierges, faible et grand jusqu'au bout, mourut peut-être d'un chagrin de courtisan, mais d'un chagrin qu'il s'attira pour avoir eu trop indiscrètement pitié des pauvres ou pour avoir été trop fidèle à des persécutés. Vie exquise que celle où l'amour et tous les amours s'achèvent en charité.

«L'amour, dit l'*Imitation*, aspire à s'élever... Rien n'est plus doux ni plus fort que l'amour... Il n'est rien de meilleur au ciel et sur la terre, parce que l'amour est né de Dieu et qu'il ne peut se reposer qu'en Dieu, au-dessus de toutes les créatures.» Et c'est là toute l'histoire de l'âme, longtemps inquiète, lentement pacifiée, de Jean Racine.

Au cimetière idéal des grands poètes, je placerais sur son tombeau une figure de femme pleurante, et qui représenterait, à volonté, sa Muse tragique, ou son âme elle-même. Elle serait chaste et drapée à petits plis. Et, sur la pierre funèbre, je graverais en beaux caractères le mot de madame de Maintenon:

«Racine, qui veut pleurer, viendra à la profession de sœur Lalie»; le mot, un peu risqué, de la joviale Sévigné: «Il aime Dieu comme il aimait ses maîtresses»; le mot de Racine lui-même, recueilli par La Fontaine: «Eh bien, nous pleurerons, voilà un grand mal pour nous!» et ce vers du premier de ses quatre *Cantiques spirituels*:

Si je n'aime, je ne suis rien.

Cette vie si vraiment humaine, si pleine de faiblesse et d'héroïsme et de belles larmes; nous avons vu que Port-Royal l'encadre et la pénètre tout entière. Non seulement Port-Royal le nourrit, et, après vingt ans de séparation, le recueille et l'apaise; mais on peut dire que le théâtre de Racine est la fleur profane et imprévue du grand travail de méditation religieuse et de perfectionnement intérieur qui s'est accompli jadis à Port-Royal-des-Champs. Car c'est la description de l'homme naturel selon Port-Royal qui compose le fond solide et fait l'énergie secrète de ses mélodieuses tragédies, de même que c'est la beauté, la mesure et l'eurythmie grecques qui lui en ont conseillé la forme: en sorte qu'il réunit réellement et fond en lui les deux plus belles traditions de notre humanité: l'hellénique et la chrétienne.

* * * * *

Cela fait un merveilleux composé. Le théâtre de Racine est le diamant de notre littérature classique. Car il n'est pas de théâtre, je pense, qui contienne à la fois plus d'ordre et de mouvement intérieur, plus de vérité psychologique, et plus de poésie.

* * * * *

1° *Ordre et mouvement.*

Je pourrais vous dire, après beaucoup d'autres:

Racine, en abordant le théâtre, trouvait, posée et acceptée, la règle, des trois Unités (règle attribuée à Aristote, lequel n'a jamais parlé que de l'unité d'action).—Il y trouvait aussi, bien établi sur la scène, un certain ton oratoire et même emphatique, reste persistant de nos premières tragédies françaises qui avaient été, je ne sais pourquoi, surtout imitées de Sénèque le tragique.— Il y rencontrait enfin certaines conditions matérielles. Figurez-vous une représentation d'alors: Auguste sur un fauteuil élevé, Cinna et Maxime sur des tabourets, comme à Versailles, tous trois en perruque; des deux côtés, les jeunes seigneurs sur des bancs; un éclairage qu'on mouchait dans les entr'actes; une salle oblongue, un seul rang de loges, le parterre debout.— Une salle de théâtre d'il y a deux cent cinquante ans différait autant par tout son aspect, d'une salle de nos jours, qu'une tragédie de Corneille d'une comédie de Dumas fils si vous voulez.

Cette exiguïté de la scène envahie par les jeunes gens à la mode, on a dit qu'elle suffirait à expliquer presque tout le système dramatique du temps, l'unité de lieu et les autres unités, la sobriété ordinaire de l'action, les confidents, les récits, les longues conversations; et que les auteurs d'alors auraient conçu leurs drames autrement sur une scène libre et plus vaste. En est-on bien sûr? Voltaire, en 1766, débarrassera la scène des bancs latéraux qui l'encombraient; et l'ancien système dramatique dans ses traits essentiels, survivra soixante ans à ce débarras. Corneille peut-être, qui rusa toute sa vie avec les règles, eût pu être induit, par un meilleur aménagement scénique et par le désir d'en profiter, à enfreindre ces fameuses règles dans ce qu'elles avaient de trop formaliste: Racine, nullement.

Racine assouplit l'ancien ton trop oratoire. Racine se contente du médiocre carré de planches qu'on lui laisse. Quant aux unités, il s'en accommode et ne les discute pas. Elles ne le gênent point. Il sent au contraire qu'elles l'aident en quelque façon en l'obligeant de faire plus serré et plus fort.

«La tragédie française est une crise» (Gœthe). Cela est surtout vrai de la tragédie de Racine. «Racine prend son point de départ si près de son point d'arrivée, qu'un tout petit cercle contient l'action, l'espace et le temps» (Lanson). Il prend Pyrrhus vingt-quatre heures avant qu'il ne se décide pour Andromaque, Néron vingt-quatre heures avant son premier crime, Bérénice vingt-quatre heures avant son départ de Rome, etc. Nulle intrusion du hasard (excepté dans *Mithridate* et dans *Phèdre*, par le retour imprévu d'un personnage qu'on croyait mort). L'action se noue simplement par les caractères, les passions et les intérêts des personnages en présence; et seules ces forces agissent. Un peu de lenteur au premier acte, où il est nécessaire de nous apprendre ce que nous devons connaître du passé; mais, dans aucun théâtre, l'action intérieure n'est plus continue que dans celui-ci. Le drame est toujours en marche.

Une conséquence de la méthode racinienne, c'est que les sentiments et les passions, saisis d'abord à une très petite distance de la catastrophe, sont violents dès le début, et que cette violence ne peut qu'aller croissant. C'est une nécessité du système, et en même temps cela est conforme au goût de Racine, qui est lui-même une âme extraordinairement sensible et violente et qui, nous l'avons vu, fit souvent à ses contemporains l'effet d'un brutal.

(On a dit—et je vous l'ai rappelé à propos d'*Andromaque* et d'*Iphigénie*—que, dans la plupart des tragédies de Racine, les mœurs et les actions ne semblent pas du même temps, et que les actions ont des siècles de plus que les mœurs et le langage. Mais ce contraste serait-il une convention si forte? Il arrive souvent, dans la réalité, que sous l'homme civilisé surgisse un sauvage poussé par les forces aveugles des nerfs et du sang. Racine nous présente communément des hommes et des femmes parfaitement élevés et qui, à certaines heures, en dépit de leur politesse et de leur élégance, font des choses atroces, commettent des crimes. Cela ne s'est-il jamais vu? Cela ne s'est-il pas vu dans la société du XVIIe siècle? Cela ne se voit-il pas encore aujourd'hui?—Rien de plus philosophique que la tragédie, quand elle nous montre les forces élémentaires, les instincts primitifs déchaînés sous la plus fine culture intellectuelle et même morale.)

Une autre conséquence de ce système dramatique, le plus capable de rendre les démarches de l'instinct et de la passion dans leur mouvement accéléré; c'est que, les femmes passant pour être en général plus serves de l'instinct et de la passion que les hommes, «le théâtre de Racine sera féminin, comme celui de Corneille était viril» (Lanson). «Les femmes sont poussées au premier plan. De Racine date l'empire», qui dure encore aujourd'hui, «de la femme dans la littérature»(Lanson). Et quand nous pensons à ce théâtre, ce qui en effet nous apparaît tout de suite, ce sont ses femmes: les disciplinées, les pudiques, qui n'en sentent pas moins profondément pour cela: Andromaque, Junie, Bérénice, Atalide, Monime, Iphigénie,—et les effrénées surtout: les effrénées d'ambition: Agrippine; Athalie; et plus encore les effrénées d'amour: Hermione, Roxane, Ériphile, Phèdre; belles que l'amour pousse irrésistiblement au meurtre et au suicide, à travers un flux et un reflux de pensées contraires, par des alternatives d'espoir; de crainte, de colère, de jalousie, parmi des raffinements douloureux de sensibilité, des ironies, des clairvoyances soudaines, puis des abandons désespérés à la passion fatale, une incapacité pour leur «triste cœur» de «recueillir le fruit» des crimes dont elles sentent la honte,—tout cela exprimé dans une langue qui est comme créatrice de clarté; par où, démentes lucides, elles continuent de s'analyser au plus fort de leurs agitations, et qui revêt d'harmonieuse beauté leurs désordres les plus furieux: au point qu'on ne sait si on a peur de ces femmes ou si on les adore! Les tragédies de Racine, c'est de l'humanité intense.

* * * * *

2° *Vérité.*

Et c'est de l'humanité vraie.

On l'a répété des milliers de fois, mais il faut bien encore le redire: Si l'on fait abstraction des noms royaux ou mythologiques, les situations, dans Racine, sont communes et prises dans le train habituel de la vie humaine. Une femme délaissée qui fait assassiner son amant par un rival (*Andromaque*); une femme trompée qui se venge et sur sa rivale et sur son amant (*Bajazet*); un amant qui se sépare de sa maîtresse pour un intérêt ou un devoir (*Bérénice*); la lutte entre deux frères de lits différents, ou entre une mère impérieuse et un fils émancipé (*Britannicus*); un père rival de ses deux fils (*Mithridate*); un père sacrifiant sa fille à un grand intérêt (*Iphigénie*); une jeune femme amoureuse de son beau-fils et le persécutant parce qu'il ne l'aime pas (*Phèdre*), voilà des choses qui se voient, notamment dans les «faits divers» ou dans les comptes rendus des tribunaux. Et vrais aussi, les personnages, et jusqu'au bout, jusqu'au suicide, jusqu'à la trahison et au meurtre, jusqu'à la folie. La tragédie racinienne (mettons à part *Esther* et *Athalie*) n'est pas idéaliste, pas optimiste, pas édifiante, pas morale. Nous avons vu qu'il n'y a dans les caractères nul christianisme prémédité. Ils n'ont de chrétien, que ce que le poète, produit lui-même d'une civilisation chrétienne, en a fait couler en eux sans le savoir. La tragédie de Racine n'est chrétienne que dans La mesure où peuvent passer pour chrétiennes les *Réflexions ou Sentences et Maximes morales* de La Rochefoucauld.

> Ce qu'elles contiennent, dit La Rochefoucauld dans son *Avis au lecteur,* n'est autre chose que l'abrégé d'une morale conforme aux pensées de plusieurs Pères de l'Église, et celui qui les a écrites a eu beaucoup de raison de croire qu'il ne pouvait s'égarer en suivant de si bons guides, et qu'il lui était permis de parler de l'homme comme les Pères en ont parlé.

Racine aussi, par des voies différentes, étudie et montre l'homme naturel, l'homme sans la grâce ou avant la grâce, et s'en tient là. Il accepte la thèse pessimiste chrétienne, mais en la coupant de tout le reste du dogme chrétien. Et c'est pourquoi ses tragédies sont terribles. Au reste, avec leur mélange de créatures fières et douces et de monstres sans frein, elles correspondent assez exactement à l'image totale de cette haute société du XVIIe siècle pour qui elles étaient surtout faites, et dont la politesse extérieure recouvrait une vie passionnelle extrêmement énergique, et souvent une brutalité foncière et, pêle-mêle, des héroïsmes et d'abominables crimes.

Racine, chrétien soumis, est un peintre et un psychologue sans peur. Et c'est fort heureux. Je l'aime mieux ainsi qu'esprit fort et peintre timide (comme Voltaire, si vous voulez). Sa conception du péché ne l'empêche pas de nous montrer des pécheresses,—sans d'ailleurs les qualifier. Sa foi ne l'empêche pas de nous montrer un révolté comme Oreste ou un sceptique comme Acomat et, semble-t-il, de s'y complaire. Les sentiments défendus ou même les hardiesses de pensée, il les exprime aussi librement que s'il n'était pas chrétien, et d'autant plus librement qu'il ne les prend pas à son compte. Et qui sait s'il ne jouit pas secrètement de pouvoir, sans se compromettre, traduire les âmes criminelles ou les intelligences perverses?

Le théâtre du plus chrétien des siècles, et surtout le théâtre de Racine, n'est chrétien que fort indirectement, et de la façon que j'ai déjà indiquée. Et je ne doute plus—comme j'ai eu tort de le faire jadis—du bienfait de la Renaissance, qui, en paganisant le drame dans sa forme sans toutefois le déchristianiser dans son fonds intime, l'a, en somme, humanisé et élargi.

Ce que Racine, ainsi libéré par l'imitation même de l'antiquité classique, se trouve avoir peint avec la vérité la plus complète, et j'ai dit pourquoi,—c'est l'amour. Mais, heureusement pour ceux qui devaient venir après lui, ce qu'il a peint de l'amour,—même de l'amour-maladie,—c'est sa faculté d'illusion, son aveuglement, sa cruauté, ses souffrances, ses fureurs, enfin son mécanisme psychologique, mais non pas, du moins directement, sa sensualité. Et c'est là-dessus au contraire, c'est sur les troubles des sens qu'ont le plus insisté les comédies amoureuses du XIXe siècle. Elles se sont rejetées sur les femmes pendant la faute ou après la faute, ou sur les femmes subissant leur passé sensuel, ou sur les dames aux camélias de tout rang, ou sur le bagne du «collage»,—et aussi sur des thèses juridiques ou sociales touchant l'amour, le mariage, l'adultère, le divorce, etc... Mais les variétés essentielles de l'amour, depuis le plus pur et le plus sain jusqu'au plus criminel et au plus morbide, sont, dans les tragédies de Racine, peintes, on peut le croire, une fois pour toutes.

* * * * *

3° *Poésie.*

Et je pourrais vous dire enfin:

Ce fond, ou si vous voulez, cette armature, si solide, si précise, si dure même, est tout enveloppée de poésie.

D'abord par le lointain des personnages et ce que Racine appelle leur «dignité» (préface de *Bajazet*). Chose curieuse, Racine nous donne de la dignité esthétique une définition très rapprochée de celle que Sully-Prudhomme, dans la *Justice*, nous a donnée de la dignité morale. Sully nous dit que ce qui fait la dignité morale de l'homme, c'est qu'il est l'aboutissement, le produit et le représentant d'une série infinie d'efforts. De même, ce qui fait la dignité esthétique des personnages de Racine, c'est qu'ils sont représentatifs, eux aussi; représentatifs d'époques passées, et de pays lointains, et de plusieurs époques, et de plusieurs civilisations. Et ce que Racine appelle leur «dignité», nous l'appelons leur «poésie», et c'est par là que ses femmes criminelles sont autre chose que des héroïnes de feuilleton, et ses princesses vertueuses autre chose que d'excellentes petites filles.

La poésie, nous la trouvons encore en ceci, que chacun de ses sujets éveille en lui une «vision»; que chacune de ses tragédies se meut dans une atmosphère historique, légendaire ou mythologique qui lui est propre et, par suite, n'est plus seulement une tragédie, mais un poème. Et cela est toujours plus manifeste, à mesure que Racine avance dans son œuvre; et c'est pourquoi je suis désolé qu'il n'ait point fait une *Alceste*, ou qu'il l'ait détruite.

Et c'est par tout cela que ses tragédies nous font tant de plaisir. Elles prêtent indéfiniment au souvenir et au rêve.—Il est fort difficile de relire une pièce d'intrigue, une fois qu'on la connaît. Quant aux comédies ou drames d'amour, quelques-uns de ceux du XIXe siècle peuvent, un moment, nous mordre pu nous secouer plus fort, parce que nous y voyons des êtres voisins de nous, et aussi par la vertu des détails familiers et actuels. En revanche, nous aurons peut-être quelque peine à les relire, justement à cause de ces détails éphémères, et qui vieillissent vite, ou encore à cause du trop d'esprit qu'on y a mis... Mais la tragédie de Racine, si proche à la fois et si lointaine, ne nous lasse plus. Rien d'inutile; point de bavardage; le fond de l'âme des personnages, ce qu'ils ne sauraient vraisemblablement confier à un autre, s'exprime par des monologues substantiels. On ne s'arrête point aux minuties. Les entrées et les sorties sont très brièvement justifiées, et seulement quand il le faut. Je ne sais pas si l'on pleure à voir jouer la pièce ou à la lire. Mais l'esprit s'y occupe et s'y délecte de diverses manières. Vous transposez la fable, si vous le voulez; vous la modernisez, vous l'imaginez se déroulant chez nous. Ou bien, par un amusement inverse, vous remontez jusqu'à ses origines, vous cherchez à reconnaître dans le drame les apports des civilisations successives, et vous avez la joie de planer sur les âges, à la façon d'un dieu.

* * * * *

Et troisièmement ce théâtre est poétique par la langue, le style, les vers. Car c'est la langue la plus pure qu'on ait parlée, où rien n'a vieilli, sauf une douzaine de mots du vocabulaire amoureux («feux, flammes, chaînes, bontés…»). C'est la syntaxe le plus aisée, très libre encore, où d'Olivet et les grammairiens puristes du XVIIIe siècle ont vu des fautes qui n'en sont pas. Et c'est la versification la plus souple, et du rythme le plus varié; les mots importants à la rime; rimes souvent modestes parce que l'harmonie est dans tout le vers et non dans la rime seule. Et c'est le style le plus beau de clarté, d'exactitude, de justesse, de propriété (qualités redevenues si originales et si rares!). Et ce style exprime tout par des moyens si simples! Souvent, nu et familier, il rase la prose, mais avec des ailes. Et ces vers ont toutes les diverses sortes de beautés,—depuis les vers pittoresques:

Dans des ruisseaux de sang Troie ardente plongée…

La rive au loin gémit blanchissante d'écume,

et depuis les hardis, ceux que signalent des ellipses ou «alliances de mots» jusqu'aux vers suprêmes:

Dans l'Orient désert quel devint mon ennui!

ou:

C'est Vénus tout entière à sa proie attachée!

en passant par la souveraine élégance des périodes rythmées:

Les Parques à ma mère, il est vrai, l'ont prédit,
Lorsqu'un époux mortel fut reçu dans son lit:
Je puis choisir, dit-on, ou beaucoup d'ans sans gloire.
Ou peu de jours suivis d'une longue mémoire.
Mais puisqu'il faut enfin que j'arrive au tombeau,
Voudrais-je, de la terre inutile fardeau,
Trop avare d'un sang reçu d'une déesse,
Attendre chez mon père une obscure vieillesse;
Et toujours de la gloire évitant le sentier,
Ne laisser aucun nom, et mourir tout entier?
Oh! ne nous formons point ces indignes obstacles;
L'honneur parle, il suffit; ce sont là nos oracles…

ou si vous aimez mieux:

> Ô toi qui me connais, te semblait-il croyable
> Que le triste jouet d'un sort impitoyable,
> Un cœur toujours nourri d'amertume et de pleurs,
> Dût connaître l'amour et ses folles douleurs?
> Reste du sang d'un roi noble fils de la Terre,
> Je suis seule échappée aux fureurs de la guerre.
> J'ai perdu, dans la fleur de leur jeune saison,
> Six frères, quel espoir d'une illustre maison!
> Le fer moissonna tout; et la Terre humectée
> But à regret le sang des neveux d'Érechtée…

Et le grand mérite de ce style de Racine, c'est qu'il nous ménage, c'est que ses hardiesses ne s'étalent point, c'est qu'elles ne sont pas continues et accablantes par leur nombre, c'est qu'elles ne sont pas insolentes, c'est qu'on ne se demande jamais si par hasard elles ne nous prendraient pas pour dupes… Le goût! la perfection! la clarté suprême, la subordination de la sensibilité au jugement; ce qui fait que l'on comprend toujours, qu'on ne se demande point (comme pour *Hamlet* par exemple) ni si tel personnage est fou, ni dans quel moment il l'est, ni ce qu'il a voulu dire, ni «pourquoi ces choses et non pas d'autres»; ce don si français, ce don que les autres peuples n'ont évidemment pas reçu au même degré, ce qu'on a appelé «de goût de l'intelligible»; cette faculté réduire autant que possible, dans la peinture caractères et des passions, la part de l'inexpliqué et le trop commode «je ne sais quoi»… ah! qu'il fait bon les retrouver ici!

* * * * *

Mais, quand j'aurai répété tout cela, aurai-je expliqué tout le charme de ce théâtre unique?

«Unique», je l'ai dit déjà et le redis encore: car, tandis que la tragédie selon Corneille a pullulé après lui, et même jusqu'à nos jours, je ne vois parmi les morts que Marivaux et Musset qui se puissent quelquefois dire «raciniens».

Je suis tenté de croire qu'il y a une partie de Racine à jamais inaccessible aux étrangers et qui sait? peut-être à tous ceux qui sont trop du Midi comme à ceux qui sont trop du Nord. C'est, un mystère. C'est ce par quoi Racine exprime ce que nous appellerons le génie de notre race: ordre, raison, sentiment mesuré et force sous la grâce. Les tragédies de Racine supposent une très vieille patrie. Dans cette poésie, à la fois si ordonnée et si émouvante, c'est nous-mêmes que nous aimons; c'est—comme chez La Fontaine et Molière, mais dans un exemplaire plus noble—notre sensibilité et notre esprit à leur moment le plus heureux.

Est-ce une impression arbitraire, et trop fortuite peut-être et trop fugitive pour un si grand objet? Mais je me rappelle un petit livre charmant, très simple, naïf même: *Sylvie*, d'un rêveur qui fut une espèce de La Fontaine perdu parmi les romantiques L'histoire se passe dans le pays même de Racine, le Valois. Elle sent à chaque page la vieille France et nullement l'antiquité grecque ou biblique. Et pourtant il me semble qu'on pourrait dire des savantes tragédies de Racine ce que dit Gérard de Nerval des chansons de la terre où Jean Racine est né:

> Des jeunes filles dansaient en rond sur la pelouse en
> chantant de vieux airs transmis par leurs mères, et d'un
> français si naturellement pur, que l'on se sentait bien exister
> dans ce vieux pays du Valois où, pendant plus de mille ans,
> a battu le cœur de la France.

De même, nous dirons des tragédies de Racine, grecques, romaines, bibliques, peu importe:

—Elles dansent en rond sur la pelouse et dans le jardin du roi, en chantant des airs qui viennent de très loin dans le temps et dans l'espace, mais d'un *français si naturellement pur* que c'est en les écoutant qu'on se sent le mieux vivre en France, et avec le plus de fierté intime et d'attendrissement.

* * * * *

Un des bas-reliefs du monument tumultueux et déchiqueté que la troisième République a élevé à Victor Hugo, le représente reçu par les autres poètes dans les Champs-Élysées. On y a mis Homère, Shakespeare, Dante. On y a mis Corneille, malgré *Polyeucte*, Molière, Rabelais, Voltaire, je ne sais qui encore.

Et c'est très bien.

On n'y a pas mis Racine.

C'est très bien aussi; car il est à part.

FIN

NOTES

[1: Ce cours a été professé, comme le cours sur Jean-Jacques Rousseau, «à la Société des Conférences».]

[2: Quoique Nicole, de 1655 à 1658, n'ait point séjourné à Port-Royal d'une façon suivie, il s'en faut de beaucoup. (Cf. I. Carré, *La Pédagogie de Port-Royal*, p. 267.)]

[3: Mais ce fut malgré lui et pour arrêter les contrefaçons. (A. Gazier.)]

[4: Exceptons la forme «treuver» que Racine continue d'employer à cette époque.]

[5: Il faut sans doute entendre: «y chercheront je ne sais quoi, *dont l'absence* les empêchera d'être tout à fait contents».]

[6: M. Jules Troubat m'écrit: «... Votre commentaire sur le Bois de Boulogne m'a rappelé qu'un jour, à mes débuts chez Sainte-Beuve, je voulus déclamer au maître la fameuse tirade de M. de Saint-Vallier; je la savais par cœur, et j'y mettais de la conviction. Arrivé au vers:

Diane de Poitiers, comtesse de Brézé,

Sainte-Beuve m'arrêta et me dit: «C'est exactement comme si, pour vous appeler, je vous disais: Jules Troubat, né à Montpellier. Il me donna une leçon de... couleur locale.»]

[7: Témoin même le fameux «récit de Théramène», qui—sauf quelques rimes en épithètes un peu trop faciles pour notre goût d'aujourd'hui,—est un morceau si coloré et d'un si magnifique mouvement.]

[8: Voir l'article de Gazier dans la *Revue hebdomadaire* du 18 janvier 1908.]